pfeiffer

Monika Pohl, Barthelstr. 95, 5000 Köln 30

Zu diesem Buch

Längst geht es den Verantwortlichen für Freizeitgestaltung nicht mehr nur darum, daß die Teilnehmer ›aufbewahrt‹ und beschäftigt werden. Die Freizeit soll dafür genutzt werden, den Kindern und Jugendlichen Erfahrungen zu ermöglichen und mit ihnen zusammen Verhaltensweisen einzuüben, die in ihrem Alltag zu kurz kommen, aber wichtig sind, damit ihr Leben glücken kann.
Das Buch bietet eine Fülle praktischer Vorschläge für Ferien und Freizeit mit Kindern und Jugendlichen. Die Vorschläge werden pädagogisch begründet und auf dem Hintergrund der konkreten Situation reflektiert.
Besonderes Gewicht legt die Autorin auf Überlegungen zum Verhalten der Jugendleiter: ist doch der Leiter als Mensch für die Erfahrungen der Kinder und Jugendlichen von ausschlaggebender Bedeutung.

Irene Klein

Freizeitfahrplan

Ein Handbuch für Kinder-
und Jugendgruppen

Verlag J. Pfeiffer · München

CIP-Kurztitelaufnahme der Deutschen Bibliothek

Klein, Irene:
Freizeitfahrplan: e. Handbuch für Kinder- u. Jugendgruppen / Irene Klein. – München: Pfeiffer, 1978.
 (Pfeiffer-Werkbücher; Nr. 142)
 ISBN 3-7904-0268-0

Nr. 142
PFEIFFER-WERKBÜCHER
herausgegeben von
Otto Betz

2. Auflage 7.–9. Tausend
Alle Rechte vorbehalten!
Printed in Germany
Druck: G. J. Manz, Dillingen/Donau
Umschlagentwurf: Barbara Bös
Umschlagfoto: Gerd Pfeiffer
© Verlag J. Pfeiffer, München 1978
ISBN 3-7904-0268-0

Vorwort

Tausende von Kindern und Jugendlichen erleben in jedem Jahr Freizeiten (Ferienlager) von Jugendverbänden, Wohlfahrtsverbänden und freien Trägern.

Vielen Verantwortlichen solcher Freizeiten – jugendlichen Gruppenleitern und Erwachsenen – ist bewußt, wie wichtig diese Zeiten im Leben eines Kindes oder Jugendlichen sein und wie viele Impulse davon ausgehen können. Längst geht es vielen Veranstaltern nicht mehr nur darum, daß die Teilnehmer bei einer Freizeit ›aufbewahrt‹ und beschäftigt werden. Heute stehen andere Überlegungen im Vordergrund: Der Freiraum der Freizeit soll dafür genutzt werden, den Kindern und Jugendlichen Erfahrungen zu ermöglichen und mit ihnen zusammen Verhaltensweisen einzuüben, die in ihrem alltäglichen Leben zu kurz kommen, aber nötig sind, damit ihr Leben glücken kann.

Vor allem in den Jugendverbänden wurde in den letzten Jahren großes Gewicht auf die intensive Vorbereitung der Freizeiten gelegt: ein Jahr Vorbereitungszeit im Team bildet keine Ausnahme mehr. Es wird gezielt versucht, die Freizeit so anzulegen, daß sie den Bedürfnissen der Kinder und Jugendlichen entgegenkommt, daß sie zu neuen Erfahrungen herausfordert und Impulse gibt für Wertentscheidungen, Denken und Handeln. Ich halte dies angesichts der einerseits überfordernden, andererseits anregungsarmen Lebenssituation von Kindern und Jugendlichen für sehr wichtig.

Deshalb werden in diesem Buch zwar viele praktische Vorschläge für die Gestaltung einer Freizeit gesammelt, aber sie werden unter pädagogischen Gesichtspunkten und auf dem Hintergrund der Erfahrung der konkreten Lebenssituation von Kindern und Jugendlichen heute reflektiert. Ganz besonderes Gewicht wird auf Überlegungen zum Leiterverhalten und Leitungsteam gelegt bzw. darauf, daß Gruppenleiter sich ihrer eigenen Lebenssituation, ihrer Gefühle, Einstellungen, Ziele und Verhaltensweisen bewußt werden.

Ich bin der Überzeugung, daß die Persönlichkeit der Gruppenleiter, ihr Denken und Verhalten nicht nur als ›Leiter‹, sondern als die Menschen, als die sie erlebt werden, für die Erfahrungen der Kinder und Jugendlichen in der Freizeit von ausschlaggebender Bedeutung ist.

Im Zusammenhang mit Gruppenleitern und Teilnehmern taucht sehr oft der Begriff ›Lernen‹ auf. Bei vielen Menschen weckt er eher negative Assoziationen, da er sie an Lernen in der Schule erinnert. Das ist eine verkürzte Sichtweise. Der Begriff ›Lernen‹ kann umfassender verstanden werden. Ich meine damit die Möglichkeit und Fähigkeit des Menschen, ständig Neues aufzunehmen, seine Umwelt wahrzunehmen, sich über Erlebnisse Gedanken zu machen, Schlüsse zu ziehen und das eigene Verhalten aus eigener Entscheidung heraus zu verändern. Lernen bedeutet, daß Weiterentwicklung möglich bleibt. Lernen geschieht auch unbewußt, indem ich Eindrücke aufnehme, Menschen beobachte und beeinflußt werde von Meinungen, Situationen und Gruppen. Lernen ist Verhaltensänderung. Verhaltensänderung in einer Freizeit sollte vor allem dadurch zustande kommen, daß sich Teilnehmer und Gruppenleiter aufgrund von Erfahrungen und deren Reflexion verändern.

Meine eigenen Erfahrungen in der Gestaltung von Freizeiten für Kinder und Jugendliche habe ich in der kirchlichen Jugendarbeit als Gruppenleiterin und später als Jugendreferentin im Dekanat Freiburg gewonnen. Sehr hilfreich war für mich zusätzlich ein Aufbaustudium in Pädagogik, das mir viele Zusammenhänge bewußtgemacht und manche Erlebnisse und Erfahrungen verdeutlicht hat.

Die Überlegungen und Überzeugungen und die Ideen und Vorschläge, die in diesem Buch gesammelt sind, zeigen nicht das Resultat von Alleinarbeit. Sie sind zum großen Teil das Ergebnis von Überlegungen und Auseinandersetzungen in verschiedenen Gruppierungen und Teams, mit denen ich zusammenarbeiten konnte und durch die ich viel gelernt habe. Es ist bei vielen Vorschlägen und pädagogischen Überlegungen nicht mehr festzustellen, ›von wem‹ sie stammen oder wer sie zuerst angeregt hat. Besonders wichtig waren für mich *Wolfgang Küchler, Frank Löslein, Werner Kleiser, Werner Tzscheetzsch* und *Adelheid Lockfisch*, außerdem viele Mitarbeiter und Gruppenleiter im Dekanat Freiburg. Ihnen verdanke ich viel.

Irene Klein

Erläuterungen zum Gebrauch

1. Dieses Buch ist für Leiter von Freizeiten und für diejenigen, die Gruppenleiter ausbilden, geschrieben.
   Es möchte helfen, sich der vielen Chancen und Prozesse einer Freizeit bewußt zu werden.

2. Das Buch muß nicht in der vorgegebenen Reihenfolge der Kapitel gelesen werden. Grundsätzlich kann überall begonnen werden, wo einem der Einstieg vom Interesse am Thema her am leichtesten fällt.
   Nach einem Einstieg oder Einlesen ist es aber sinnvoll, auf Kapitel I und II zurückzugehen, weil sie den Hintergrund darstellen, auf dem auch die anderen Überlegungen gründen.

3. Um sich Fragen und Problemstellungen zu einem bestimmten Thema selbst bewußtzumachen, können vor dem Lesen eines Kapitels einige der unter »Betr.: Leitungsteam« am Ende jedes Abschnittes angegebenen Aufgaben/methodischen Vorschläge bearbeitet werden. Sie müssen allerdings zum Teil für die Einzelerarbeitung umformuliert werden.

4. Den Abschluß jedes Abschnittes bildet der Punkt »*Betr.: Leitungsteam*«. Hier sind, auf die Inhalte des betreffenden Abschnittes bezogen, methodische Vorschläge gesammelt, die dem Leitungsteam einer Freizeit helfen können, diese Inhalte zu erarbeiten und sie außerdem im Blick auf sich selbst zu reflektieren.
   Die Reihenfolge der Vorschläge bedeutet kein Nacheinander beim Vorgehen des Teams. Sie ist zufällig.

   Zum Vorgehen möchte ich folgenden Vorschlag machen:
   – Ein oder mehrere Teammitglieder lesen und besprechen einen Abschnitt (ein Thema), damit sie sich selbst einen Hintergrund erarbeiten.
   – Aus der Kenntnis dieser Inhalte und der konkreten Situation des

Freizeitteams entscheiden sie sich für Ziele für die betreffende Arbeitseinheit und für entsprechende methodische Schritte.
- Inhalte, die in der Gruppe des Teams nicht angesprochen wurden, können ergänzt werden.

5. Literatur zum jeweiligen Abschnitt wird unter »Betr.: Leitungsteam« angegeben, zum Teil mit einigen Sätzen beschrieben.
Die Reihenfolge, in der die Bücher genannt sind, bedeutet in etwa eine Wertung, welche Wichtigkeit ich ihnen in der konkreten Vorbereitung auf eine Freizeit oder für den Gebrauch bei der Freizeit beimesse. Ein Literatur-Gesamtverzeichnis ist am Ende des Buches zusammengestellt.

6. In fast allen Abschnitten wurden (wie aus dem Inhaltsverzeichnis ersichtlich) Vorschläge zum Freizeitprogramm unter dem jeweiligen inhaltlichen Aspekt eingearbeitet. Dabei sind auch Methoden angegeben, die zum Teil mehrfach auftauchen. Sie werden aber nur an einer Stelle erklärt.
Wenn eine Methode ohne Erklärung erwähnt ist, kann der Leser im *Methodenverzeichnis* auf S. 306 nachsehen, an welcher Stelle sie beschrieben ist.

7. Manchmal ist von Kindern, manchmal von Jugendlichen die Rede. Die Überlegungen in diesem Buch gelten grundsätzlich für Kinder- und Jugendfreizeiten. Sie müssen im einzelnen aber auf konkrete Situationen und Altersstufen hin reflektiert und konkretisiert werden.

8. Im Text sind öfter Hinweise gegeben, welche anderen Abschnitte ergänzend zu einem bestimmten Inhalt gelesen werden können. Beispiel: (vgl. Gespräche führen).

9. Wo in einzelnen Kapiteln zitiert oder auf Literatur verwiesen wird, geschieht das mit der Angabe des Namens des Verfassers und der Buchseite. Die näheren Angaben sind jeweils im Literaturverzeichnis des betreffenden Abschnittes zu finden.

Teil I

Menschenbild und Ziele einer Freizeit

1. Ausgangssituation

1.1 Wir haben ein Bild vom Menschen

Ein Gespräch unter Gruppenleitern am fünften Abend einer Freizeit für Kinder von 9–12 Jahren:

Karin: Der Klaus in meiner Gruppe ist irgendwie schwierig. Ich weiß nicht genau, wie ich mich verhalten soll. Er spielt nie mit, egal, was wir machen. Er beteiligt sich auch sonst nicht. Die anderen Kinder fragen ihn jetzt schon gar nicht mehr. Er steht immer nebendran. Manchmal steigt er auch auf einen Baum oder sonst irgendwo hoch und schaut uns dann von oben zu. Am Anfang habe ich ihm immer gut zugeredet, aber das nützt nichts. Ich weiß wirklich nicht mehr, was ich machen soll.

Bernhard: Ich habe das auch schon beobachtet. Beim Fußball heute mittag kam er zunächst dazu. Aber er stellte sich nur nebendran. Christian hat ihn allerdings auch ziemlich dumm angerempelt. Aber Klaus hätte sicher auch sonst nicht mitgemacht.

Gerd: Wieso willst du denn etwas machen? Laß Klaus doch in Ruhe. Der wird schon wissen, warum er so ist.

Karin: Aber das ist doch Quatsch! Es ist doch nicht normal, daß ein Kind bei nichts mitmacht! Wenn es nur bestimmte Situationen wären, dann ginge es ja noch. Aber Klaus hat doch überhaupt keinen Kontakt zu anderen. Beim Essen sitzt er auch immer nur stumm da.

Bernhard: Wie ist er denn zu dir, Karin? Geht er dir aus dem Weg?

Karin: Ich glaube nicht. Aber ich weiß es nicht genau. Komisch, manchmal kommt es mir vor, als ob er Angst hätte.

Ulrike: Also ich finde, da muß man was tun. Ich kann mir nicht denken, daß das Kind sich wohl fühlt. Klaus muß doch auch lernen, mit anderen Menschen umzugehen. Stellt ihn euch doch einmal in der Schule vor oder wenn er mit anderen Kindern zusammen ist, die ihn ärgern. Hier geht das ja noch. Hier schützen wir ihn einigermaßen. Aber Klaus kann sich doch gar nicht behaupten. Dabei soll er schließlich auch einmal einen Beruf lernen. Irgend

etwas fehlt ihm einfach. Ich finde, das sieht man ihm auch an. Er wirkt immer so gedrückt. Er kann sich gar nicht locker bewegen.
Gerd: Ihr wollt immer an den Kindern herummachen, immer etwas ändern. Ich finde, Klaus hat das Recht, so zu sein, wie er will.
Ulrike: Wie er will! Ja woher weißt du denn, wie er sein will? Vielleicht kann er sich aus irgendeinem Grund nicht anders verhalten, auch wenn er es gerne wollte. Wer weiß, was Klaus schon alles erlebt hat. Ich glaube einfach, jeder Mensch braucht Kontakt mit anderen. Ich finde, wir haben da eine Verantwortung. Vielleicht könnten wir etwas tun?

Dieser Gesprächsauszug macht deutlich: jeder der vier Beteiligten argumentiert auf einem bestimmten Hintergrund. Jeder vergleicht (mißt) das, was er bei Klaus sieht, mit einer Vorstellung von dem, was sein sollte. Jeder hat ein ›Bild vom Menschen‹ in sich, das ihm wahrscheinlich gar nicht bewußt ist. Aber dieses ›Bild‹ bringt ihn in verschiedenen Situationen zum Nachdenken und bestimmt sein Handeln, d. h. in diesem Fall, die Reaktion auf das Verhalten von Klaus. Die Vorstellungen oder Einstellungen der einzelnen sind hier nicht direkt angesprochen. Aber durch das, was jeder äußert bzw. wie er die Situation beurteilt, können wir darauf schließen:

Karin empfindet es als ›nicht normal‹, daß Klaus nirgendwo mitmacht. Sie meint, Menschen sollen miteinander im Gespräch sein und Beziehungen aufnehmen können.

Gerd meint: Ein Mensch soll so sein, wie er selbst will. Er soll selbstbestimmend sein. Jede Beeinflussung eines anderen ist ein Eingriff in seine Selbstbestimmung.

Ulrike meint: Selbstbestimmung des Menschen ist wichtig. Aber der Mensch ist ein soziales Wesen. Er wird durch andere zu dem, der er ist. Um sich selbst bestimmen zu können, braucht er die anderen. Negative Erfahrungen können ihn beziehungsunfähig machen. Er braucht dann Menschen, die ihm helfen, neue Erfahrungen zu machen und Fähigkeiten auszubilden.

Das Handeln des Menschen in konkreten Situationen hängt also zusammen mit seiner Auffassung über den Menschen, das Leben und die Welt, auch wenn er sich dieser Auffassungen und des Zusammenhangs nicht bewußt ist.

Zwei weitere Beispiele sollen das verdeutlichen:

Egon ist Gruppenleiter von 10jährigen Jungen. Er sieht, wie drei Jungen einen anderen verprügeln. Er merkt, daß die Sache für den einen hoffnungslos ist und daß ihm ernsthaft weh getan wird. Obwohl Egon lieber nicht eingreifen will, weil er meint, Kinder sollten ihre Konflikte mit sich selbst ausmachen, ruft er jetzt doch dazwischen und trennt die Streitenden. Später versucht er, mit allen vier Beteiligten über den Vorfall zu sprechen.

Gerda ist Gruppenleiterin. Beim Mittagessen schmieren die Kinder aus jeder Schüssel Essen auf den Tisch und manschen darin herum. Gerda muß sehr lachen. Sie sagt: »Es ist nur gut, daß wir genug haben. Rainer, geh raus und hol noch ein wenig nach.«

Egon hat folgende Vorstellungen: Menschen sollen Konflikte selbst regeln und nach Möglichkeit über ihr Verhalten selbst bestimmen. Aber über allem steht: Leben muß geschützt werden. Wo dieser Wert gefährdet ist, muß ich eingreifen. Im Gespräch versuche ich den Beteiligten diesen Wert verständlich zu machen.

Gerdas Auffassung ist: Wir leben im Überfluß, und jeder hat das Recht, das auszunützen und mit den Dingen (hier Essen) so umzugehen, wie er will. Richtig ist, wozu ich Lust habe und was mir Spaß macht.

1.2 Wir haben eine Wirkung auf andere

Kinder und Jugendliche werden bei einer Freizeit mit solchen verschiedenen Reaktionen von Gruppenleitern konfrontiert. Es kann sein, daß zwischen Leitern und Teilnehmern nie direkt über dies alles gesprochen wird. Es kann sein, daß den Leitern ihre Vorstellungen vom Menschen und ihre Reaktionen nie bewußt werden. Und dennoch werden die Kinder und Jugendlichen dadurch beeinflußt. Sie bekommen, ohne es wahrzunehmen, Werte vermittelt, Auffassungen vom Menschen und vom Leben. Je nachdem, welche Vorerfahrungen einer mitbringt, welche Vorlieben er für einen bestimmten Gruppenleiter entwickelt, welche Stimmung in der Gruppe herrscht usw., werden Meinungen und Verhaltensweisen übernommen oder abgelehnt.

▶ Bevor also überlegt wird, ob sich Gruppenleiter bei einer Freizeit Ziele setzen sollen oder dürfen, kann festgehalten werden, daß sie in jedem Fall einen Einfluß ausüben, weil von ihrem Verhalten eine Wirkung ausgeht, die zusammenhängt mit ihren bewußten und unbewußten Einstellungen und Wertvorstellungen. So sind sie immer beteiligt an der Wertbildung oder -veränderung der Menschen, mit denen sie zu tun haben, genau so, wie auch ihre Wertauffassung sich verändert durch die Menschen, mit denen sie leben.

Die Tatsache dieser Beeinflussung ist nicht negativ. Wir können nicht leben, ohne von anderen Orientierung und Maßstäbe zu übernehmen, ohne Erklärungsmodelle über den Menschen und die Welt zu erhalten und ohne ein Bild zu haben von dem, was um uns herum ist.

Aber es wird deutlich, daß deshalb unsere Wertvorstellungen und das daraus erfolgende Handeln nicht nur Privatsache sein können, vor allem dann nicht, wenn wir bei einer Freizeit Verantwortung für Jüngere übernehmen.

1.3 Wir müssen uns für Ziele einer Freizeit entscheiden

Es wurde festgestellt, daß das Verhalten von Menschen beeinflußt wird durch ihre Wertvorstellungen und daß dieses Verhalten eine Wirkung hat auf andere.

Gruppenleiter bei einer Freizeit beeinflussen also auf jeden Fall, wenn auch unbewußt und möglicherweise in eine Richtung, die gar nicht gewollt ist.

Es ist also sinnvoll:
a) sich klarzuwerden über die eigenen Werte und Vorstellungen und sich mit Bewußtsein für sie zu entscheiden oder sie zu verändern;
b) zu überprüfen, ob die Verhaltensweisen mit den Wertvorstellungen übereinstimmen;
c) sich im Team der Gruppenleiter darüber auseinanderzusetzen, welche Wertvorstellungen und welches Menschenbild der Arbeit in der Freizeit zugrunde gelegt und welche Richtung (Ziel) eingeschlagen werden soll.

Diese Überlegungen bedeuten, daß die Ziele einer Freizeit nicht nur Ziele für die Teilnehmer sind und daß nicht nur die Teilnehmer lernen und sich verändern. Für die Gruppenleiter gelten die gleichen Ziele, und auch sie müssen sich immer wieder neu bemühen, ihnen näherzukommen.

›Erziehung‹ bei der Freizeit ist also nicht ein Eingriff von oben, sondern gemeinsames Lernen, das vor allem von den Gruppenleitern die Bereitschaft voraussetzt, sich auf diesen Lernprozeß einzulassen, sich mit Zielen auseinanderzusetzen und das eigene Verhalten zu reflektieren.

2. Ziele der Freizeit

In diesem Abschnitt werden
- in einigen Thesen Grundzüge des Menschenbildes aufgezeigt, auf dessen Hintergrund die Überlegungen in diesem Buch stehen;
- einige Bedingungen der Situation von Kindern und Jugendlichen ausgeführt;
- aus der Konfrontation von Menschenbild und konkreter Situation von Kindern und Jugendlichen Ziele für die Freizeit entwickelt.

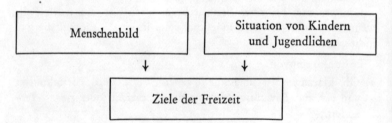

2.1 Thesen zum Menschenbild

Die folgenden Thesen haben ihren Hintergrund in der philosophischen und pädagogischen Anthropologie und sollen helfen, eine Grundübereinstimmung über das Menschenbild herzustellen. Von den Thesen ausgehend, werden Vorstellungen entwickelt, in deren Richtung sich Erziehung bewegen müßte und die auch den Hintergrund für die Ziele einer Freizeit darstellen.

1. Der Mensch ist ein Wesen, das von Geburt an auf *Lernen* angewiesen ist. Er ist erziehungsbedürftig (vgl. *Giesecke* S. 21, *Roth* S. 41), d. h. er ist angewiesen auf die Vermittlung von Werten, Orientierung, Fähigkeiten und Fertigkeiten, die er für die Bewältigung seines Lebens braucht. In einer sich ständig verändernden Welt muß der Mensch ein *lebenslang Lernender* sein.

▶ Deshalb braucht er Anreize und Anregungen und immer wieder neu die Konfrontation mit Werten und Ansprüchen. Er muß die Fähigkeit entwickeln, neugierig zu sein, und muß aufnahmebereit und offen bleiben für Veränderung, also für Lernen. Er braucht genügend Sicherheit und Orientierung, um aus ihr heraus Neues und Veränderung verkraften zu können.

2. Der Mensch ist immer zugleich *Einzelwesen* und *soziales Wesen*. Dieses Zusammen ist unaufhebbar *(Roth* S. 39). Sein Ziel, seine Bestimmung ist: wachsende *Autonomie* (Selbstverantwortung) unter Berücksichtigung seiner *Interdependenz* (Eingebundenheit).

Erziehung oder Lernen muß sich also auf beides richten: die Entfaltung der Individualität und der Sozialität. Individualität entwickelt sich unter Berücksichtigung der Sozialität und umgekehrt.

Individualität meint: Eigenständigkeit (Person sein), Unabhängigkeit, Selbständigkeit.

Sozialität meint: Gemeinschaftsbezogenheit und -fähigkeit, Berücksichtigung des andern in Entscheidung und Verantwortung. Die soziale Bezogenheit meint nicht nur das einzelne Du, sondern die ganze Gesellschaft.

Menschwerdung (individuelles und soziales Wesen) geschieht durch die Aneignung von Sprache, verstanden als Ausdrucksformen im weitesten Sinn (Sprache, Gestik, Mimik) und durch die Erfahrung von Beziehung.

▶ Deshalb braucht der Mensch die Fähigkeit, mit widersprüchlichen Anforderungen und Erwartungen leben zu können und sich ständig neu in ihnen zu entscheiden zwischen:

Selbständigkeit und Sich-Anschließen
Bindung und Eigenständigkeit
eigenen Bedürfnissen und Bedürfnissen anderer
sich-ändern und stabil-sein
usw.

3. Der Mensch ist ein *denkendes Wesen*. Er ist erkennend und aus Erkenntnissen handelnd auf die Welt bezogen. Er kann sich selbst zum Gegenstand des Denkens machen, aber auch die Welt, in der er lebt. Er kann selbst Entscheidungen treffen und sich und die Welt im Handeln verändern und gestalten.

▶ Er braucht die Fähigkeit, sich auseinanderzusetzen, kritisch zu hinterfragen, sich selbst und andere wahrzunehmen und zu beurteilen, auf Dinge und Entscheidungen zuzugehen und sie anzupacken, Aufgeschlossenheit gegenüber Erfahrungen und Handlungsfähigkeit...

4. Der Mensch ist auf *Freiheit* angelegt. Freiheit heißt: »die geschenkten Möglichkeiten des eigenen Lebens und des Lebens des anderen annehmen und gestalten« *(G. Rombold S. 71)*.

Freiheit stößt auf Grenzen, die im Menschen selbst und außerhalb von ihm liegen. Diese Grenzen sind auswei tbar.

▶ Der Mensch braucht die Fähigkeit, sein eigenes Leben im Blick auf das Leben anderer zu gestalten, eigene innere und äußere Grenzen zu erkennen und zu verändern, die Fähigkeit, sich zu entscheiden, das Interesse an der eigenen Entwicklung, relative Unabhängigkeit von äußerer Bewertung, die Fähigkeit, Ziele zu erkennen und zu verwirklichen...

5. Der Mensch ist ein Wesen, das auf *Transzendenz* angelegt ist: er fragt nach dem Sinn des Lebens und der Welt. Leben mit totaler Sinnlosigkeit ist unmenschlich. Der Mensch macht Sinnerfahrungen im Schauen, Hören, Begegnen, Verantwortlich-Sein, Krankheit, Erfahrungen von Leben und Tod. Hier deutet sich an, daß der Mensch auf einen letzten Sinn hin angelegt ist, den wir Gott nennen.

▶ Er braucht die Fähigkeit, Fragen zu stellen und offene Fragen auszuhalten, offen zu sein für Erfahrungen, sich jemandem anschließen und anvertrauen zu können, sich mit Lebensentwürfen anderer zu konfrontieren, eigene Erfahrung zu interpretieren und zu deuten...

2.2 Zur Situation von Kindern und Jugendlichen in unserer Gesellschaft

Bevor mit Hilfe des Leitfadens, den die Thesen zum Menschenbild für die Formulierung von Zielen bei der Freizeit geben, Zielentscheidungen getroffen werden können, ist es erforderlich, sich die Situation von Kindern und Jugendlichen in unserer Gesellschaft deutlich zu machen. Denn erst, wenn wir wissen, in welcher Situation sie sind, können wir direkt auf sie bezogen konkrete Ziele formulieren und Entscheidungen über Wege treffen.

Diese Situationsbeschreibung kann hier nur ganz allgemein sein. Sie stellt einige *Probleme* unserer Gesellschaft heraus, mit denen Kinder und Jugendliche leben und die dem beschriebenen Menschenbild eher gegenläufig sind. Die Aufzeichnungen sind *Hinweise*. Jede einzelne Freizeitgruppe muß eigens auf ihre Bedingungen hin betrachtet werden.

Thesen zur Situation von Kindern und Jugendlichen:

– *Sie leben in einer Leistungsgesellschaft:*
Leistung gilt in unserer Gesellschaft als oberster Maßstab für Bewertung und Anerkennung. Es geht weniger darum, welche Persönlichkeit einer ausbildet, welche Individualität er prägt oder welche sozialen Verhaltensweisen er hat, als darum, was er an schulischen, intellektuellen Leistungen bringt und welche berufliche Qualifikation er sich dadurch erwirbt. Damit verbunden ist die Betonung rationaler und die Vernachlässigung emotionaler Fähigkeiten.

– *Sie erleben sich nicht als Partner, sondern als Konkurrenten:*
Da Leistung fast ausschließlich als individuelle bewertet wird und die Höhe der Bewertung verschiedene Anerkennung zur Folge hat, ist der andere Mensch derjenige, der einen von seinem Platz verdrängen kann. Jeder muß sehen, besser zu sein und sich gegen andere durchzusetzen. Wettbewerb ist die Grundlage und Motivation für Lernen, Anstrengung und Einsatz.

– *Sie lernen als Bewertungsmaßstab »Haben und Besitz«:*
Erich Fromm stellt in seinem Buch »Haben oder Sein« eindrucksvoll dar, wie die Werte unserer Gesellschaft aussehen: Ich bin das wert, was ich habe.
So werden Selbstwertgefühl und Selbsteinschätzung vom Besitz gesellschaftlich anerkannter Güter abhängig und vom Vergleich, wieviel andere davon haben: Spielzeug, technische Geräte, Kleidung, Auto, Ferienort usw.
Die Maßstäbe dieser äußerlichen Bewertung werden von den Menschen sehr früh verinnerlicht und als eigene übernommen. Es ist

schwer, andere Maßstäbe zu entwickeln und sie gegen die geltenden durchzuhalten. Dadurch entsteht eine gefährliche Abhängigkeit von äußerem Besitz, die Sucht nach immer mehr Haben und eine Anfälligkeit für Fremdsteuerung und Manipulation und die Einstellung, daß einem alles ganz selbstverständlich zustehe.

Dazu kommt, daß Institutionen, die andere Werte vertreten, wie z. B. die Kirchen, oft deshalb als unglaubwürdig erfahren werden, weil ihr Handeln nicht übereinstimmend mit ihren Werten empfunden wird oder weil starr gewordene Formen den Blick auf die Werte verstellen. So entsteht neben dem Glauben an Haben und Besitz eine allgemeine Unsicherheit und Orientierungslosigkeit.

– *Sie leben unter Widersprüchen, z. B. Machbarkeit – Machtlosigkeit:*

Auf der einen Seite wird erlebt: Der technische Fortschritt und der Fortschritt der Wissenschaft sind so groß und schnell geworden, daß alles möglich zu sein scheint. Informationen aus der ganzen Welt sind allen zugänglich.

Dem steht gegenüber: Der einzelne hat kaum Möglichkeiten, selbst Einfluß zu nehmen auf seine Lebensumstände. Er erfährt sich nicht als einer, der die Dinge bewegt oder sich selbst bewegt, sondern der bewegt wird. Es bestehen geringe oder keine Möglichkeiten, die Masse der Informationen zu unterscheiden und die dahinterstehenden Interessen zu erkennen. Es besteht kaum eine Möglichkeit, selbstbestimmend die eigene Zukunft zu gestalten oder politischen Einfluß auszuüben.

– *Sie leben in einer Umwelt mit geringem Anregungsgehalt:*

Die Welt und Umwelt von Kindern und Jugendlichen ist auf Erwachsene eingestellt: auf Nützlichkeit, Zweckmäßigkeit, schnelle Bewältigung von Arbeit usw. Kinder wachsen auf mit ›fertigem‹ Spielzeug, in engen Wohnungen, alle Arbeitsgeräte sind technisiert, Spielplätze sind langweilig, Freizeitbeschäftigungen eher passiv (fernsehen).

Es gibt wenig Möglichkeiten, zusammen mit Erwachsenen zu spielen und Erfahrungen zu machen.

Sicher finden nicht alle Kinder und Jugendlichen ihre Umwelt so stark und einseitig geprägt vor, oder sie erfahren doch wenigstens einiges, was als Gegengewicht dazu dienen könnte: Zuwendung in der Familie, in einem Freundeskreis, Gespräche über Erlebnisse und

Erfahrungen, Hilfen bei der Bearbeitung ihrer Probleme. Aber insgesamt muß festgestellt werden, daß wir in einer Welt leben, deren Vorstellungen und Einstellungen dem vorher aufgezeigten Menschenbild widersprechen.

Die *Folgen* des Lebens in dieser Gesellschaft können sein:
- Unfähigkeit und Angst, Bindungen einzugehen, sich auf andere Menschen einzulassen.
- Unfähigkeit, sich in andere Menschen hineinzudenken und ihr Wohl zum eigenen Anliegen zu machen.
- Konkurrenzdenken und Wettbewerbsverhalten und Angetriebenwerden durch äußere Motivationen.
- Bewertung von sich und anderen nach Maßstäben der Leistung und des Besitzes.
- Anpassungsverhalten; nicht mit offenen Fragen leben können; Fragen, Kritik und Veränderung aus dem Weg gehen; mit festen Bildern und Meinungen leben wollen.
- Der Welt und Zukunft eher Angst, Passivität und Resignation entgegenbringen statt Gestaltungswillen, Verantwortungsbewußtsein und Einsatzbereitschaft.
- Unfähigkeit, sich auf kreative und »zwecklose« Tätigkeiten einzulassen; Schwierigkeiten, sich einer Sache, Tätigkeit oder einem Menschen ›hinzugeben‹, sich um der Sache selbst willen einzulassen und durchzuhalten usw.

Mit dieser Situation sind Gruppenleiter einer Freizeit in zweifacher Hinsicht konfrontiert:
▶ *Sie leben selbst* in dieser Welt und unter diesen Einflüssen. Auch ihre Einstellungen, Denkweisen und Werte sind von dieser Gesellschaft beeinflußt. Und auch sie müssen sich neu orientieren.
▶ Sie treffen bei der Freizeit auf Kinder und Jugendliche, die geprägt sind von der Umgebung und Gesellschaft, in der sie leben.

Dies macht wieder deutlich, daß Ziele, die für die Freizeit gesetzt werden, immer sowohl Gruppenleiter wie Teilnehmer angehen.
Erich Fromm sagt: »Zum erstenmal in der Geschichte hängt das physische Überleben der Menschheit von einer radikalen Veränderung des Herzens ab« *(E. Fromm S. 19)*. Die Freizeit kann ein Ort und ein Ansatzpunkt für eine Veränderung sein.
Welche Ziele können wir uns setzen?

2.3 Ziele der Freizeit

Diese Ziele ergeben sich aus der Gegenüberstellung der Thesen zum Menschenbild und der beschriebenen Situation von Kindern und Jugendlichen in unserer Gesellschaft. Sie sind als »Prozeßziele« zu verstehen, d. h. es sind Ziele, die keinen Endpunkt haben, die nie abgeschlossen und erreicht sind. Es können Schritte auf sie zu gemacht werden, aber nach jedem Schritt zeigt sich das Ziel in einer neuen Perspektive.

Beispiel:
Selbständigkeit heißt:
- für einen 3jährigen: unter Beobachtung der Verkehrssituation mit Hilfe der Mutter über die Straße gehen.
- für einen 10jährigen: mit dem Fahrrad zu Freunden fahren.

Deshalb sind auch diese Ziele nur allgemeine Richtungen. Sie müssen auf eine bestimmte Freizeitgruppe und auf einzelne Kinder und Jugendliche hin und mit ihnen ausformuliert werden.

Bei einer Freizeit kann gelernt und erfahren werden:
- sich selbst als eigenständigen und wertvollen Menschen wahrnehmen, der in Beziehung lebt mit anderen und sein Leben sinnvoll zu gestalten versucht;
- sich nicht nur auf Grund der eigenen Leistung bewerten, sondern auch: weil ich spielen kann, laufen, kochen, mit andern sprechen, schweigen; weil ich bin; weil ich Neues an mir entdecke und nie fertig bin;
- eigene Bedürfnisse und Interessen wahrnehmen: z. B. akzeptiert werden wollen, mitmachen dürfen, zu einer Gruppe gehören mögen, eigene Fähigkeiten beweisen wollen usw.
Die Bedürfnisse anderer wahrnehmen und akzeptieren und Wege finden, daß alle zum Zuge kommen.
- Partner sein und andere als Partner sehen: miteinander Aufgaben und Probleme lösen, sprechen, Unternehmungen machen; Konflikte lösen, ohne daß einer unterliegen muß; sich jemandem anschließen, ohne sich deshalb schwach zu fühlen; ein Interesse durchsetzen und andere dafür gewinnen; andere anerkennen und Anerkennung gewinnen; verzichten um einer Sache oder Person willen;

- eigene Gefühle wahrnehmen und sie ernst nehmen: auf sich selbst stolz sein können, über etwas (sich) traurig sein, Angst haben, sich ausgeschlossen fühlen; über Gefühle sprechen lernen; Wünsche haben und sie aussprechen lernen, ohne zu resignieren, wenn sie nicht ganz erfüllt werden können; Gefühle anderer akzeptieren und hören können; Wirkung anderer auf sich und eigene Wirkung auf andere wahrnehmen;
- mit Offenheit und Aufmerksamkeit die Umwelt und Menschen aufnehmen und an sich herankommen lassen: neue Erfahrungen mit den Sinnen machen (hören, sehen, tasten, riechen), sich Problemen und Aufgaben in der Freizeitgruppe stellen; Wahrnehmung schärfen und sensibel werden; auf neue Dinge zugehen und sich selbst im Umgang mit ihnen erfahren; Freude an der eigenen Entwicklung und Veränderung bekommen; Zusammenhänge erkennen; die Bedingungen von Situationen wahrnehmen und beurteilen; konfrontiert werden mit Problemen: Konsum, Umwelt, Rollen, Krieg – Frieden, Arbeitswelt, Zukunft usw.
- Entscheidungen treffen und Verantwortung übernehmen: Situationen durchdenken, Konsequenzen von Entscheidungen für sich und andere vorausüberlegen, Pläne machen; sich als ›Verursacher‹ erfahren (einflußnehmend, etwas auslösend); die Folgen von ›Verantwortung-übernehmen‹ und ›Verantwortung-verweigern‹ sehen; Situationen und Meinungen kritisch bedenken und beurteilen;
- neue Fähigkeiten (oder: Fähigkeiten neu) ausprobieren und sie mit eigenen Maßstäben bewerten: malen, basteln, lesen, sprechen, Meinung äußern, sich durchsetzen, nachgeben, gestalten, faulenzen, eine Zeitung machen, Krach machen, schweigen usw. Hat es mir Spaß gemacht? Habe ich dadurch andern Spaß gemacht oder geholfen? Gefällt *mir* die Tätigkeit oder das Ergebnis? Was will ich gerne tun? Was wünschen sich denn andere?
- sich mit Werten und Zielen auseinandersetzen, neue Werte kennenlernen: konfrontiert werden mit dem, was anderen wichtig ist; erkennen, was mir selbst wichtig ist und was das für andere bedeutet;
Werte dadurch begreifen, daß ich sie erfahre: Zusammensein kann Freude machen, Zärtlichkeit ist schöner als Brutalität, eine andere Meinung haben bedeutet nicht Streit, Konflikte lösen kann die Gruppe weiterbringen usw.; sich selbst Ziele setzen; sich existentiellen Fragen stellen, Fragen nach dem Sinn des Lebens miteinander

besprechen; nach Gott fragen; neue Erfahrungen mit Christsein machen;
- Bindungen eingehen und lösen: sich auf jemand verlassen; selbst verläßlich sein; jemandem etwas anvertrauen; Offenheit wagen; Anvertrautes bewahren; miteinander Zeit verbringen; den Partner mit anderen teilen und ihn loslassen können;
- mit Unsicherheiten leben können; Nicht-Abgeschlossenes ertragen können; auf Zukunft hin leben.

3. ▶ Betr.: Leitungsteam

● *Bearbeitung von Fallbeispielen:*
Der Fall ›Klaus‹ (vgl. 1.1) wird in kleinen Gruppen besprochen.
- Welche Vorstellung vom Menschen haben die beteiligten Gruppenleiter? Woraus ist das erkennbar?
- Welche Wirkung können diese verschiedenen Einstellungen auf die Freizeitteilnehmer haben? Wodurch kommt eine Wirkung zustande?

Mit Hilfe dieser Fragen kann 1.1–1.3 erarbeitet werden.

Es können auch eigene Fallbeispiele hergestellt werden, die miteinander auf das dahinterstehende Menschenbild befragt werden.

● *Gedankensammlung:*
Welches Verständnis vom Menschen haben wir?
Was sind unserer Meinung nach seine Wesensmerkmale?
Konfrontation dieser Sammlung mit den Thesen zum Menschenbild (2.1).

● *Diskussion:*
Welche Ziele sollen bei einer Freizeit verwirklicht werden?
Welches Menschenbild steht hinter diesen Zielen?

● *Steckbrief:*
Material: Zeitungen, Zeitschriften, Scheren, Uhu, große Bogen Papier.

Jede Gruppe bekommt einen Auftrag, den sie der andern Gruppe nicht weitergeben darf. (Aufträge können auch von mehreren Gruppen gleichzeitig bearbeitet werden.)

Jeder Auftrag beginnt: Gesucht wird ...

Aus Zeitungen werden nun Worte und Sätze ausgeschnitten, die die gesuchte Person charakterisieren. Es können natürlich auch Buchstaben zusammengesetzt werden.

Die Steckbriefe werden dann aufgehängt und die an der Herstellung nicht beteiligten Gruppen können das Thema zu erraten versuchen. Die Steckbriefe werden dann besprochen: Sind alle mit den Darstellungen einverstanden? Was ist das wichtigste Merkmal der gesuchten Personen? usw.

Gesucht wird: Die Freizeit, bei der ich dabei sein will!

Die Freizeit, zu der ich nicht gehen möchte!

Diskussion: Herausarbeiten der Ziele einer Freizeit.

● *Thesen:*
1. Thesen zusammenstellen zur Situation von Kindern und Jugendlichen in unserer Gesellschaft.
2. Thesen zusammenstellen zum eigenen Menschenbild: Wie, finden wir, sollten Menschen werden (sein)?
3. Aus der Konfrontation der beiden Themen Ziele einer Freizeit erarbeiten.

Vgl. 2.1–2.3.

● *Collage:*
Material: Zeitschriften, Bilder, Plakatkarton, Scheren, Uhu. In einer Collagengruppe können ca. 3–5 Personen mitarbeiten. Jede Gruppe bekommt ein Thema, das die anderen Gruppen nicht kennen. (Es ist auch für alle Gruppen dieselbe Themenstellung möglich). Die Themen sollen zum Nachdenken anregen oder provozieren, eine Frage enthalten oder eine Behauptung aufstellen.

Jede Gruppe versucht, dieses Thema auf einem Plakatkarton zu gestalten: Bilder werden gruppiert, sie können ausgeschnitten oder ausgerissen werden (auch das kann ein Gestaltungselement sein, das etwas aussagen soll), es werden Lücken gelassen oder über den Rand hinausgeklebt usw.

Anschließend werden die Collagen meditiert: Jeder sagt, was ihm beim Betrachten einfällt. Wichtiger Hinweis zu Beginn: Es geht nicht darum, herauszufinden, was die andern sagen wollten – darstellen und betrachten kann zu unterschiedlichen, sich ergänzenden Aussagen führen. Die Collagenmeditation ist der Einstieg zum weiteren Gespräch.

Mögliche Themen: – Kinder (Jugendliche) in unserer Gesellschaft.
– So stelle ich mir den Menschen vor!
– Der Mensch lebt – der Mensch wird gelebt.
usw.

Nach der Collagenmeditation können Ziele für die Freizeit formuliert werden.

● *Raster zur Analyse der Situation* von Kindern und Jugendlichen, die zur Freizeit mitgehen.

Bearbeitung dieses Rasters.

Formulieren von Zielen für die Freizeit.

Welche Angaben/Wissen/Vermutungen haben wir über die Situation der Gruppe und der einzelnen und welche Hinweise geben diese für Programmgestaltung und Gruppenleiterverhalten bei der Freizeit.

1. Sozialkulturelle Voraussetzungen:

– Wohnort (Stadt, Land, Industrie, Landwirtschaft, Wohn/Schlafstadt, Neubaugebiet...)
– Berufe der Eltern; sind beide Eltern berufstätig?
– Schüler (welcher Schultyp), Lehrling
– Freizeitbeschäftigungen, Mitglied in Gruppen/Vereinen
– Vorerfahrungen in Freizeiten
– Leben in Heim oder Internat
– Geschwister (Alter, Anzahl)

2. Zusammensetzung der Freizeitgruppe:

– Verschiedene Altersstufen, Altersunterschiede
  Welche Überlegungen ergeben sich daraus?
– Größe der Gruppe
– Jungen und Mädchen (wie viele jeweils)
– verschiedene Interessen
– Beziehungen zwischen einzelnen Teilnehmern vor der Freizeit, zwischen Teilnehmern und Leitern (positive Bindungen, negative Meinungen, Vorurteile, gemeinsame Vorerfahrungen; kann auf diesen Beziehungen aufgebaut werden, oder könnten sie für neue Bindungen behindernd wirken?)

3. Freizeiten, in denen sich bekannte Gruppen gegenüberstehen:
Überlegungen zur einzelnen Gruppe:
– Welche Rolle haben die einzelnen Kinder in der Gruppe? Wie könnte sie erweitert werden?
– Gibt es Untergruppen? Wie stehen sie zueinander?
– Welche Fähigkeiten könnten beim einzelnen durch die Freizeit geweckt und verstärkt werden?
– Welches Mitglied wurde vom Gruppenleiter bisher wenig wahrgenommen, warum? Wie könnte eine Beziehung aufgebaut werden?
– Welche Lieblingsbeschäftigungen hat die Gruppe? Wie könnte sie Interesse an Neuem gewinnen?

Überlegungen zur Begegnung der Gruppen:
– Gab es schon Begegnungen, mit welchen Inhalten, Aufgaben, Beziehungen?
– Sind Vorurteile vorhanden, Konkurrenz, Angst, Hoffnungen, Neid usw.
– Muß die Begegnung vorbereitet werden, oder sind die Gruppen offen füreinander?

Literatur

Fromm, E.: Haben oder Sein. Die seelischen Grundlagen einer neuen Gesellschaft. Stuttgart: Deutsche Verlagsanstalt 1976.
Giesecke, H.: Einführung in die Pädagogik. München: Juventa 1974[6].
Rombold, G.: in: Jugendpastoral. Aufgabe der gesamten Kirche. Freiburg: Herder 1976.
Roth, H.: Pädagogische Anthropologie. 2 Bde. Hannover: Schroedel 1971.

Teil II

Zur Begründung der Freizeit als pädagogischer Raum

1. Bedingungen einer Freizeit

Im ersten Teil wurden einige gesellschaftliche Bedingungen dargestellt, die es Kindern und Jugendlichen heute erschweren, sich zu einem selbständig denkenden, sich seiner Mitmenschen und der Umwelt bewußten, schöpferischen und verantwortungsvollen Menschen mit einer stabilen und sich doch immer verändernden Identität zu entwickeln. Familien, Kindergarten und Schule tragen zuwenig dazu bei, Kinder und Jugendliche in dieser Richtung zu befähigen. Sie erziehen manchmal bewußt oder unbewußt zum Gegenteil.

Warum könnte gerade eine Freizeit helfen, Ansätze für die Entwicklung von neuen Fähigkeiten und Einstellungen zu schaffen?

Die Freizeit bietet viele Bedingungen, die Neu-Lernen, Sich-Verändern und -Umstellen begünstigen.

1.1 Ferienzeit

Die Freizeit findet in den Ferien statt. Sie ist dadurch, verglichen mit dem täglichen Leben, eine Ausnahmesituation. Die Anforderungen schulischer und beruflicher Leistungen, die ständige Bewertung nach diesen Leistungen und der Konkurrenzdruck fallen weg.

Die Gleichförmigkeit des Tagesablaufs und der Erlebnisse – Schule, Hausaufgaben, gleiche Kontaktpersonen – ändert sich. Gefühle von Angst und Druck können zunächst von sich weggeschoben werden. Es ist Zeit da.

Diese Situation kann Leere und Unruhe, Lähmung und ›Nichtwissen-was-Tun‹ hervorrufen, weil viele nicht gelernt haben, mit ihrer freien Zeit umzugehen.

Aber eine zur Verfügung stehende Zeit und die relative Freiheit von äußeren Zwängen macht auch erwartungsvoll, gibt ein Gefühl der Entlastung und des Freiseins, macht dadurch aufnahmefähiger für neue Erfahrungen und fördert die Bereitschaft, auf Neues zuzugehen, wenn attraktive Anreize und Hilfen gegeben werden.

1.2 Eine neue Umgebung

Freude an Auseinandersetzung, Denken und Kreativität und die Entfaltung dieser Fähigkeiten hängen zusammen mit dem Anregungsgehalt der Umwelt, in der wir leben:

- Gibt sie uns Anlaß zum Nachdenken?
- Stellt sie uns Rätsel?
- Weckt sie Neugierde?
- Läßt sie Spielraum, etwas selbst zu tun und zu verändern?
- Ist sie ›unfertig‹ und lädt dazu ein, gestaltet zu werden?

Freizeiten finden in einer neuen und ungewohnten Umgebung statt. Das kann Neugierde und Entdeckerfreude wecken, neue Erfahrungen ermöglichen, mit andern Lebensformen und -auffassungen konfrontieren und zu neuem Tun anregen.

Das bedeutet aber, daß es nicht egal ist, wo die Freizeit stattfindet. Der Ort muß unter dem Gesichtspunkt ausgewählt werden, daß sein Anregungsgehalt für die Teilnehmer hoch ist (vgl. Haus und Umgebung).

1.3 Freiwilligkeit

Meist melden sich Kinder und Jugendliche freiwillig zu einer Freizeit an. Sie werden dazu nicht gezwungen, wie z. B. in die Schule zu gehen.

Das ist ein Vorteil. Eine freiwillige Entscheidung führt zu einer positiveren Einstellung und Erwartung. Viele an sich interessante Tätigkeiten gefallen vielleicht auch deshalb in der Schule nicht, weil sie gefühlsmäßig in Verbindung gebracht werden mit unangenehmen Erfahrungen und Zwängen. Wenn sich die Teilnehmer für die Freizeit selbst entscheiden, kann sie mehr zu *ihrer Zeit* werden, die sie füllen, genießen und gestalten wollen.

1.4 Die Gruppe der Gleichaltrigen

Bei der Freizeit leben die Teilnehmer in einer Gruppe von Gleichaltrigen bzw. mit geringem Altersunterschied, Tag und Nacht zusammen.

Die Gruppe der Gleichaltrigen ist für Kinder und Jugendliche in gleichem Maß wichtig. Sie brauchen sie zur Entwicklung von Selbständigkeit, sozialen Fähigkeiten und um Freundschaften und Bindungen eingehen und lösen zu lernen.

Kinder ab etwa 8 Jahren lieben die Gemeinschaft. Sie schließen sich oft sehr eng zusammen und grenzen sich gegen die Außenwelt ab, indem sie sich mit Geheimsprachen und -zeichen verständigen oder immer wieder bestimmte Lieblingsbeschäftigungen miteinander ausführen. Die persönliche Freundin und der Freund werden wichtiger als bisher, auch wenn sie noch öfter wechseln.

Die Kinder können durch die Zugehörigkeit zu einer Gruppe vieles lernen: für jemand da sein, sich einsetzen, unabhängiger werden von der Bindung an die Eltern, den engen Gesichtskreis der bisherigen Bezugspersonen ausweiten, Risiken eingehen, etwas wagen, sich messen, streiten und versöhnen, zusammenarbeiten, den anderen in seiner Andersartigkeit akzeptieren, Enttäuschungen verarbeiten usw. Es sind insgesamt Fähigkeiten, die die Kinder zur Bewältigung ihres Lebens brauchen und die im Elternhaus allein nicht genügend ausgebildet werden können.

Im Jugendalter spielt die Gruppe der Gleichaltrigen eine fast noch bedeutendere Rolle. Sie hat eine wichtige Funktion als Hilfe bei der Loslösung vom Elternhaus, die für den Jugendlichen ein notwendiger Schritt zum Erwachsen-Werden ist. Unter Gleichaltrigen kann er sich mit seinen Problemen auseinandersetzen, bisher gelernte Werte und Maßstäbe hinterfragen, ohne mit Sanktionen rechnen zu müssen, andere Verhaltensweisen ausprobieren und neue Rollen lernen. Die Gruppe gibt dem Jugendlichen Sicherheit in einer Zeit, in der er unsicher und auf der Suche nach Identität ist. An die Gleichaltrigen kann er sich vorübergehend binden und sich mit ihnen identifizieren, denn die anderen befinden sich ja in derselben Situation wie er. In der Gruppe erfährt der Jugendliche Bestärkung, Vertrauen und Zuversicht. Er empfindet sich selbst als wertvoll, weil andere ihn akzeptieren. Gerade im Jugendalter ist das Selbstbild und Selbstbewußtsein stark abhängig von der Zugehörigkeit zu anderen und vom Bild, das sich die anderen von einem machen. Die Erwartungen von Elternhaus und Schule vermitteln nicht immer ein positives Selbstbild. Deshalb hilft es dem Jugendlichen, wenn er in einer Gruppe auch für andere Verhaltensweisen Anerkennung erfährt als im übrigen Leben.

In der Gruppe kann der Jugendliche Erfahrungen mit Freundschaft und Bindungen machen. Das erfordert von ihm Fähigkeiten des Sich-Einlassens und Vertrauens, die er ohne Gruppe wohl gar nicht lernen könnte.

Das Zusammenleben mit den Gleichaltrigen in der Freizeit kann also für Kinder und Jugendliche zu einem wichtigen Übungs- und Erfahrungsfeld werden, in dem miteinander manches ausprobiert, erlebt und reflektiert wird, worauf sich der einzelne allein nicht einlassen würde.

1.5 Neue Erfahrungen

Der Alltag von Kindern und Jugendlichen ist oft langweilig und festgefahren: Wiederholung von gleichen Situationen, langweilige und phantasielose Spielplätze, immer dieselben Beschäftigungen (Schule, Lernen, Fernsehen). Es gibt nur wenig Anregungen und Möglichkeiten, selbst etwas zu tun und sich als schöpferisch Handelnder zu erfahren.

Erfahrungen können Menschen verändern. Sie ändern bisherige Interpretationsmuster von Dingen, sie führen hinaus über angelernte und vorgeprägte Vorstellungen, sie eröffnen einen neuen Blick auf Dinge und Menschen. Lernen durch Erfahrung ist ganzheitliches Lernen; es ergreift den Menschen rational und emotional. Deshalb können neue Erfahrungen vor allem da gemacht werden, wo einer in seiner ganzen Person angesprochen wird, und nicht nur in einem Ausschnitt. Das geschieht bei der Freizeit.

Bei Freizeiten gibt es oft Kinder und Jugendliche, die ganz selbstverständliche Dinge noch nie erfahren haben: barfuß laufen, schmutzige Kleider haben, im Regen spazierengehen und einmal richtig naß werden, Geschirr waschen und abtrocknen, mit mehreren in einem Zimmer schlafen und miteinander aufwachen und nachts lange miteinander reden, eine Verantwortung übertragen bekommen, Theater spielen und Beifall bekommen, zur Verantwortung gezogen werden, Nahrungsmittel achten und sie weiterverwerten, kochen usw.

Diese willkürliche Aufzählung zeigt die Breite der möglichen neuen Erfahrungen. Sie weist aber auch darauf hin, mit wieviel Ungewohntem die Kinder und Jugendlichen evtl. fertig werden müssen und daß sie viel Verständnis brauchen. Denn die bisherigen (alten) Erfahrungen können Angst vor Ungewohntem hinterlassen haben und den Zugang zu neuen Situationen blockieren. Deshalb brauchen die Teilnehmer Einfühlung, Geduld und Gesprächsbereitschaft, die ihnen die nötige Sicherheit geben, um Neues wagen zu können.

1.6 Begegnung mit jugendlichen Gruppenleitern und Erwachsenen

Eine weitere wichtige Bedingung der Freizeit ist das Zusammentreffen mit ›Autoritäten‹. Gerade die anderen Bedingungen der Freizeit erlauben es, festgefahrene Bilder aufzulösen und neue Erfahrungen zu vermitteln, was das Zusammensein von Älteren und Jüngeren angeht.

Die Beziehung von Älteren zu Jüngeren drückt sich oft in einem Machtgefälle aus. Die Älteren haben die Möglichkeit, Anordnungen zu geben, Regeln aufzustellen und ihre Beachtung einzuklagen. Sie haben mehr Möglichkeit zu strafen bzw. mehr Mittel, den Jüngeren ihr Mißfallen auszudrücken. Sie werden als Lehrende erfahren, während die Jüngeren lernen. Sie geben sich den Anschein von Fertigsein, die Jungen müssen noch erzogen werden.

Auch bei der Freizeit ist das oft so, sogar dann, wenn die »Älteren« erst 16–20jährige Gruppenleiter sind.

Es ist offensichtlich, daß von einer Unterscheidung der Altersstufen in dieser Art – wenn sie hauptsächlich so erlebt wird – keine positive Wirkung ausgehen kann. Im ersten Teil wurde dargestellt, daß Menschen lebenslang Lernende sein sollten und daß auch Erwachsene die Bereitschaft zum Umlernen und Sich-Verändern haben müßten – das meint auch die Bereitschaft zum Lernen von den Kindern und Jugendlichen.

Wenn aber die Freizeit als gemeinsamer Lernprozeß von Jüngeren und Älteren verstanden wird – und dabei spielt es keine Rolle, ob die Älteren 16, 30 oder 50 Jahre alt sind –, kann das zu neuen Erfahrungen und einem anderen Verständnis zwischen Menschen verschiedener Altersstufen und Generationen führen.

Nur können dazu keine Handlungsanweisungen gegeben werden, die Gruppenleitern zeigen, wie sie sich verhalten sollten. Denn es handelt sich um Einstellungen und Haltungen, die das konkrete Han-

deln erst zur Folge haben. Wir müssen also nicht zuerst an unser Handeln denken, sondern uns nach unserer Einstellung fragen:
- Sind die Kinder und Jugendlichen bei einer Freizeit Partner für uns, von denen wir erwarten, etwas zu lernen, was evtl. sehr wichtig für uns sein kann?
- Sind wir bereit, unsere Sicht und Meinung von Dingen und Menschen durch die Konfrontation mit Kindern und Jugendlichen evtl. zu verändern? Ziehen wir diese Möglichkeit überhaupt in Betracht? usw.

Bei der Freizeit können Kinder und Jugendliche Leiter erleben, die für sie Partner sind und bei denen der Altersunterschied nicht trennt und zur Vorsicht im Umgang miteinander anrät.

Das bedeutet für die Älteren (für die Leiter), daß sie sich einlassen müssen auf Gespräch, Veränderung und Erfahrungen. Sie müssen interessant sein als *Menschen* und dürfen sich nicht nur als Leiter fühlen.

2. Haus und Umgebung

Es ist nicht gleichgültig, wo die Freizeit stattfindet. Der Lernprozeß und die Art der Erfahrungen hängen auch vom Anregungsgehalt des Ortes und der Umgebung ab.

Die folgenden Überlegungen dürfen nicht als Richtlinien mißverstanden werden; denn die Wirkungen der äußeren Bedingungen (Haus, Zelt, Umgebung) können nicht genau vorhergesehen und beobachtet werden, und es ist nicht berechenbar, ob bei anderen Bedingungen nicht ebenso positive Wirkungen eintreten können.

Die Ausführungen sind also eher Hinweise und Aufforderung, die jeweiligen äußeren Bedingungen einer Freizeit auf ihre mögliche Wirkung hin zu reflektieren.

Viele Kinder und Jugendliche leben heute in einer sterilen und erfahrungsarmen Umwelt. Sie gebrauchen Dinge, deren Entstehen sie nicht erleben, deren Herkommen sie nicht kennen und von denen sie nicht wissen, wer wie lange daran gearbeitet hat. So können sie oft keine Beziehung zu ihnen entwickeln – Nahrungsmittel, Möbel, Spielzeug –, vieles bleibt bedeutungslos.

Es ist gut, wenn die Freizeit es ermöglicht, wieder näher an Dinge heranzukommen, in Berührung zu kommen mit einer ursprünglichen Welt.

Die Freizeit im Zeltlager bietet dafür natürlich viele ideale Ansatzpunkte: Wetter wird anders erlebt, Tag und Nacht, wach sein und schlafen, Dunkelheit und Licht, Spannung in der Nähe von Angst, Geräusche, Tiere, Himmel, Feuer und Beieinandersein.

Aber auch die Freizeit in einem Haus kann ähnliche Erfahrungen vermitteln, wenn das Haus bewußt ausgewählt wird und Programme auf neue Erfahrungen hinzielen.

Es werden hier einige Punkte aufgezählt, die bei der Auswahl des Freizeitortes mitbeachtet werden können.

Für die Erfahrung von Kindern und Jugendlichen *ist es günstig*
– wenn das Haus Möglichkeiten bietet, etwas zu verändern und zu gestalten: Bilder aufhängen, Tische umstellen, Zimmer schmücken, Ecken einrichten usw.

Es sollte nicht perfekt eingerichtet sein, so daß dauernd ermahnt werden muß, nichts zu beschädigen;

– wenn bestehende Hausordnungen verändert und zusammen mit den Teilnehmern eigene Regeln aufgestellt werden können. Oft ist es so, daß Ordnungen vorgefunden werden, die auf die Bedürfnisse der Gruppe keinerlei Rücksicht nehmen und der Gruppe keinen Spielraum zu eigener Gestaltung lassen. Dabei gehen ganz wichtige Erfahrungen verloren: Kinder und Jugendliche können lernen, unter der Berücksichtigung der Bedürfnisse aller Regeln aufzustellen, und sie können einüben, Regeln in veränderten Situationen umzustellen und neu zu formulieren. Die Prozesse des Aushandelns und Änderns von Ordnungen geben Einblick in das Denken und Empfinden der andern Teilnehmer und sind deshalb wichtige Elemente für soziales Lernen.

– wenn die Freizeitgruppe ein Haus für sich allein hat.

Das bietet vielerlei Lernchancen:

▶ Die Gruppe ist aufeinander angewiesen, man kann sich nicht so leicht ausweichen und Konflikten aus dem Weg gehen;

▶ Man kann Ordnungsprobleme nicht einfach auf die anderen abschieben und sich damit der echten Auseinandersetzung entziehen;

▶ Alleinsein in einem Haus ermöglicht eine stärkere Konzentration auf

die Gruppe und ihr Zusammenleben. Das ist nötig, wenn dieses Zusammenleben reflektiert und bearbeitet werden soll;
- wenn die Organisation der Freizeit (einkaufen, kochen, spülen, Ordnung machen) im Blickfeld der Teilnehmer ist und sie daran beteiligt werden.

Sie sollten erleben können, wie gekocht wird, welche Mengen eingekauft werden müssen, was Lebensmittel kosten, welche anderen Tätigkeiten für eine Freizeit nötig sind. Sie sollten selbst Teile der Arbeit übernehmen und miteinander arbeiten. (Manche Kinder haben vor der Freizeit noch nie Geschirr gewaschen.)

- wenn Lebensmittel direkt beim Erzeuger gekauft werden oder zugeschaut werden kann, wie z. B. Brot gebacken wird. Milch und Butter beim Bauern holen, Salat in der Gärtnerei, Brot beim Bäcker – auch wenn das alles ein wenig teurer ist. Durch solche Erlebnisse können sich wichtige Gespräche ergeben;
- wenn die Umgebung zu neuen Verhaltensweisen provoziert und ungewohnte Fähigkeiten herausfordert: wandern, barfuß laufen, Steine suchen, auf einen Berg steigen, Hütten bauen, im Bach waten, im Gras liegen, durch Schilf streifen usw.;
- wenn im Haus entweder keine Personen wohnen, die nicht zur Freizeit gehören (Heimleitung), oder aber diese gesprächsbereit, kooperativ und offen sind, Freizeitleitung und Teilnehmer ernst nehmen und ihnen helfen, die Freizeit zu einem Erlebnis zu machen.

3. Gruppe als Lebensform der Freizeit

Unser Menschsein entfaltet sich durch die Erfahrung des Zusammenlebens in verschiedenen Gruppen. ›Gruppe‹ wird hier in einem weiten Sinn verstanden als Zusammensein mit anderen in unterschiedlicher Länge, Intensität und emotionaler Ausprägung.

Jede Gruppe hat Auswirkungen auf den einzelnen. Über die Wirkung von Gruppen gibt es heute eine Reihe gesicherter Feststellungen. Für die Freizeit sind diese Erkenntnisse von großer Bedeutung; denn hier leben über einen kurzen Zeitraum Menschen sehr nahe zusammen. ›Gruppe‹ ist also *die* Lebensform der Freizeit. Deshalb ist es wichtig, sich zu fragen, welche Wirkungen eine Gruppe auf den einzelnen haben kann.

3.1 Wirkung von Gruppen

Unser Denken, Fühlen und Handeln wird sehr stark von der Gruppe bestimmt, in der wir uns befinden, d. h. von den Erwartungen und Verhaltensweisen ihrer Mitglieder. Wir können das erkennen, wenn wir uns überlegen, in welchen Gruppierungen wir uns täglich befinden und wie wir uns dort fühlen und verhalten.
Menschen verhalten sich in verschiedenen Gruppen unterschiedlich.

▶ Gruppenerfahrungen können einem Menschen Selbstvertrauen geben und ihm in seiner Entfaltung helfen:

Beispiel:
Regina erfährt von ihren Eltern viel Zuwendung. Auf Fragen bekommt sie immer eine Antwort. Vater und Mutter spielen oft mit ihr. Wenn sie traurig ist, kann sie das jemand erzählen.
Sie findet leicht Zugang zu andern Kindern. Sie hat keine Angst vor ihnen und kann sich auf sie einlassen.

Bernd ist in einer Kindergruppe. Manchmal wird Fußball gespielt, und das kann Bernd nicht gut. Er macht trotzdem mit, denn die andern mögen ihn und freuen sich, wenn er mitspielt. Dadurch erfährt Bernd, daß man ihn auch dann mag, wenn er etwas nicht kann. Seit er das in der Gruppe erlebt, hat er auch in der Schule weniger Angst.

▶ Eine Gruppe kann auch eine negative Auswirkung auf den einzelnen haben. Sie kann das Selbstbild und Selbstvertrauen zerstören und zur Übernahme von fremden Meinungen und Einstellungen zwingen.

Beispiel:
Gudrun ist in eine neue Stadt gezogen und kommt in eine neue Klasse. In dieser Klasse ist eine starke Clique, die alles bestimmt, was geschieht. Gudrun wird von Anfang an abgelehnt: sie hatte vorher gute Noten und

wird deshalb von den Lehrern freundlich empfangen. Die Clique entwickelt eine bestimmte Methode: immer wenn Gudrun etwas sagt, schauen sich alle an, kichern und flüstern miteinander. In den Pausen steht Gudrun allein. Nach einiger Zeit merken die Eltern, daß Gudruns Leistungen schlecht werden. Sie kann sich nicht mehr konzentrieren und hat Angst vor Klassenarbeiten. Sie traut sich nichts mehr zu.

Bei einer Gruppenleitertagung ist ein Teilnehmer, dessen Äußerungen nach Ansicht der anderen ›konservativ‹ sind. Niemand setzt sich offen mit ihm auseinander. Aber man ›teilt ihm mit‹, was man von ihm hält: auf seine Meinungen reagiert keiner, alle lachen über ihn, in der Freizeit wird er allein gelassen usw.
Der betreffende Jugendliche wird stiller und arbeitet weniger mit. Wenn er etwas sagt, vertritt er jetzt ähnliche Meinungen wie die anderen.

›Gruppe an sich‹ ist weder positiv noch negativ. Die Wirkungen von ›Gruppe‹ hängen davon ab, was in der Gruppe geschieht.

Es gibt Prozesse in Gruppen, die immer wieder ähnlich ablaufen. Wenn ein Gruppenleiter um solche Dinge weiß, kann er durch eine gezieltere Beobachtung und den Einfluß seines eigenen Verhaltens dazu beitragen, daß Gruppen sich so entwickeln, daß sie dem einzelnen in seiner Entfaltung eher helfen.

Die folgenden Ausführungen sind als Denkanstöße und Hinweise zu verstehen. Sie sollen helfen, Gruppenprozesse beobachten und wahrnehmen zu lernen und die Wirkung von Verhaltensweisen anderer auf sich selbst bewußter aufzunehmen.

3.1.1 Das Verhalten des einzelnen und die Gruppe

»Mit jedem einzelnen kann man ganz vernünftig reden, aber wenn sie alle zusammen sind, ist es unmöglich.« Diese sicher schon oft erfahrene Tatsache zeigt, daß die Gruppe mehr ist als die Summe der einzelnen. Im Zusammensein werden Kräfte wirksam, die die Beteiligten meist gar nicht wahrnehmen oder bewußt empfinden, die aber dennoch einen starken Einfluß haben.

Die Anwesenheit anderer beeinflußt jeden Menschen. Der Einfluß ist allerdings verschieden je nach Vorerfahrung, augenblicklicher persönlicher Sicherheit, nach dem Entwicklungsstand, der Größe der Gruppe, nach der Zeit, in der sie zusammen ist, dem Angewiesensein auf die Gruppe (finanziell, Einsamkeit usw.), dem Ziel der Gruppe usw.

Bei Verhaltensweisen, die wir selbst zeigen oder die wir bei anderen wahrnehmen, müßten wir uns also fragen, in welcher Weise die Gruppe, einzelne in der Gruppe oder eine Untergruppe dazu beitragen, daß dieses Verhalten vorhanden ist.

Beispiel:
Bei der Freizeit erzählt ein Jugendlicher laufend Witze und Schauergeschichten. Auch bei ernsten Gesprächen gelingt es ihm, die Gruppe zum Lachen zu bringen. Das ist inzwischen sehr störend geworden, weil manche Probleme dadurch ins Lächerliche gezogen werden und unter den Tisch fallen. Man kann den Jungen auch mit Zureden nicht dazu bringen, ernst zu sein.
Bei der Überlegung, was getan werden kann, merken die Gruppenleiter, daß der Jugendliche bisher von der Gruppe und auch von manchen Leitern geradezu ermuntert und herausgefordert wurde, immer wieder Witze zu machen: alle reagieren auf ihn, er steht im Mittelpunkt, er wird angefeuert, er wird nach außen als Witzbold vorgezeigt, er hat eine wichtige Rolle. Wenn er einmal ernst zu sein versuchte, sagten alle: Tu doch nicht so, das glaubt dir doch keiner!

Manchmal müßte also zuerst eine Gruppe ihr Verhalten ändern, bevor es der einzelne tun kann, bzw. es müßte dem einzelnen bewußt werden, wie stark sein Verhalten mit den Reaktionen der Gruppenmitglieder zusammenhängt.

3.1.2 Gruppen neigen zu Konformität

In Gruppen entsteht leicht ein Zwang zu Konformität. Die Meinungen, Gefühle, Einstellungen, Verhaltensweisen werden einander angenähert. Diese Annäherung geschieht meist nicht mit Absprache und wird oft nicht bewußt. Die einzelnen Mitglieder fühlen sich unterschwellig gezwungen, sich anzupassen. Manchmal bleibt die Anpassung nur äußerlich, d. h. der einzelne ändert seine Einstellungen nur für die Zeit in dieser Gruppe.

Manchmal besteht auch genügend Widerstandskraft und Unabhängigkeit, um eigene Meinungen und Einstellungen gegen den Druck der Gruppe aufrechterhalten zu können. Oft aber wird im Lauf der Zeit und unter dem ständigen Einfluß die Gruppenmeinung verinnerlicht und wird zur eigenen Meinung und Einstellung. Das hängt sehr davon ab, in welchen andern Gruppierungen einer noch lebt, wie er noch beeinflußt wird und wie sehr er auf die Sympathie der Gruppe angewiesen ist.

Das Entstehen einer »Gruppenmeinung« (-einstellung) kann auf mehrere Weisen vor sich gehen:
- Der Gruppenleiter vertritt eine Meinung. Auf Grund seiner überlegenen Position hat er es leicht, sie den Mitgliedern zu übermitteln.
- Ein Mitglied ist besonders stark. Es ist bei verschiedenen Gruppen allerdings unterschiedlich, was als Stärke angesehen wird: Redegewandtheit, körperliche Kraft, Intelligenz, gute sportliche Leistungen usw. Durch Überlegenheit kann ein Mitglied Macht ausüben bzw. die andern passen sich ihm aus Bewunderung oder Angst an.
- In einer noch fremden Gruppensituation wird von einem etwas festgestellt, z. B.: »Bei uns wird aber nur Rockmusik gehört!« Weil alle noch neu sind und nicht wissen, was die andern denken, kann es geschehen, daß niemand Stellung nimmt. Weil keiner etwas sagt, denkt jeder vom anderen, er sei dieser Meinung. Auf diese Weise kann eine Gruppenmeinung entstehen: »Wir hören nur Rockmusik.«
- Eine Gruppe wird von außen angegriffen, z. B.: Der Förster schlägt Krach, weil Kinder Zweige von den Bäumen gerissen haben. Obwohl manche eigentlich auch finden, daß das nicht in Ordnung ist, halten sie jetzt zu der angegriffenen Gruppe. Sie suchen so lange Argumente für den Standpunkt, der eigentlich nicht der eigene ist, bis sie ihn wirklich übernommen haben.

Auf ähnliche Weise neigen Gruppen dazu
- bestimmten Menschen und Dingen gegenüber einheitliche Gefühlsreaktionen zu entwickeln: z. B. sich für andere einsetzen ist richtig; wir mögen keine Gastarbeiter.
- Normen und Regeln auszubilden (ausgesprochene und unausgesprochene): z. B. hier gilt jeder etwas; wir hören einander zu; bei uns werden keine Betten gemacht; jeder Teilnehmer muß einmal rauchen; jeder bringt Alkohol mit aufs Lager; man redet nicht über Persönliches.

Mißachtung dieser ›Regeln‹ wird bestraft, z. B. durch Nicht-Beachten des betreffenden Gruppenmitgliedes, nicht mehr mit ihm sprechen, ihn lächerlich machen, Blicke untereinander austauschen, sich verschwören usw.

3.1.3 Die Gruppe und die Selbsteinschätzung des einzelnen

»Die Selbsteinschätzung und das Selbstbewußtsein eines Menschen sind weitgehend eine Spiegelung seiner Anerkennung durch die Gruppe« (Funkkolleg EW I S. 115). In dieser Aussage steckt wieder – wie in allem bisher Gesagten – die positive und negative Möglichkeit der Wirkung einer Gruppe.

Die positive Möglichkeit in einer Freizeit heißt:

- Wenn jemand von der Gruppe akzeptiert wird, kann er selbst mehr von sich halten und evtl. sogar erst entdecken, daß er wertvoll ist. Er kann durch die Anerkennung der Gruppe sein positives Selbstbild stärken. Das kann ihm helfen, sich gerne zu engagieren und Probleme und Aufgaben sicherer anzugehen.

- Wenn jemand von der Gruppe gebraucht wird, kann er mehr Fähigkeiten und Kräfte entwickeln, sich für die Gruppe oder eine Sache einzusetzen. Er lernt, sich selbst etwas zuzutrauen. Diese Fähigkeit braucht er auch in Situationen außerhalb der Freizeit.

- Wenn jemand erlebt, daß die Gruppe ihn annimmt und sich für ihn interessiert, kann er sich öffnen und sich zeigen, wie er ist. Er kann neue Verhaltensweisen ausprobieren und seinen Spielraum erweitern. Dadurch gewinnt er mehr Zugang zu sich und zu anderen.

- Ein negativ ausgeprägtes Selbstbild eines Teilnehmers, das er auf Grund seiner bisherigen Erfahrungen und Begegnungen ausgebildet hat, kann eine Korrektur erfahren. Wenn in der Freizeit Vertrauen entsteht, kann evtl. auch über das gesprochen werden, was zum Entstehen des negativen Bildes beigetragen hat.

3.2 Begründung für die Wirkung von Gruppen

Die starke Wirkung von Gruppen auf den einzelnen hängt mit Grundbedürfnissen des Menschen zusammen:

- *Das Bedürfnis nach Bestätigung und Liebe:*
  Wir brauchen Bestätigung und Liebe, um unseren eigenen Wert erkennen und uns selbst akzeptieren und lieben zu können. Nie-

mand kann sich selbst für wert halten, wenn ihm nicht ein anderer zustimmt und ihn für wert hält. Wir suchen oft nach Bestätigung und Zustimmung, um uns dadurch wieder neu unseres Wertes zu vergewissern, bzw. empfinden Ablehnung und Widerspruch als Verminderung des eigenen Wertes.

— *Das Bedürfnis nach Sicherheit und Gewißheit:*

Wir sind angewiesen darauf, daß Dinge und Menschen um uns herum einigermaßen beständig sind und einen festen »Ort« haben. Dann wissen wir — weil wir das gelernt haben —, wie wir reagieren und uns verhalten können. Wir haben ›Abmachungen‹ für bestimmte Situationen. Würden sich Normen und Menschen um uns herum ständig total verändern, wären wir völlig orientierungslos und könnten nicht leben. Kein gelerntes Verhalten könnte je zuverlässig in einer neuen Situation angewandt werden.

Wir erleben dieses Angewiesensein auf Sicherheit und Orientierung, wenn wir neue Situationen zu bewältigen haben, für die wir noch kein gelerntes Schema besitzen: an einer neuen Arbeitsstelle antreten, in einer fremden Stadt Straßenbahn fahren wollen, ein Amt aufsuchen, oder auch in jeder neuen Begegnung mit Menschen. Wir greifen dann zurück auf Gelerntes und Sicheres, bis wir uns wieder orientiert haben.

Das Bedürfnis nach Sicherheit spielt mit, wenn Menschen in Gruppen feste Vorstellungen von sich und anderen ausbilden, wenn Ordnungen und Normen vorschnell entstehen und Umgangsformen und Werte festgeschrieben werden.

3.3 Zusammenfassung

Es ist ein Ziel von Gruppenarbeit, dem einzelnen in einer stützenden Atmosphäre Gelegenheit zu geben, soziale Verhaltensweisen und Rollen zu erproben und mit anderen umzugehen zu lernen. Dieses Ziel ist eher erreichbar, wenn die Gruppenleiter einige Bedingungen und Gesetzmäßigkeiten von Gruppen kennen. Sie können dann besser beobachten, was in der Freizeitgruppe geschieht, welche Einflüsse wirksam sind, wie das Zusammenspiel ist und welche Bedeutung das für den einzelnen hat. Sie können mit den Teilnehmern zusammen einüben, über solche Wahrnehmungen und Probleme zu sprechen, und können Gruppenprozesse dadurch beeinflussen, daß sie sich selbst einbringen. Das macht es möglich, von reagierenden und dem Gruppenprozeß ausgelieferten Menschen zu agierenden zu werden, die das Zusammenleben gestalten.

4. Ausnahme- und Inselsituation der Freizeit

Es könnte der Eindruck entstanden sein, eine Freizeit solle einfach anders sein als das Alltägliche – allein durch die Umkehrung ergäbe sich die Chance.
Der Vorwurf liegt nahe, es ginge um ein Zurückdrehen der Zeit, um eine Flucht aus der Wirklichkeit.

Dazu ist mehreres zu sagen:
1. Es erkennen heute immer mehr Menschen, wie schädlich und gefährlich das Leben in unserer technisierten und mechanisierten Welt – besonders in der Großstadt – geworden ist.

Untersuchung vom Institut für Meinungsforschung in Allensbach 1977:
18% der Bevölkerung ab 14 Jahren möchte in der Großstadt leben;
34% auf dem Land
22% in der Kleinstadt
(Badische Zeitung, 31. August 1977)

Die genannten Zahlen haben sich bis heute wahrscheinlich erhöht, immer mehr wird über Projekte geschrieben und gesprochen, die Ansiedlungen auf dem Land beschreiben.
Man ist sich bewußter geworden, daß die totale Ausnützung der Rohstoffe und der Energie und die Selbstverständlichkeit unseres Verbraucher-Lebens die Zukunft gefährden und Natur und Menschen ruinieren. Viele rufen zu einfacherem Leben und Selbstbegrenzung auf, zumal das Auseinanderklaffen von armen und reichen Völkern auf der Erde immer größer wird.
Überall entstehen Modelle einfachen Lebens und finden großes Interesse (nicht nur bei Jugendlichen):
Taize, Longo-Mai, die Farm (vgl. S. 179), Bildung von Wohngemeinschaften und Aufbau von Dörfern.

Erich Fromms Buch ›Haben oder Sein‹ ist in kurzer Zeit ausverkauft und erzielt neue Auflagen.

Es werden immer wieder Fernsehsendungen ausgestrahlt, die über Projekte und Versuche von neuen Lebensformen berichten (Herbst 1977, Frühjahr 1978).

Es gibt genug dringende Zeichen, daß gezieltes und bewußt einfaches Leben das Gebot der Stunde ist. Die Freizeit könnte ein wenig Modell dafür sein.

2. In unserer Welt gelingt es nur wenigen Menschen, der Selbstentfremdung zu entgehen. Viele haben eine Arbeit, zu der sie keine Beziehung gewinnen können, viele unterliegen den anonymen Forderungen von Massenmedien und Lebensstandard. Man geht um mit hygienischen, fertigen, abgepackten, eingefrorenen Dingen. Es gibt kaum direkte Begegnung des Menschen mit seiner Umgebung, der Natur, den wichtigen und existentiellen Lebensvollzügen wie Krankheit, Geburt und Tod.

Ein wenig mehr Nähe zu sich selbst, seinen eigenen Gefühlen und Bedürfnissen und der Natur, in der wir leben, kann bei der Freizeit ermöglicht werden. Das ist so lange nicht Flucht, als es Anlaß bietet zu Auseinandersetzung, und so lange nicht verheimlicht wird, wie es im täglichen Leben aussieht. Neue Erfahrungen können ein Mittel zu Bewußtseinsbildung und -veränderung sein.

3. Das Zusammenleben auf engem Raum kann, wenn es gestaltet und ausgehalten wird, zu einer großen Intensität führen. Es zwingt zu harter Auseinandersetzung mit anderen, zur Reflexion verschiedener Bedürfnisse, zum Begreifen der Andersartigkeit anderer Gruppenmitglieder. Konflikte müssen ausgestanden und gelöst werden, man kann ihnen nicht ausweichen und sie verdrängen, wie es oft genug im täglichen Leben geschieht, weil man sich mit dem Hinweis auf ›keine Zeit haben‹ aus dem Weg gehen kann.

Auch die Anforderung, die eigene Freizeit zu gestalten, Ordnungen zu reflektieren und Verantwortung für eigene Entscheidungen zu übernehmen, bildet einen anspruchsvollen Gegensatz zum alltäglichen Leben.

So gesehen ist Freizeit sicher nicht Flucht, sondern Konfrontation und Anspruch.

5. ▶ Betr.: Leitungsteam

Zum Thema: Haus und Umgebung

- Welche Bedingungen des gemieteten Hauses und der Umgebung kennen wir?
- Welche Erfahrungen können dadurch evtl. ermöglicht, welche verhindert werden?
- Welche Bedingungen müssen/können verändert werden?
- Wie können durch Vorbereitung und Gestaltung der Freizeit Bedingungen verbessert werden?

Zum Thema: Wirkung von Gruppen

Ziel:
Bewußtmachen eigener Erfahrungen in verschiedenen Gruppen.
Aus der eigenen Erfahrung einige Bedingungen kennenlernen, die das eigene Verhalten beeinflussen.
Methode:

1. Einzelarbeit, Bearbeitung des Fragerasters
2. Austausch und Gespräch in Gruppen
3. Zusammenfassung des Gruppengesprächs zu Thesen ›Wirkung von Verhalten ...‹
4. Konfrontation der eigenen Erfahrungen mit II, 3.

Raster:

Stellen Sie sich eine bestimmte Gruppe vor, in der Sie zur Zeit öfter sind:

Schreiben Sie mehrere Verhaltensweisen einzelner oder mehrerer Personen in verschiedenen Situationen auf, an die Sie sich erinnern (z. B. sich anschauen, zurücklehnen, widersprechen, unterbrechen usw.).	Welche Wirkung hat jede Verhaltensweise normalerweise auf Sie? (Auf Gefühl, Lernfähigkeit, Leistung, Selbstwert usw.)

Können Sie sich Gründe vorstellen, warum diese Verhaltensweisen so auf Sie wirken?

Literatur

Zum Thema ›Gruppe‹:

Sjoelund, A.: Gruppenpsychologie für Erzieher, Lehrer und Gruppenleiter. Heidelberg: Quelle und Meyer 1974.

Sbandi, P.: Gruppenpsychologie. Einführung in die Wirklichkeit der Gruppendynamik aus sozialpsychologischer Sicht. München: Pfeiffer 1975[2].

Bernstein, S. und *L. Lowy:* Untersuchungen zur sozialen Gruppenarbeit in Theorie und Praxis. Freiburg: Lambertus 1975[4].

Brocher, T.: Gruppendynamik und Erwachsenenbildung. Braunschweig: Westermann 1967.

Ganz kurzer Überblick:

Knippenkötter, A.: Arbeiten mit Gruppen. Social group work. Düsseldorf 1972.

Der Tip 2, Einführung in die Gruppenarbeit mit Kindern. Düsseldorf: KJG-Bundesleitung 1976.

Klafki, W. u. a.: Erziehungswissenschaft 1. Funkkolleg 7. (Fischer TB 6106) Freiburg: Fischer 1970.

Zum Thema: Alternative Lebensformen:

Buschalla, S.: Das Dorf, in dem Leben gelernt wird; in: Sozialmagazin. Zeitschrift für Sozialarbeit und Sozialpädagogik 12/1977.

Jungk, R.: Der Jahrtausendmensch. Bericht aus den Werkstätten der neuen Gesellschaft. (rororo TB 6967) Reinbek, Rowohlt 1976.

Über die Ungleichzeitigkeit der Träume. Interview mit *Rolf Schwendter;* in: Sozialmagazin. Zeitschrift für Sozialarbeit und Sozialpädagogik 3/1978.

Teil III

Gruppenpädagogische Aspekte in der Freizeit

Die Freizeit wurde als ein Raum dargestellt, in dem Kinder und Jugendliche neue Erfahrungen machen können und in dem sie mit Auffassungen konfrontiert werden, die ihnen Orientierung für ihr eigenes Leben geben und dadurch auch Korrektur zu bisherigen Einstellungen und Verhaltensweisen sein können.

Das Verhalten der Gruppenleiter ist ein wichtiger Teil, durch den Erfahrungen möglich werden. Es sollte im Einklang stehen mit den in gemeinsamer Auseinandersetzung gewonnenen Zielen, die mit Werten in Verbindung stehen.

Die Freizeit besteht aus vielen einzelnen Situationen. In jeder sind grundsätzlich viele Möglichkeiten von Verhalten der Leiter denkbar. Das bedeutet, daß Gruppenleiter ihr Verhalten in verschiedenen Situationen immer wieder neu entscheiden müssen auf dem Hintergrund ihrer Zielvorstellungen.

Beispiel:
In drei Tagen soll eine große Fahrt stattfinden. Die Gruppenleiter haben am selben Ort schon mehrere Freizeiten geleitet und Fahrten organisiert. Sie haben Erfahrung, was Spaß macht, und könnten ohne viel Mühe den Ausflugsort bestimmen und die Fahrt vorbereiten. Aber die Ziele ›Selbständigkeit‹, ›eigene Entscheidungen treffen‹ und ›sich einigen können‹ geben in dieser konkreten Situation andere »Handlungsanweisungen«: z. B. mit den Kindern Landkarten studieren, Entfernungen berechnen, das zur Verfügung stehende Geld berechnen, Pläne ausarbeiten usw.

Daß Verhalten auf Entscheidungen beruhen sollte, gilt nicht nur für die Freizeit, sondern für jede menschliche Situation. Es besteht wohl in jedem Menschen der Wunsch, daß sein Handeln in Übereinstimmung steht mit seinen Wertvorstellungen.

Pädagogisches Handeln heißt: Handeln im Blick auf ein Ziel. Das Ziel betrifft Gruppenleiter und Teilnehmer.

Das Wissen um Ziele gibt dem Leiter Orientierungs- und Entscheidungshilfen für sein Handeln. Ein Handeln ohne Richtung ist nicht möglich.

Wenn Freizeit ein Lernprozeß für alle Beteiligten sein soll, dann müssen die Leiter aufmerksam sein für die Chancen, die verschiedene Situationen bieten. Sie müßten erkennen, welche Erfahrungen eine bestimmte Situation Kindern und Jugendlichen vermitteln kann, um unterstützend und bewußtmachend einzugreifen. Dazu ist das gemeinsame Gespräch zwischen den Gruppenleitern nötig.

Zu den folgenden pädagogischen und gruppenpädagogischen Überlegungen ist zu sagen:
Die hier nach Themen und Bereichen aufgeteilten Überlegungen sind nicht wirklich getrennt voneinander zu sehen. Sie stehen in einer Gleichzeitigkeit zueinander, sowohl was die Situationen angeht, in denen sie wichtig werden, als auch was die Erfahrung angeht, die sie vermitteln können: Gruppenentwicklung, Konflikte, Leiterverhalten, Zusammenarbeit im Team usw. – diese Bereiche bedingen sich gegenseitig. Die getrennte Reflexion soll nur helfen, Klarheit zu gewinnen, und sie zeigt, daß einmal dieser oder jener Aspekt im Vordergrund stehen kann.

In diesem Kapitel werden nun zwei große Themenbereiche wegen ihrer Wichtigkeit relativ ausführlich behandelt: Gruppenentwicklung und Konflikte in Gruppen. Unter diesen Überschriften werden viele pädagogische Überlegungen und Anregungen zusammengefaßt.

1. Zur Entwicklung von Gruppen und den daraus folgenden Anforderungen für Leiterverhalten und Programmgestaltung bei der Freizeit

Eine Gruppe ist nicht zu jeder Zeit ihres Bestehens gleich. Sie macht eine Entwicklung durch. Die Entwicklung hängt zusammen mit der Nähe oder Distanz der Beziehungen der Gruppenmitglieder zueinander. Die Entwicklung wird beeinflußt von den Faktoren: zeitlicher Abstand des Treffens, Größe der Gruppe, Ziel und Aufgabe, Gleichartigkeit oder Verschiedenartigkeit der Mitglieder, Umgebung, Raum usw.

In einer Gruppe ist ständig Bewegung und Prozeß. Keine Situation ist genauso wie die vorhergehende – und wenn sich nur die Beziehung zwischen zwei Mitgliedern verändert hat oder das Gefühl und Denken eines Teilnehmers.

Solche ›kleinen Bewegungen‹ geschehen in verschiedenen Gruppen natürlich unterschiedlich, deshalb kann man auch nie von einer allgemeingültigen und genau vorhersagbaren Entwicklung von Gruppen sprechen. Durch viele Untersuchungen wurde jedoch festgestellt, daß es einige *grundsätzliche Erscheinungsformen* in Gruppen gibt, die immer wieder in einem ähnlichen Ablauf festgestellt werden können *(Bernstein/Lowy* S. 43 f.).

Wenn ein Gruppenleiter diese allgemeinen Erscheinungsformen kennt und in etwa auch den Zeitpunkt und die Bedingungen, unter denen sie eintreten können, ist ihm das eine Hilfe: Er kann sich bestimmte Erscheinungsformen – z. B. starke Machtkämpfe unter den Gruppenmitgliedern – eher erklären, er kann verstehen, warum diese auftreten, er braucht Ursachen für Erscheinungen nicht *nur* bei sich zu suchen und bekommt Hilfe bei der Überlegung, wie er sein Verhalten der Entwicklung der Gruppe entsprechend gestalten kann. Denn eine neue Gruppe braucht andere Verhaltensweisen und Hilfen vom Gruppenleiter als eine Gruppe, die schon mehrere Jahre zusammen ist und viel miteinander erlebt hat.

Das Wissen um die Entwicklungs›schritte‹ einer Gruppe hilft auch bei der Beobachtung und Wahrnehmung des Gruppengeschehens und gibt Anhaltspunkte, wie dieses Geschehen beurteilt werden kann. Das birgt allerdings auch eine Gefahr in sich. Denn ein Gruppenleiter, der die Entwicklungsstufen starr auslegt, wird vielen Mißdeutungen zum Opfer fallen und alles, was er sieht, in sein Schema pressen wollen.

Deshalb möchte ich deutlich darauf hinweisen:

▶ Die im folgenden beschriebene Entwicklung von Gruppen soll *Orientierung* und *Hinweis* geben – aber in jeder Gruppe wird sich die Entwicklung anders äußern, in einem andern zeitlichen Ablauf stattfinden und evtl. sogar in einer andern Reihenfolge der Schritte.

▶ Die meisten Gruppen erleben nicht alle fünf Schritte der Gruppenentwicklung. Vor allem die vierte Stufe als ›Idealstufe für Zusammenleben‹ kann nur durch gemeinsame Anstrengung und den Einsatz vieler Fähigkeiten erreicht werden. In der Entwicklungsbeschreibung von Gruppen steckt also auch eine Zielvorstellung, *wohin* sich Gruppen entwickeln sollen.

Die Hinweise und Anregungen gelten auch für Freizeitgruppen, die sich schon mehr oder weniger kennen. Denn die Entwicklung der Gruppe vollzieht sich nicht kontinuierlich, sondern eher sprunghaft. Schritte wiederholen sich und müssen neu bewältigt werden,

z. B. wenn sich die Situation oder Umgebung der Gruppe ändert, wenn ein Problem gelöst werden muß oder eine neue Gruppenkonstellation entsteht.

1.1 Fremdheitsphase

1.1.1 Beschreibung

Wenn Menschen neu in eine Gruppe kommen, sind sie einer Vielfalt von Gefühlen ausgesetzt, die sich oft zwischen Widersprüchen bewegen. Auf der einen Seite besteht der Wunsch dazuzugehören, akzeptiert zu werden und ein wirkliches Mitglied zu sein. Dieser Wunsch ist begleitet von Gefühlen der Angst, nicht anzukommen, abgelehnt zu werden und keinen ›Platz‹ in der Gruppe zu finden. Auf der andern Seite besteht auch die Tendenz zum Ausweichen: ich möchte nicht vereinnahmt werden, mich nicht festlegen und lieber in Ruhe gelassen werden. Da ich nicht weiß, wie es ›hier zugeht‹, d. h. welche Eigenschaften, Fähigkeiten und Verhaltensweisen von den anderen als gut empfunden und anerkannt werden, bin ich unsicher, wie ich mich verhalten soll. Ich taste die anderen ab, suche in ihnen Vertrautes, habe Angst vor Andersartigem, versuche, mich mit der Situation vertraut zu machen und richte mein Verhalten nach den Anhaltspunkten, die sich mir zeigen (Anweisungen, Verhalten anderer usw.). Es ist ein vorsichtiges Erforschen auf Abstand. Ich bin froh, wenn ich nicht zu sehr im Blickpunkt stehe. Ich verstecke meine Unsicherheit gerne hinter belanglosen Reden und bin erleichtert, wenn ich etwas zu tun bekomme, z. B. mir wird ein Glas Wein gereicht, an dem ›ich mich festhalten kann‹.

Dem Gruppenleiter kommt in dieser Phase eine große Bedeutung zu. Er ist derjenige, von dem am ehesten Richtung erwartet wird, der von Unsicherheit entlasten kann und dessen Verhalten zum Maßstab genommen wird.

Wie sich jemand in einer neuen Gruppe erlebt, hängt mit seinen Vorerfahrungen in andern Bezugsgruppen zusammen und damit, wie abhängig er von der Einschätzung anderer ist. Menschen, die schon oft erlebt haben, daß sie akzeptiert werden und Kontakt finden, werden mit weniger Angst und mehr Selbstvertrauen in neue Situationen gehen und sie auch leichter bewältigen als diejenigen, die schon oft Ablehnung erfahren haben und sich wenig Kontaktfähigkeit zutrauen. Im Grunde ist jeder Beginn in einer neuen Gruppe für den einzelnen wie ein unbewußter ›Test‹, inwieweit sich seine früheren Erfahrungen fortsetzen (vgl. *T. Brocher*).

Darin liegen Chance und Gefahr:

Denn derjenige, der sich bisher wenig akzeptiert und sich eher kontaktschwierig erfahren hat, wird durch die Wiederholung dieser Erfahrung in seinem negativen Selbstbild bestärkt. Er wird die Erlebnisse in der neuen Gruppe eher unter seinem Blickwinkel ›ich komme doch nicht an‹ registrieren und interpretieren. Mit der Verstärkung des negativen Selbstbildes aber wächst auch die Unfähigkeit, von sich aus andere Menschen anzusprechen und auf sie zuzugehen.

Jeder Neuanfang in einer Gruppe kann aber auch eine Chance sein: Durch positive Erfahrungen in der Fremdheitsphase können Menschen zu einem besseren Selbstbild gelangen. Positive Erfahrungen können durch kommunikationsfördernde Methoden (s. Programm) ermöglicht werden.

Die Fremdheitsphase in der Freizeit

Wenn sich die Teilnehmer das erste Mal treffen – beim Vortreffen oder bei der Abfahrt am Bus –, stehen sie oft hilflos herum und wissen nicht, wie sie sich ansprechen und was sie miteinander reden sollen. Oft gruppieren sie sich um einige, die es schaffen, unbefangen zu erzählen oder Witze zu machen. Durch Hin-und-Herwerfen von lustigen und oberflächlichen Bemerkungen wird der Versuch gemacht, die Spannung zu entlasten. Man spricht über Dinge, die alle angehen, z. B. ›hast du auch Spiele dabei?‹. Wenn sich ein gemeinsames Gesprächsthema bietet, z. B. wenn jemand etwas vergessen hat, kann das als sehr hilfreich empfunden werden. Daran können ähnliche Erlebnisse anderer angehängt werden, man kann sich leichter vor den anderen darstellen.

Es ist das typische Merkmal der Anfangsphase: Man hat noch keine gemeinsamen Erlebnisse, an denen man anknüpfen kann.

Einzelne Teilnehmer versuchen vielleicht, die offene Situation zu strukturieren und greifbarer zu machen. Sie fragen, was man tun darf, was geplant ist, wie alles ablaufen wird usw. Manche versuchen die neue Situation für sich auszunützen und ihre Interessen durchzusetzen, indem sie Ansprüche anmelden. Sie haben jetzt noch wenig Widerstand von der Gruppe zu erwarten: »Ich werde aber nie Geschirr waschen!« Manche versuchen sich ein wenig Sicherheit zu geben, indem sie sich bekannter Personen vergewissern: »Darf ich mit Tina ins Zimmer?«

Wenn die Teilnehmer nicht gemeinsam zum Ferienort fahren, sondern einzeln von den Eltern gebracht werden, ist die Situation ähnlich. Hier kommt erschwerend hinzu, daß die Zeit der Ankunft sehr viel breiter gestreut ist. Es gewöhnen sich erst einige Kinder aneinander und machen sich bekannt. Dadurch besteht die Gefahr, daß sich unter ihnen relativ schnell feste Gruppen bilden, gerade aus dem Wunsch heraus, die Situation möglichst früh zu strukturieren und übersichtlich zu gestalten. Später ankommende Kinder bilden dann nur noch den ›Rest‹ und haben damit von vornherein keinen guten Start. Deshalb sollte man entweder gemeinsam anreisen oder dem Nacheinanderkommen durch ein überlegtes Programm Rechnung tragen.

Die Fremdheitsphase ist natürlich nicht damit beendet, daß die Teilnehmer angekommen sind. Sie dauert so lange, wie die eben beschriebenen Merkmale andauern.

Es muß auch beachtet werden, daß nicht alle Gruppenmitglieder zur gleichen Zeit ihre Fremdheit verlieren. Die Gründe dafür sind schon beschrieben worden. Deshalb muß während der ganzen Freizeit das Moment der Fremdheit beobachtet und – auch wenn es nur noch wenige betrifft – im Programm berücksichtigt werden.

1.1.2 Programme

1.1.2.1 Gestaltungselemente

Die ersten Stunden der Freizeit sind bestimmt von
- einerseits: Zeit lassen, nicht zwingen, Zurückhaltung zulassen, jedem sein Tempo zugestehen;
- andererseits: auffordern, einbeziehen, etwas zu tun geben, miteinander in Beziehung bringen, Einblicke geben in die vielfältigen Möglichkeiten der Freizeit...

Das sollte in einem Rahmen geschehen, der beides ermöglicht und Orientierung und Halt gibt. Die ersten Stunden geben unbewußt die Richtung an, in die sich die Freizeit bewegen wird. Daran können sich die Teilnehmer vorläufig orientieren, bis es möglich ist, miteinander über die Richtung zu sprechen.

Wichtiger als jedes Programm ist die gesamte Atmosphäre, die vor allem am Anfang sehr durch das Verhalten der Gruppenleiter bestimmt wird. Was sie tun, wird genau registriert. Wenn sie beispielsweise ein Mitglied ungerecht behandeln oder lächerlich machen, kann das Angst vor der gleichen Behandlung bei den andern hervorrufen oder zur Ablehnung des betreffenden Teilnehmers führen. Das Gruppenleiterverhalten ist in dieser Phase besonders stark Modell und Maßstab.

Gruppenleiter sollten:
- jedem Teilnehmer gegenüber freundlich und offen sein;
- auf alle zugehen und jeden ansprechen;
- Verbindungen schaffen zwischen Teilnehmern;
- den Teilnehmern die Angst nehmen, daß jedes Verhalten gleich zurechtgewiesen und bestraft wird;
- klare Angaben machen, was erlaubt ist und was aus welchem Grund verboten werden muß.

Im folgenden werden Ideen und Vorschläge aneinandergereiht, die zum Teil mit geringfügiger Änderung brauchbar sind für das Vortreffen der Teilnehmer, für die Busfahrt, für eine erste Kennlernrunde bei der Freizeit oder für den Ablauf der ersten Tage. Sie können je nach Alter der Teilnehmer und Größe der Gruppe verändert werden.

Es geht bei allen Vorschlägen darum, sich kennenzulernen, eigene Erwartungen an die Freizeit zu überlegen und zu formulieren, sich einzuleben und Anregungen zu erhalten für die vielfältigen Gestaltungsmöglichkeiten bei der Freizeit.

● Begrüßung: Wenn alle gemeinsam zur Freizeit fahren, werden alle Teilnehmer am Bus einzeln begrüßt. Auch die Eltern, die mitkommen, sollten angesprochen werden. Manche Leiter können sich vielleicht mehr dem Gespräch mit den Eltern widmen, die sicher noch viele Fragen haben, andere kümmern sich mehr um die Teilnehmer und helfen ihnen, Verbindungen untereinander zu schaffen.

● Jeder Teilnehmer erhält ein buntes *Namensschild* und eine Sicherheitsnadel oder ein Band. Er trägt selbst seinen Namen ein und steckt sich das Schildchen an. So kann jeder jeden wenigstens mit seinem Namen ansprechen und braucht nicht ständig nachzufragen. Außerdem schafft dieses gemeinsame Zeichen eine erste Verbindung untereinander. Die Namensschildchen können auch farblich so zusammengestellt werden, daß später aus den Trägern derselben Farbe Gruppen gebildet werden können, die sich befragen oder eine Aufgabe miteinander lösen.

● Teilnehmer und Leiter versuchen, ihre *Wünsche und Erwartungen* an die Freizeit auf ein großes gemeinsames Plakat zu malen oder zu schreiben. Das Plakat wird später aufgehängt und die Erwartungen und Wünsche werden besprochen. Dabei kann schon die Beteiligung der Teilnehmer an gewünschten Programmen angesprochen und angeregt werden.

● Ein *Rucksack,* der noch leer ist, soll gefüllt werden: jeder darf Wünsche an die Freizeit, an die Gruppenleiter, an die andern Teilnehmer, an das Programm auf verschiedene Zettel schreiben und diese in den Rucksack stecken. Zu jedem Wunschzettel wird irgendeine Süßigkeit dazugesteckt. Später wird der Rucksack ausgepackt, die Süßigkeiten und Wünsche ›verwertet‹.

● Alle bekommen ein *Päckchen,* das aus verschiedenen Schichten besteht. Während der Fahrt oder während einer Spielrunde darf zu bestimmten Zeiten immer wieder eine Schicht ausgepackt werden. Die einzelnen Schichten enthalten Aufgaben: z. B. einen Luftballon. Darin befindet sich ein Namensschild. Der Ballon muß aufgeblasen werden, bis er platzt, das Namensschild bezeichnet den Partner, der interviewt werden soll. (Bei jüngeren Kindern müssen Fragen evtl. mitgegeben werden.) Oder: Rätsel, Knobelspiele, Fragen zur Freizeit usw.
Durch die Aufträge und die gemeinsame Freude an den Überraschungen kommen die Teilnehmer leicht ins Gespräch. Sie haben ein gemeinsames Erlebnis, über das sie reden und Erfahrungen austauschen können. Nur dürfte in diesen Spielen kein Wettbewerb enthalten sein, so daß niemand verlieren kann oder Angst vor dem Verlieren haben muß. Vielleicht kann für nicht lösbare Aufgaben ein Korb aufgestellt werden, oder es kann der Auftrag gegeben werden, Aufgaben zusammen zu lösen.

● Das *»Haus in Besitz nehmen«:* Die Teilnehmer werden in Gruppen aufgeteilt, oder es werden bestehende Zimmergruppen aufgegriffen. Jede Gruppe bekommt dieselbe Aufgabe: Es soll ein Grundriß des Hauses entworfen, Vorschläge für die Gestaltung der Zimmer gemacht werden usw. Oder: Jeder Teilnehmer hat zehn Minuten Zeit. Er soll, ohne sich mit andern zu unterhalten, das Haus für sich selbst »in Besitz nehmen«, indem er alles anschaut, auf sich wirken läßt oder nur eine Sache betrachtet. Nachher kann in einer Gesprächsrunde über die Eindrücke gesprochen werden. In ähnlicher Weise kann die nähere Umgebung des Hauses erkundet werden.

- *Kugellager:* In einem Innen- und einem Außenkreis sitzen sich je zwei Teilnehmer gegenüber. Sie erhalten den Auftrag, sich eine Minute lang gegenseitig vorzustellen. Dann dreht sich nach Aufforderung des Gruppenleiters z. B. der Innenkreis zwei Stühle nach rechts, der Außenkreis drei Stühle nach rechts: es sitzen sich neue Partner gegenüber, die wieder einen Auftrag bekommen, z. B. Erwartungen an die Freizeit austauschen usw.

- *Wechselnde Gruppen:* Gruppen werden immer wieder neu nach bestimmten Merkmalen aufgeteilt.
  Z. B.: – wer im gleichen Monat Geburtstag hat,
    – wer die gleiche Lieblingsfarbe hat,
    – wer die gleiche Augenfarbe hat.
  Bei jeder neuen Gruppenzusammensetzung wird eine neue Aufgabe ausgegeben.

- *Reisebüro:* Es ist ein Reisebüro aufgebaut, bei dem die Teilnehmer bestimmte Dinge für die Freizeit bestellen bzw. »buchen« können. Z. B. eine Zimmerkarte: Ich möchte gerne mit ... im Zimmer wohnen. Wenn möglich auch noch mit ... (Die Teilnehmer erhalten die Zusicherung, daß der erste Wunsch sicher erfüllt wird, der zweite, wenn es möglich ist. Sie können erkennen, daß jeder Teilnehmer dasselbe Recht eingeräumt bekommt.)
  Oder: Ein Scheckheft wird überreicht, mit dem auf der »Freizeitbank« das zur Sicherheit eingezahlte Taschengeld jederzeit abgehoben werden kann.
  Oder: Ein Wunschzettel an die Freizeitleitung kann ausgefüllt werden usw.
  Wichtig ist hier der Spielgedanke. Er ermöglicht es, in eine Rolle zu schlüpfen, und gibt dadurch Sicherheit und Verhaltensanweisung. Die Phantasie wird angeregt, und das gemeinsame Erlebnis erleichtert Kontakt. Gleichzeitig bietet dieses »Spiel« die Möglichkeit zu einer gerechten Zimmerverteilung, bei der niemand benachteiligt wird (vgl. Zimmeraufteilung).

1.1.2.2 Kennlern-Spiele

- *Ein Netz spannen:* Ein Gruppenleiter hat einen großen Wollknäuel. Er erzählt ein wenig von sich. Dann hält er das Ende der Wolle fest und wirft den Knäuel einem Teilnehmer zu. Dieser erzählt von sich, hält dann die Wolle fest und wirft den ›Ball‹ weiter. So spannt sich schließlich quer über die ganze Gruppe ein Netz, das ein sichtbares Zeichen für die Möglichkeit ist, wie Beziehungen in einer Gruppe aussehen können: ein

Zielbild der Freizeit. Dieses Bild kann während der Freizeit und bei den Nachbesprechungen aufgegriffen werden, wenn über die Gruppensituation gesprochen wird.

Das Netz kann wieder aufgelöst werden, indem jeder Teilnehmer den Knäuel an seinen Vorgänger wirft und dabei dessen Namen nennt.

● Einen *Steckbrief* machen: Jeder zieht den Namen eines andern Freizeitteilnehmers. Er sucht diesen Partner und macht mit ihm ein Interview. Dabei können auch lustige Dinge gefragt werden. (Es kann hilfreich sein, einige Tips zu geben.) Die Person kann auch gemalt werden. Der Name der Person soll zunächst nicht aufgeschrieben werden.

Die Steckbriefe werden aufgehängt, jeder kann die dargestellten Personen erraten. Die Teilnehmer stellen sich in einer anschließenden Gesprächsrunde gegenseitig vor. Der Steckbrief kann auch jedem auf den Rücken genäht werden, so daß er von allen in Verbindung mit dem Träger gelesen werden kann.

● *Zipp – Zapp:* Alle sitzen im Kreis. Der Spielleiter steht in der Mitte. Für ihn ist kein Stuhl mehr da. Der Spielleiter fordert nacheinander verschiedene Mitspieler auf: Bei »zipp« muß der Angesprochene den Namen seines linken Nachbarn nennen, bei »zapp« den Namen des rechten Nachbarn. Die Aufforderungen des Spielleiters müssen ziemlich schnell aufeinander folgen. Wenn ein Gefragter nicht gleich den richtigen Namen nennen kann, löst er den Spielleiter ab und stellt die Fragen. Der Spieler im Kreis darf auch »zipp-zapp« rufen, dann müssen alle die Plätze tauschen und er kann sich auch einen Platz erringen. Derjenige, der keinen Platz findet, bringt das Spiel erneut in Gang.

● *Die feierliche Begrüßung:* Die Stühle stehen im Kreis mit etwas Zwischenraum. Einer hat keinen Sitzplatz. Er geht außen um den Kreis herum, tippt einen Mitspieler an und läuft schnell weiter. Der Angetippte rennt in entgegengesetzter Richtung um den Kreis. Wenn sich beide treffen, verbeugen sie sich und nennen den eigenen Namen. Dann rennen beide weiter, und wer zuerst den freien Sitzplatz erreicht, darf sich setzen. Der andere wählt einen neuen Mitspieler.

Variationen: Jeder begrüßt den andern mit *dessen* Namen. Jeder stellt sich mit einem Hobby vor usw.

● *Vorstell-Lawine:* Ein Mitspieler hat keinen Platz. Er bekommt einen Schlüsselbund oder zwei Topfdeckel. Er stellt sich einem Mitspieler im Kreis vor, dieser erhebt sich und stellt sich seinerseits vor. Beide gehen dann auf jeweils einen weiteren Mitspieler zu und wiederholen die Vorstellung usw. Wenn der Schlüsselbundbesitzer den Bund fallen läßt (oder die Deckel aneinanderschlägt), rennen alle und suchen sich einen neuen Platz. Einer findet keinen Platz mehr und fängt das Spiel von vorne an.

● *Höfliche Menschen:* Einer hat keinen Platz und steht in der Mitte. Die Mitspieler im Kreis erkundigen sich nach dem Namen ihrer Nachbarn rechts und links. Der Spieler in der Mitte deutet auf einen im Kreis, dieser muß dann sofort die beiden Nachbarn einander vorstellen. (Dieter, ich stelle dir Dagmar vor; Dagmar, ich stelle dir Dieter vor.)
Wer die Vorstellung zu langsam macht oder falsche Namen nennt, darf den Mittelspieler ablösen. Der Spieler in der Mitte kann rufen: »Die Vorstellung ist beendet.« Dann müssen alle ihre Plätze tauschen, einer bleibt wieder übrig.

Zu diesen Spielen:

Fast alle diese Spiele leben davon, daß ein Mitspieler exponiert in der Mitte steht und andere zu etwas auffordert. Das »in der Mitte stehen« ist für manche belastend, zumal in der Anfangssituation, in der sie sich noch unsicher fühlen. Der einzelne kann ja auch nicht selbst wählen, ob er in der Mitte sein will. Im Kreis stehen vermittelt häufig ein Gefühl des Ausgeliefert-seins. Solange den anderen gegenüber keine Sicherheit besteht, kann das leicht negativ empfunden werden.

Es ist deshalb äußerst wichtig, daß derjenige in der Mitte ein »*Auslösemittel*« hat, d. h. etwas, womit er sich selbst einen Platz verschaffen und seine exponierte Position verlassen kann. Das ist in diesen Spielen der Ruf »zipp-zapp« oder »die Vorstellung ist beendet« usw.

Manche Spieler vergessen dieses Mittel, wenn sie in der Mitte stehen. Der Spielleiter muß bei der Spielerklärung deutlich darauf hinweisen oder es selbst beim ersten Durchgang benutzen oder später daran erinnern.

Die Auslösemöglichkeit beim Spiel sollte nicht nur in der Anfangsphase beachtet werden, sondern auch bei den späteren Spielrunden.

1.1.2.3 Zimmeraufteilung

Wie werden Kinder und Jugendliche auf Zimmer oder Zelte aufgeteilt, wenn sie nicht schon als bestehende Gruppe zur Freizeit kommen bzw. wenn diese Gruppen wegen der Schlafplätze geteilt werden müssen?

Die Meinungen reichen weit auseinander:

Die Teilnehmer sollen ihre Zimmergruppen frei nach Wahl zusammenstellen und wechseln. ⟵⟶ Die Gruppenleiter sollen nach Alter, Bekanntheit oder anderen Kriterien Gruppen bilden und an ihnen festhalten.

Beide Positionen halte ich für schwierig und stelle einige Probleme dar:

● *Freie Wahl der Zimmergruppen ohne Einflußnahme der Gruppenleiter*

Vorteile:
– Die Teilnehmer wählen und entscheiden selbst und fühlen sich ernstgenommen.
– Dadurch sind sie evtl. eher bereit, in der Zimmergruppe Verantwortung zu übernehmen.

Nachteile:
– Vorher bestehende Gruppierungen bleiben beieinander, bevor Gelegenheit war, neue Beziehungen aufzubauen und Angst vor den Fremden abzulegen. Deshalb handelt es sich eigentlich gar nicht um eine freie Wahl, sondern um ein Zurückgreifen auf Bekanntes in einer noch unbekannten und neuen Situation.
– Es finden sich Teilnehmer zusammen, die sich in der neuen Situation schnell artikulieren und zurechtfinden. Die anderen äußern sich nicht oder zuwenig, so daß sie nicht auffallen und deshalb weniger gewählt werden.
– Mädchen und Jungen wollen in einem Zimmer zusammen schlafen.
– Es bleiben Kinder oder Jugendliche als ›Rest‹ übrig. Das werden vor allem solche sein, deren Selbsteinschätzung in bezug auf Kontakt mit anderen sowieso schwach ist. Ihr Selbstbild wird dadurch negativ verstärkt.

Sie müssen mit mehrerem fertigwerden:
– zuschauen, wie andere einander wählen und selbst abgewiesen werden;
– die eigene Unfähigkeit erkennen, eine eigene Wahl zu treffen aus der Angst vor dem Abgewiesenwerden;
– als Übriggebliebener in ein Zimmer müssen, in dem andere sind, die sich gewählt haben;

– als Übriggebliebene zusammen in einer Gruppe zusammengefaßt werden.

Diese Nachteile können schwerwiegende Folgen haben. Bei denen, die übriggeblieben sind, werden Minderwertigkeitsgefühle hervorgerufen und verstärkt. Das macht sie oft unfähig, sich miteinander in einer Gruppe zusammenzuschließen. Sie sind fixiert vom Blick auf die anderen und vom Vergleich der anderen mit sich. Das macht sie unbeholfen und unfähig und gibt schlechte Startbedingungen für die Freizeit oder für die Bereitschaft zu neuen Erfahrungen. Es ändert sich also nichts: zu schwierigen Erfahrungen ist eine weitere belastende dazugekommen.

Auch bei den ›schnelleren‹ oder ›gewählten‹ ändert sich nichts. Auch bei ihnen werden Vorurteile bestärkt, sie bleiben im bekannten Schema, mit wem sie sich verstehen und mit wem nicht. Sie lernen nicht, daß auch andere Eigenschaften und Fähigkeiten wertvoll und für sie interessant sein können.

Es werden also vor allem Vorerfahrungen und Vorurteile festgeschrieben und Unterschiede stabilisiert.

● *Von den Gruppenleitern vorgenommene Aufteilung*

Vorteile:
– Schnelle Organisation.
– Bequemlichkeit für die Gruppenleiter,
– Gleichbehandlung aller Teilnehmer und verhindern, daß einige Kinder übrigbleiben.
– Vermeiden ungünstiger Gruppenkonstellationen.

Nachteile:
– Die Teilnehmer werden nicht ernstgenommen, ihre Wünsche und Ängste nicht berücksichtigt;
– Durch den Zwang kann Ärger entstehen, der vielleicht nicht hier geäußert wird, sich aber im Verhalten der Teilnehmer untereinander niederschlägt;
– Die Ziele ›Entscheidungen treffen‹ und ›Verantwortung übernehmen‹ sind nicht berücksichtigt worden.

Auch wenn die Gruppenleiter die Aufteilung unter Berücksichtigung der »erahnten« Wünsche der Teilnehmer vornehmen und diese sogar damit zufrieden sind, ist eine wichtige Chance vertan, durch das Gespräch miteinander und das Abwägen der Gesichtspunkte zur Einsicht zu kommen, daß das Zusammenleben in einer Gruppe auch Anforderungen an den einzelnen stellt.

Es wurden hier zwei extreme Positionen dargestellt, die je nach Größe der Gruppe vielleicht auch einmal eingenommen werden müssen.

Ich halte ein Vorgehen für sinnvoll, das dazwischen liegt. Die Teilnehmer sollten am Entscheidungsprozeß beteiligt werden. Sie brauchen dazu aber, wenn neue Einsichten gewonnen werden sollen, Vorgaben und Hinweise, die sie selbst noch nicht kennen und nie zu berücksichtigen gelernt haben. Z. B.:
- Jeder soll das Recht haben, Wünsche auszusprechen.
- Jeder muß bereit sein, Wünsche anderer zu respektieren; d. h., meine Wünsche können evtl. nicht alle erfüllt werden, wenn das auf Kosten anderer geschehen müßte.
- Jeder möchte gerne mit denen zusammen sein, die er schon kennt und mag.
- Manche kennen noch niemanden.
- Bei der Freizeit treffen alle auf verschiedene Menschen, die sich noch nicht oder noch wenig kennen.
  - ▶ Das Kennenlernen von anderen kann Mühe machen, es ist aber auch eine Chance für neue Erfahrungen und Beziehungen. Zusammenleben braucht die Bereitschaft aller, sich aufeinander einzulassen. Alle sind angewiesen aufeinander.
- Cliquen fühlen sich untereinander stark und wohl.
- Cliquen machen auch Angst, weil sie dazu neigen, sich abzuschließen und andere abzuwerten, indem sie ihnen keinerlei Aufmerksamkeit zeigen;
  - ▶ Es ist meistens so, daß ich bestimmte Personen mehr mag und mehr mit ihnen zusammen bin. Das sollte aber den Blick auf die andern nicht verstellen und neue Kontakte nicht verhindern.

Eine mögliche Lösung zwischen den Extremen ist das Reisebüro (vgl. S. 56), wenn über die Gründe für diese Vorgaben miteinander gesprochen wird. Jeder spricht Wünsche aus und jeder ist bereit, Wünsche der anderen zu respektieren.

Eine weitere Frage ist, ob ein Zimmerwechsel ständig erlaubt oder grundsätzlich verboten sein sollte. Auch das ist schwer, eindeutig zu beantworten. Die Vor- und Nachteile müssen abgewogen werden und Entscheidungen sind sicher nur im Blick auf eine konkrete Gruppe und Situation möglich. Welche Gesichtspunkte sind zu berücksichtigen?

Es besteht die gleiche Gefahr wie bei der völlig freien Wahl der Zimmer: Die Stärkeren werden sich durchsetzen und durch Sticheln oder verletzende Äußerungen Schwächere aus ihrem Zimmer vertreiben. (Denn in den meisten Fällen wird ein Wechsel nur stattfinden können, wenn ein anderer einen Platz frei macht.) Die Gruppenleiter werden solche Vorgänge nicht immer beobachten können, weil Menschen subtile Mittel beherrschen, ihre Ablehnung mitzuteilen. Oft kann auch schwer Einsicht geweckt werden, auch wenn das im Gespräch versucht wird.

Auf der andern Seite ist das generelle Verbot, ein Zimmer zu tauschen, auch uneinsichtig. Es kann sehr wichtige Gründe geben, warum jemand in einer Gruppe nicht bleiben will oder zu einer andern Gruppe möchte. Ein Tausch kann zum Beispiel wichtig sein, wenn ein Kind bei der Ankunft den ihm einzig Bekannten als Zimmerpartner gewählt hat (vielleicht sogar Geschwister) und sich von ihm nun frei gemacht hat. Manchmal bestehen auch in einem Zimmer so unterschiedliche Bedürfnisse, daß sie nicht vereinbar sind. Auch starke Antipathie oder Angst kann ein wichtiger Grund für Zimmertausch sein.

Nun darf dieser Tausch nicht dadurch ermöglicht werden, daß das schwächste Glied im Zimmer so lange bearbeitet wird, bis es nachgibt, um nicht alle Sympathie zu verlieren. Die einzige Möglichkeit bleibt ein Gespräch, durch das die Gefühle aller Beteiligten bewußtgemacht werden und durch das versucht wird, die unterschiedlichen Bedürfnisse der Teilnehmer in die Entscheidung einzubeziehen. Nur so lernen Kinder und Jugendliche langsam, auch die Gefühle und Wünsche anderer in ihren eigenen Überlegungen und Entscheidungen zu berücksichtigen.

Die Zimmerverteilung wird meist gleich nach Betreten des Hauses durchgeführt, wenn die Teilnehmer noch wenig Gelegenheit hatten, sich kennenzulernen und von bekannten Gruppierungen zu lösen. Dadurch entstehen einige der oben beschriebenen Probleme.

Das könnte jedoch auch anders gelöst werden. Wo es vom Haus, der Tageszeit und von der Größe der Gruppe her möglich ist, kann auch auf folgende Weise vorgegangen werden:

Wenn die Teilnehmer ankommen, werden sie mit einer netten Überraschung empfangen (Willkommensschild; Eis; Musik; Hindernisse, die den Zugang zum Haus erschweren; Aufgaben, die vor dem Betreten des Hauses gemeinsam gelöst werden müssen, usw.). In einer Kennlernrunde können sich alle erst einmal wahrnehmen und zur Kenntnis nehmen. Es wird erklärt, daß die Zimmer erst abends bezogen werden, um noch mehr Leute kennenlernen und eher Wünsche äußern zu können.

Durch das gemeinsame Programm kann dann einerseits das Kennenlernen gefördert werden, andererseits schon Einblick gegeben werden in die verschiedensten Möglichkeiten der Freizeitgestaltung.

1.1.3 Leiterverhalten

Auch die Gruppenleiter erleben die Anfangssituation und sind Unsicherheiten ausgesetzt.

In mancher Beziehung haben sie allerdings eine günstigere Ausgangsposition als die Teilnehmer:
– sie kennen sich untereinander;
– sie wissen einiges über Ziele und Programme der Freizeit;
– sie haben Vorstellungen, wie miteinander umgegangen werden soll;
– sie haben eine Rolle (Gruppenleiter), die einige Erwartungen festlegt und Sicherheit geben kann.

Die Leiter müssen sich aber auch mit mancherlei Unsicherheiten auseinandersetzen, vor allem wenn sie die Teilnehmer nicht kennen:
– Werde ich als Person von den Teilnehmern akzeptiert werden?
– Werde ich mich als Leiter behaupten können?
– Werde ich mich verständlich machen können mit dem, worum es mir geht?
– Werde ich mit den andern im Leitungsteam auskommen können?
usw.

Es ist wichtig, sich dieser Unsicherheiten vor der Freizeit bewußt zu werden, sie sich einzugestehen und im Team gemeinsam zu besprechen. Wenn die Unsicherheiten ausgesprochen und beim Namen genannt sind, verlieren sie ihre Ungreifbarkeit und ihren Schrecken. Man kann besser mit ihnen umgehen, weil sie nicht mehr versteckt und überspielt werden müssen. Man erfährt, daß es auch andern ähnlich geht, und kann sich gegenseitig besser helfen.

Die Verhaltensweisen, die den Teilnehmern in der schwierigen Anfangssituation helfen, sind schon angesprochen worden, sie werden hier noch einmal zusammengefaßt:

— Ruhe und Freundlichkeit jedem einzelnen gegenüber.
— Auf die Teilnehmer zugehen und sie einbeziehen, ihnen aber auch Rückzug und Distanz erlauben.
— Sich als Bezugsperson anbieten, aber vor allem Beziehungen zwischen den Teilnehmern fördern. (Manche Kinder und Jugendliche brauchen erst die sichere Beziehung zum Gruppenleiter, bevor sie wagen, Beziehungen zu den andern Teilnehmern aufzunehmen.)
— Beschäftigungen anbieten und Aktivitäten ermöglichen.
— Informationen geben über Haus, Vorüberlegungen, Zusammenleben usw., um Orientierung und Rahmen zu vermitteln.
— Eigene Ängste nennen oder auch vermutete Ängste von Teilnehmern aussprechen und Gründe erklären, warum sie auftreten. Dadurch erfahren die Teilnehmer Erleichterung, weil sie ihre Befürchtungen nicht mehr nur subjektiv erleben.
— Dazu aufmuntern, auf neue Menschen und Dinge zuzugehen. Neugierde und Spannung wecken für die Möglichkeiten, die die Freizeit bietet.
— Einbeziehen in Überlegungen zum Verlauf der Freizeit. Vorüberlegungen offenlegen.
— Sich bewußt sein, daß das eigene Verhalten Modellcharakter hat für das Verhalten der Teilnehmer.

1.1.4 Zusammenfassung

Aus der Ausführlichkeit der Beschreibung dieser ersten Phase der Freizeit ist deutlich geworden, welches Gewicht sie hat.

Ich glaube, daß die Art und Weise ihrer Gestaltung den Verlauf der Freizeit mitbestimmt – nicht nur was das äußere Erscheinungsbild der Gruppe betrifft, sondern vielmehr, was die einzelnen Teilnehmer angeht: die Veränderung ihrer Persönlichkeit, das wachsende Selbstvertrauen, die Offenheit andern gegenüber und die Fähigkeit, mit andern zusammenzuleben.

Jeder erlebt das auch selbst: wo ich spüre, daß *ich* gefragt bin und akzeptiert werde, wie ich bin, entwickeln sich Fähigkeiten, Zuversicht und Hoffnung. Ich kann ›Lähmung‹ überwinden. Ich bin ›netter‹. Ich kann mich selbst akzeptieren und mögen.

Das ist letztlich das Ziel einer Freizeit. Nicht die Lautstärke an einem bunten Abend ist der Maßstab für das Gelingen der Freizeit, sondern die Frage, wieviel Zutrauen, Selbstvertrauen, Beziehung und Ich-Stärke der einzelne entwickelt hat. Das ist nicht leicht zu messen. Dazu muß man sich aufmerksam den Kindern und Jugendlichen zuwenden, ihrem Sprechen zuhören, ihrem Tun zuschauen und sie unterstützen.

In der ersten Phase der Freizeit werden die Signale gegeben, wie es während der Freizeit zugehen soll:

So wie fast überall? Die Großen gewinnen, die Starken sind vorne, Leistung zählt.

Oder anders? Darf ich sein, wie ich bin? Werde ich akzeptiert, auch wenn ich im Sport nicht gut bin? Wird meine Ängstlichkeit auch angenommen? Darf ich über mich reden?

Die Bedeutung dieser Phase liegt darin,
– daß sie Weichen stellt für Normen und Werte, die bei der Freizeit gelten und für Verhaltensweisen, die belohnt und akzeptiert werden;
– daß sie signalisiert, wie die Art der Beziehungen sein wird und welche Regeln in den Beziehungen gelten können;
– daß sie andere Erfahrungen mit sich ermöglicht, was die Begegnung mit neuen Gruppen und Situationen angeht. Solche hoffnungsvollen Gegenerfahrungen können Auswirkungen haben auf später, vor allem dann, wenn die Bedingungen der Anfangssituation auch besprochen und bearbeitet werden und Zusammenhänge erkannt werden.

Etwas muß noch beachtet werden, um vor Enttäuschungen zu bewahren: Mit den »Signalen« werden noch keine Fähigkeiten vermittelt. Das bedeutet, daß an der Verwirklichung der Vorstellungen vom Zusammenleben während der ganzen Freizeit gearbeitet werden muß.

1.2 Bildung einer Gruppenstruktur-»Machtkampfphase«

Die Bezeichnung ›Machtkampf‹ meint, daß beim Herausbilden einer Gruppenstruktur sich die einzelnen gegeneinander durchsetzen, voneinander abheben und einen eigenen Stand gewinnen müssen. Zunächst ist mit diesem Begriff weder eine positive noch negative Bewertung verbunden.

1.2.1 Beschreibung

Wenn die Teilnehmer einander registriert haben und die erste Orientierung gewonnen ist, beginnt eine neue Art der Bewegung, die für die Mitglieder mit dem Ziel verbunden ist, einen ›Platz‹ in der Gruppe zu gewinnen. Denn jeder muß wissen, *wo* er steht und *wie* er zu den anderen steht. Es ist erstrebenswert, einen möglichst anerkannten Platz zu gewinnen, weil damit das eigene Selbstwertgefühl zusammenhängt. Der Wunsch nach Struktur in der Gruppe hat mit dem Bedürfnis nach Sicherheit und Anerkennung zu tun, über das schon gesprochen wurde. Bei den im folgenden zu schildernden Prozessen handelt es sich meist nicht um bewußte Abläufe.

Die Mitglieder einer Gruppe versuchen je nach persönlicher Eigenart und bisheriger Erfahrung, sich einen Platz in der Gruppe zu erobern. Dies geschieht durch verbale Darstellung, durch Abgrenzung gegen andere, durch körperliche Kraftproben, durch Sich-Messen beim Basteln, Spielen, Recht haben, Anerkennung suchen beim Gruppenleiter und bei anderen Mitgliedern, usw. Man möchte Einfluß gewinnen. Deshalb werden hier oft Bündnisse geschlossen, Cliquen schließen sich zusammen. Man grenzt sich gegen andere Mitglieder oder Gruppen ab, die anders sind oder einen Angriff auf die ›Vorherrschaft‹ bilden. Solche Kämpfe spielen sich oft sehr untergründig ab.

Hier taucht auch das Sündenbockdenken auf und mit ihm der Versuch, einzelne als nicht zugehörig auszuschließen oder das eigene Unbehagen auf sie abzuwälzen.

Die Gruppenleiter, die durch ihre Position bevorzugte ›Machtinhaber‹ sind, können hier besonders stark ins Kreuzfeuer geraten bzw. zu Machtproben anregen. Man versucht, wieweit man gehen kann; welche Reaktion erfolgt, wenn ein Gebot übertreten wurde; man stellt Anordnungen in Frage – weniger wegen der Sache als wegen der Möglichkeit zu Auseinandersetzung; man spielt die Gruppenleiter gegeneinander aus und versucht, mit ihren Stärken oder Schwächen bei den anderen hausieren zu gehen; man unterläuft Programmangebote usw.

Diese Phase kann in der Freizeit verstärkt werden durch die Tatsache, daß Kinder und Jugendliche hier freier leben, mehr dürfen, weniger bestraft werden, Erwachsene anders erleben – kurz: weil viele Normen ihres alltäglichen Lebens nicht mehr gelten. Das löst neben Freude und Hoffnung auch Unsicherheit aus, denn man kennt den Spielraum noch nicht und beherrscht noch keine Verhaltensweisen, mit den neuen Normen zu leben und ihnen gerecht zu werden.

Das ist ein Hinweis darauf, warum die totale Selbstbestimmung eine Überforderung ist: sie kann einen »Normenschock« auslösen, der dazu führt, alles über Bord zu werfen, was bisher galt, oder sich nur um so fester daranzuklammern.

Diese Phase ist sehr wichtig für den einzelnen und die Gruppenentwicklung:
– Spielräume werden erforscht und ausgeweitet.
– Kräfte werden im einzelnen aktiviert und eingesetzt.
– Beziehungen werden aufgenommen.
– Mitglieder beginnen, Einfluß zu nehmen auf Gruppenziel und -normen.
– Der einzelne versucht, sich einen Platz zu schaffen, der von den anderen akzeptiert, toleriert und nicht streitig gemacht wird.

Einen Platz in der Gruppe haben, d. h. wissen, wie mich die andern sehen, wie ich zu ihnen stehe, und auch selbst die anderen einordnen können, ist existenznotwendig für das Verbleiben in der Gruppe. Der Versuch der Klärung von Positionen wird nicht in dieser Phase ein für allemal abgeschlossen. Er bleibt eine Dauererscheinung in der Gruppe; nur zeigt er sich später nicht mehr so dicht gedrängt und offensichtlich.

Die Beschreibung dieser Phase zeigt, daß sie zwar sehr wichtig ist, aber auch viele Probleme und Gefahren für Mitglieder und Gruppenentwicklung birgt:
– Manche Mitglieder bringen wenig Fähigkeiten mit, sich darzustellen und zu behaupten. Ihnen wird ein Platz zugeschoben. Sie bemühen sich nicht aktiv darum. Dadurch werden auch negative Selbstbilder verstärkt.

- Die Entwicklungsstufe kann auch für die »Stärkeren« problematisch sein. Wenn sie ihre Position in der Gruppe auf Kosten anderer festigen, ohne sich deren Bedürfnisse klarzumachen, werden sie für die Zukunft in solchem Vorgehen bestärkt.
- Diese Phase ist normenbildend. Wenn hier der Stärkere gewinnt und der Schwächere abgeschoben wird, besteht die Gefahr, daß das zur Norm in der Gruppe wird.
- Einmal gewordene Positionen und Rollen neigen dazu, sich zu verfestigen. Dadurch wird jeder der Beteiligten in seinem Spielraum sehr eingeengt, auch wenn das die einzelnen Rollenträger natürlich sehr unterschiedlich empfinden werden. (Einer, der viel Anerkennung erhält, wird das nicht negativ empfinden.)
Es ist keine Änderung mehr möglich. Verhalten und Abläufe bleiben im gleichen Schema.

Das heißt:

Diese Phase ist nötig und wichtig für den einzelnen und die Gruppe.

Aber *wie* sie abläuft, welche Gesetze gelten und welche Vorerfahrungen wiederholt und verfestigt werden, das ist entscheidend für die Entwicklung und das Lernen des einzelnen und für die Wert- und Normbildung in der Gruppe.

1.2.2 Programm

In dieser Phase sollte sich jedes Mitglied darstellen können und Wichtigkeit für die Gruppe gewinnen.

Konsequenzen:
- Das Programm muß vielseitig sein, damit möglichst alle Mitglieder ihre Stärken zeigen können. Das wird verhindert, wenn nur über einen Weg (z. B. Sport) Anerkennung zu gewinnen ist.
Verschiedene Tätigkeiten und Fähigkeiten werden immer wieder als wichtig herausgestellt: Vorschläge machen, basteln, andern helfen, Konflikte lösen, in der Küche helfen, Unsinn machen, jemanden zum Spielen holen, Zimmersprecher sein usw.
- Es müssen Spiele ausgewählt werden, die unterschiedliche Fähigkeiten erfordern: Denken, Geschicklichkeit, Konzentration, Zusammenarbeit, Durchhaltevermögen, Schnelligkeit usw. Geeignet

sind vor allem Spiele, in denen keiner allein Verlierer ist oder in denen es überhaupt keinen Verlierer gibt:

Beispiel:

Reise durch die Welt. Der Spielleiter steht im Kreis, er hat keinen Stuhl. Die Mitspieler geben sich je nach Größe des Kreises zu mehreren einen gemeinsamen Städtenamen, den sie während des Spiels beibehalten. Der Spielleiter ist nun Reiseleiter und ruft: Ich fahre von ... nach ... Er verwendet zwei der ausgewählten Städte. Jeder aufgerufene Spieler sucht sich einen neuen Platz. Da auch der Spielleiter einen Platz besetzt hat, bleibt einer übrig. Er ist jetzt Reiseleiter.

Die Spiele können auch Wettbewerbscharakter haben. Es sollte aber darauf geachtet werden, daß sich keiner der Mitspieler blamieren kann und daß keiner zum Mitspielen gezwungen wird. Der einzelne soll sich selbst so einbringen können, wie er es sich zutraut.

Wettbewerbsspiele in Gruppen (wenn es nicht immer dieselben sind) können zur Zusammenarbeit anregen und vermeiden, daß einer allein ein Spiel verliert.

– Das Programm soll die Möglichkeit geben, etwas zu meistern: werken und basteln, ein Baumhaus bauen, malen, einen Plan ausarbeiten (z. B. für ein Geländespiel), Programm mitgestalten, ein Dessert kochen usw.

– Es werden Unternehmungen ausgewählt, die nur zu mehreren erfolgreich sind und die dadurch Zusammenarbeit nötig machen: Gemeinschaftsbilder malen, eine Stadt aus Karton bauen, einen Lagerturm bauen, die Umgebung erkunden, ein Zimmer ausgestalten, für die Gesamtgruppe etwas vorbereiten (z. B. Olympiade, Fahrt) usw.

– Es genügt nicht, wenn nur die Gruppenleiter Anerkennung äußern. Durch Gespräche und Hinweise können auch die Teilnehmer lernen, ihr mitgebrachtes Bewertungssystem für Tätigkeiten und Fähigkeiten zu ändern. Das Beispiel der Gruppenleiter ist dafür allerdings Voraussetzung.

Der Hintergrund des Verhaltens der Gruppenmitglieder in dieser Phase ist das *Bedürfnis* nach Anerkennung und Sicherheit. Wenn die Leiter das wissen, werden sie die verschiedenen Äußerungen der Teilnehmer besser verstehen (Aggressivität, Stichelei, Streit, sich in den Vordergrund spielen) und angemessener und hilfreicher reagieren.

Es ist sicher falsch, alles einfach laufen zu lassen und auf die Selbstregulierung der Gruppe zu vertrauen. Das kann zu Sündenbockrollen, Isoliertheit einzelner und Verlust ihres Selbstwertgefühles führen und zu unfairer Machtübernahme von einzelnen über andere. Das Verhalten der Leiter in den einzelnen Situationen kann sich am Ziel orientieren: Es ist das Ziel dieser Phase, daß der einzelne einen anerkannten Platz in der Gruppe findet, ohne sich ständig bedroht zu fühlen; daß er das Bewußtsein von sich im Zusammenspiel mit den anderen erweitern kann und daß er sich als wichtig für die Gemeinschaft erfährt und dadurch fähiger wird, Verantwortung zu übernehmen. Als weitestes Ziel sehe ich das Wachsen der Einsicht, daß Plätze in einer Gruppe nicht hierarchisch (übereinander und untereinander) verteilt werden müssen, sondern daß der Verschiedenartigkeit der Mitglieder nebeneinander Platz und Raum geboten wird.

1.2.3 Die Machtkampfphase bei den Gruppenleitern

Auch die Gruppenleiter erleben in ihrer Zusammenarbeit eine Machtkampfphase – sowohl bei der Vorbereitung der Freizeit wie auch dann, wenn es um Sympathie und Beliebtheit bei den Teilnehmern geht. Auch bei den Leitern geht es dabei um Bedürfnisse und Ängste, die berechtigt sind.

Beispiele:
– Gegen einen Vorschlag sprechen, weil ich die Person, die ihn macht, in ihre Schranken weisen will;
– sehr niedergeschlagen sein, wenn Gruppenmitglieder lieber einen andern Leiter zum Vorlesen haben wollen;
– sich abfällig über einen andern Gruppenleiter äußern, weil ich finde, er drängt sich überall vor;
– mich unwohl fühlen, weil ich nicht weiß, ob die anderen mich überhaupt brauchen; usw.

Es ist schwer, mit seinen eigenen Bedürfnissen und denen der anderen umzugehen. Das hängt nicht allein mit der Persönlichkeit der einzelnen Gruppenleiter zusammen, sondern vor allem mit dem Normensystem, innerhalb dessen sie erzogen wurden und leben. Es ist also nicht nur ein individuelles, sondern vor allem ein gesellschaftliches Problem.

Gruppenleitern wird oft eingeredet, die Motive ihrer Gruppen-

arbeit dürfen nicht egoistisch sein; es ginge nicht um ihre eigene Anerkennung, sondern allein um die Gruppe. Je uneigennütziger einer sein Motiv darstellen kann, desto mehr wird er von der Umgebung honoriert.
- Deshalb gebe ich Wünsche nach Anerkennung vor mir selbst nicht zu oder empfinde sie als unsozial.
- Deshalb entstehen Schuldgefühle, wenn ich mich bemühe, bei der Gruppe Anerkennung und Zuneigung zu bekommen, oder ich erkenne gar nicht, daß ich das versuche.
- Deshalb kann ich vor andern nicht zugeben, daß ich solche Wünsche habe und daß mir ihr Verhalten angst macht, selbst zu kurz zu kommen.

Das hat Konsequenzen, die sehr weit reichen. Ein Beispiel:

Ein Kind ist ruppig zu einem Leiter. Dieser »weiß«, er sollte das Kind trotzdem mögen, die Beziehung darf nicht gestört werden. Also gibt er sich sein Gefühl der Unsicherheit und des Ärgers nicht zu. Er verdrängt, daß er sich durch das Verhalten des Kindes in Frage gestellt fühlt. Um vor sich selbst nicht als Versager dazustehen, schreibt er dem betreffenden Kind so viel an negativen Eigenschaften zu, daß es gerechtfertigt erscheint, wenn er mit ihm nicht fertig wird. Die Sicherheit ist wiederhergestellt, die Schuld liegt beim anderen. Für das Kind wird diese Einstellung natürlich spürbar. Es wird dadurch seinerseits erneut nicht positiv reagieren können. Damit ist ein Kreislauf begonnen.

Ein anderes Beispiel: Einige Gruppenleiter leiten zusammen eine Freizeit. Michael fühlt sich seiner Gruppe gegenüber noch nicht sicher. Er ärgert sich und bekommt Angst, wenn Andreas sich mit der Gruppe beschäftigt, weil er spürt, daß dieser besser ankommt. Michael kann seine Befürchtungen nicht aussprechen. Aber er entwickelt langsam eine Abneigung gegen Andreas. Er hält ihn für egoistisch und angeberisch. Bei den Programmbesprechungen unter den Leitern greift er ihn oft an und ist gegen alle Vorschläge, die dieser bringt. Die Zusammenarbeit der Gruppenleiter wird immer schwieriger.

Die bessere Möglichkeit des Vorgehens wäre:

Im ersten Fall: Der Gruppenleiter erkennt sein Gefühl der Ohnmacht und Unsicherheit. Er kann es dem Kind sagen und mit ihm darüber reden. Oder er spricht mit einem andern Gruppenleiter darüber und sucht nach Ursachen für die Situation (beim Kind, bei sich selbst, in der Gruppe). Dann faßt er einen Entschluß, wie er vorgehen will.

Im zweiten Fall: Michael spricht mit Andreas und den andern Leitern über seine Angst. Er bittet Andreas, von der Gruppe wegzubleiben, bis sich seine Beziehung zu ihr gebessert hat. Er überlegt zusammen mit den andern, wie er das schaffen könnte.

In beiden Fällen ist damit kein Erfolg gesichert. Aber auch neu aufretende Schwierigkeiten könnten besprochen und weitere Lösungen gesucht werden.

Gruppenleiter sollten sich gegenseitig erlauben, über ihre Wünsche, Bedürfnisse und Ängste zu sprechen. Sie können sich gegenseitig dabei helfen, Anerkennung zu bekommen, ohne daß dabei die Gruppe selbst in den Hintergrund gerät.

Um das zu können, müssen neue Fähigkeiten ausgebildet werden und sind Hilfsmittel nötig.

In späteren Kapiteln werden diese Gedanken wieder aufgegriffen und konkretisiert und Hilfsmittel zusammengestellt (vgl. Feedback, Fragebogen zur Nachbesprechung).

1.2.4 *Leiterverhalten*

— Das Verhalten der Gruppenleiter bewegt sich zwischen:
gewähren lassen und Grenzen setzen,
eingreifen und vor zu starken Angriffen schützen,
in Tätigkeiten einbeziehen und in Ruhe lassen usw.
— Die Gruppenleiter sollten sich selbst in Ruhe den Angriffen oder Anfragen an ihre Autorität stellen und sich nicht in einen Machtkampf verwickeln lassen (»ich will dir zeigen, wer hier der Stärkere ist«). Anordnungen, Grenzen und Meinungen sollten begründet und die Meinungen der Teilnehmer in die eigenen Überlegungen aufgenommen werden. Keine Meinung haben und ständige Unsicherheit sind genauso schädlich wie starre Meinungen, die nie geändert werden.
— Sie sollen Gelassenheit, Ruhe und Gesprächsbereitschaft zeigen, und auf die Hintergründe von Verhalten und Konflikten hinweisen.
— In den Auseinandersetzungen der Teilnehmer untereinander geben sie Hilfestellungen: sie mischen sich nicht aktiv ein, aber helfen, Schwierigkeiten zu artikulieren.
Sie machen einzelne auf ihre Stärken aufmerksam und ermutigen dazu, sie einzusetzen.

– Durch das eigene Verhalten können sie Normen einführen:
Z. B. Angriffe auf Autoritäten werden nicht durch Mißachtung oder Lächerlich-Machen vergolten. Sie lösen Konflikte durch Gespräche und interessieren sich für das Denken der anderen.

1.2.5 Zusammenfassung

Einen *vorläufigen* Abschluß findet diese Phase, wenn die meisten sich in der Gruppe zurechtgefunden haben.

Ein guter Abschluß besteht dann, wenn alle mit dem gefundenen und zugewiesenen Platz vorläufig *einverstanden* sein können und wenn ihnen Raum zu Entfaltung und Veränderung gegeben wird. Es ist ein schlechter Abschluß, wenn einzelne sich mit Plätzen abfinden müssen, die ihr Selbstwertgefühl unterdrücken und ihre Angst vergrößern. Das ist in der Freizeitgruppe noch schwerwiegender als in anderen Gruppen, weil die Mitglieder die Gruppe nicht einfach verlassen können, sondern ihr direkt ausgeliefert sind.

Das positive Ende dieser Phase könnte durch folgenden Gefühlszustand ausgedrückt werden:

Jetzt bin ich einverstanden, in dieser Gruppe zu sein. Jetzt kann ich mich selbst geben wie ich bin, ich kann mich deshalb auch für die Gruppe einsetzen. Ich bin bereit, Verantwortung zu übernehmen.

Nicht alle Gruppen erreichen dieses Stadium.

1.3 Vertrautheitsphase

1.3.1 Beschreibung

Die Mitglieder haben ihre Zugehörigkeit zur Gruppe nun akzeptiert, das Vertrauen untereinander entwickelt sich. Die einzelnen fühlen sich wohl und beginnen die anderen als »ihre Gruppe« zu sehen. Die Beziehungen sind vorläufig geklärt.

Das ist ein guter Zeitpunkt, die Gruppe mehr an den notwendigen Entscheidungsprozessen und an der Planung und Gestaltung des Gruppenprogrammes zu beteiligen und ihre Mitverantwortung zu fördern.

Natürlich verläuft auch diese Phase nicht ohne Konflikt, und die

Teilnehmer werden, wenn man sie sich selbst überläßt, Streitigkeiten so lösen, wie sie es bisher gelernt und getan haben: die Stärkeren gewinnen, Mehrheiten haben recht usw. Aber da ein grundsätzliches Vertrauen besteht, ist die Möglichkeit größer als bisher, im Gespräch zu neuen und menschlicheren Konfliktlösungen zu kommen (vgl. Konfliktlösungen S. 87).

Der Hintergrund der zweiten Phase war das Bedürfnis nach Zugehörigkeit und die unbewußte Frage »seid ihr es wert, daß ich mich euch öffne?« Wenn das Wissen um Zugehörigkeit da ist und die Frage positiv beantwortet werden konnte, löst das beim einzelnen ein Gefühl großer Erleichterung und Freude aus und vermindert seine Angst. Das führt dazu, daß er sich dieser Gruppe ganz anschließen will, sich auf sie verläßt und alles in ihr sucht.

Es entwickelt sich ein Wir-Gefühl. Es beginnt die Zeit, in der man sich ohne Worte versteht oder auch eine eigene Gruppensprache spricht (Worte und Begriffe, deren Bedeutung Außenstehende nicht verstehen können), in der man sich aneinander festhält und in der die Gruppe (Untergruppe) gerne zu einer Clique wird. Ich sehe diese Entwicklung des Sich-Abschließens als Gegenläufigkeit zu der anfänglichen Angst und Isoliertheit der einzelnen.

Diese Zeit ist für die Gruppenmitglieder erfreulich, erlebnisreich und sie sind oft voller Hochstimmung, offen und aufgeschlossen. Diese Situation bietet gute Ansätze. Weil die Stimmung gut ist, kann auch viel aufgenommen und verkraftet werden. Es können gemeinsame Aktionen initiiert und geplant werden und die Teilnehmer sind fähiger, sich füreinander einzusetzen und auf die Bedürfnisse der anderen Rücksicht zu nehmen. Der Gruppenleiter kann nun auch leichter mit Neuem konfrontieren, weil die einzelnen Sicherheit in der Gruppe haben: eine längere Wanderung machen (was bisher vielleicht abgelehnt wurde), das benachbarte Dorf zu einem Fest einladen, eine Aktion überlegen, sich mit eigenen Problemen auseinandersetzen, über Erfahrungen aus dem Alltag sprechen usw.

Diese Phase kann auch negativ verlaufen:
Das Wir-Gefühl kann sich so entwickeln, daß der einzelne seine Individualität der Gruppe opfern muß.

Es entsteht Konformitätsdruck, alle müssen dasselbe denken, sagen und tun. Konflikte werden vertuscht, weil sie die Harmonie stören. Es entsteht eine Gruppenideologie, die den einzelnen durch Kontrolle

und Sanktionen in ein Schema einpaßt, das keine Veränderung verträgt. Der einzelne gibt seine Persönlichkeit zugunsten seiner Zugehörigkeit zur Gruppe auf.
Diese Entwicklung sollte vermieden werden.

1.3.2 Programm

Einige Programmpunkte sind schon angesprochen worden. Die generelle Richtung heißt:
- miteinander etwas tun (Großgruppe und Untergruppen);
- möglichst viel mitentscheiden lassen;
- Verantwortung überlassen für verschiedene Bereiche;
- die Stärken der einzelnen fördern;
- Konflikte sehen, aufgreifen und bearbeiten;
- mit Neuem konfrontieren;
- Freiraum zur eigenen Gestaltung von Zeit lassen;
- Gespräch und Auseinandersetzung fördern;
- auf Formen von Gruppendruck achten und ihn bewußtmachen.

Einzelne Programmpunkte oder Möglichkeiten werden hier nur aufgezählt. Sie werden an anderen Stellen ausführlicher beschrieben.

– *Bildung von Interessengruppen*
  Solche, die einmalig angeboten werden und den einzelnen herausfordern, über einen kleinen Teil seiner Zeit zu entscheiden; solche, die über einen längeren Zeitraum angeboten werden, in denen Zusammenarbeit und Durchhaltevermögen gefördert werden kann (vgl. S. 170).

– *Vertiefen der Mitsprache- und Entscheidungskompetenz*
  Gespräche über Ziele der Freizeit, über einzelne Programme;
  Bewußtmachen von Gruppenprozessen und gemeinsame Überlegungen zu Verhaltensänderung;
  miteinander Programme ausarbeiten und auch Teilnehmer selbständig Programme vorbereiten lassen;
  Einblick geben in Überlegungen der Gruppenleiter, was Ziele, Inhalte, Schwierigkeiten der Freizeit angeht;
  teilnehmen lassen an Gruppenleiterbesprechungen.

- *Spiele anbieten, bei denen Einfühlungsvermögen gefördert wird* (vgl. S. 203, 218).

  Rollenspiele, in denen Alltagsprobleme oder Schwierigkeiten aus der Freizeit aufgegriffen und mit verschiedenen Lösungsmöglichkeiten und mehrmaligem Rollentausch dargestellt werden (vgl. Rollenspiel).

- *Unternehmungen planen, bei denen alle aufeinander angewiesen sind und sich gegenseitig unterstützen können*

  größere Wanderungen, Lagerfeuer, Einladung des Dorfes zu einem Informationsabend mit Geselligkeit, Informationsstand zu einem bearbeiteten Thema im nächsten Ort, großes Putzfest im Haus, Elternnachmittag gestalten usw.

- *Unternehmungen und Feste auch bei Untergruppen erlauben und fördern*

  Hier müssen allerdings auch die Probleme dieser Phase im Blick behalten werden. Untergruppen neigen manchmal dazu, sich ganz von anderen abzuschließen und niemanden mehr zuzulassen. Dadurch können sie sehr verletzend und störend für andere werden. Eine solche Entwicklung müßte besprochen werden, durch Verbote wird das Problem nicht gelöst und das Bedürfnis der Gruppe nach Vertrautheit und Sicherheit wird nicht berücksichtigt.

- *Miteinander Feste feiern*

  Hier sollten einmal neue Anlässe für Feste gefunden werden, die Spaß machen und einen Anreiz für neue Gestaltung bieten: den Geburtstag aller gemeinsam feiern (alle gratulieren sich oder basteln sich etwas); die Mitte der Freizeit, einen gelösten Konflikt, eine Vollmondnacht feiern usw. (vgl. Fest).

- *Anregungen zur Kreativität geben*

  Dies ist in dieser Phase am ehesten möglich, weil die Angst voreinander und vor der Beurteilung nachgelassen hat.

  Sich gegenseitig bemalen (Fingerfarben), Tänze erfinden, Gegenständen Namen geben, Geschichten erzählen, Rätsel selbst machen usw.

1.3.3 Leiterverhalten

Es gilt, die Chance dieser Phase – Aktivität, Entscheidungsfähigkeit und Mitverantwortung – zu nützen und die Entwicklung der Gruppe zu Konformität und Abgeschlossenheit durch Gespräche und Reflexion mit den Teilnehmern zu vermeiden.

Die Gruppenleiter können in dieser Phase vor allem in folgender Richtung tätig werden:

– Anregungen geben für Gruppenaktivitäten, sie aber nicht allein in Angriff nehmen. Initiativen der Teilnehmer aufgreifen und sie bei der Verwirklichung von Ideen unterstützen. Auf kleine Anzeichen von Selbständigkeit und Programmwünschen reagieren, z. B. ›man könnte doch mal...‹, ›jetzt hätte ich aber Lust...‹
– Sich als Gruppenleiter entbehrlich machen: d. h. möglichst vieles zusammen mit den Teilnehmern machen oder an sie abgeben, auch wenn die Durchführung nicht so glatt läuft, z. B. Gesprächsführung bei einer Programmdiskussion, Besprechen des Tagesplanes, Erklären von Arbeitstechniken, Planung von Fahrten usw. Die Erfahrungen reflektieren.
– Gesprächsbereit sein: Das setzt voraus, daß Gruppenleiter auch Zeit haben und nicht ständig gehetzt von einer Aufgabe zur andern rasen. Um Gespräche überhaupt möglich zu machen, sind Unternehmungen in Untergruppen hilfreich.
Wichtiger als selbst sprechen ist das Zuhörenkönnen (vgl. Gespräche führen S. 257).
– Zusammenhänge bewußtmachen: Bei guten Erlebnissen, Konflikten und Schwierigkeiten die Frage stellen helfen: warum hat sich das so entwickelt? Welche Gefühle sind beteiligt? Warum hat jeder so reagiert? Wie wollen wir die Situation haben? usw.

1.3.4 Zusammenfassung

Die größte Chance dieser Phase ist die Entwicklung von Verantwortung für die Gemeinschaft und das Entdecken neuer Fähigkeiten.

Die größte Gefahr ist die Entwicklung von Gruppenegoismus und Abkapselung, auch wenn diese Erscheinungen nur in Untergruppen auftreten, und der Druck zu Konformität in Einstellung, Denken und Programmgestaltung.

1.4 Differenzierungsphase

1.4.1 Beschreibung

In diese Phase gelangt die Gruppe, wenn die vorhergehende geglückt ist.

Differenzieren bedeutet: unterscheiden, verfeinern. Während in der Phase vorher die Gruppe als Ganzes mehr im Blick war als der einzelne, entwickelt sich nun neben dem Gruppenbewußtsein die Fähigkeit und die Bereitschaft, sich auch als Individuen wahrzunehmen und als eigenständige Personen mit Schwächen und Stärken zu akzeptieren. Die persönlichen Bedürfnisse der einzelnen können aufgegriffen werden, ohne daß andere sich benachteiligt fühlen oder Angst um den Bestand der Gruppe entsteht. Individualität wird als fördernd und wertvoll für die Weiterentwicklung der Gruppe erkannt. Jedem wird Wahl und Wechsel von Rollen zugestanden, ohne daß dabei das Anliegen der Gesamtgruppe aus den Augen gerät. Das Gruppenprogramm entsteht im Gespräch und durch wechselnde Übernahme von Verantwortung.

Die Gruppe kann sich nun auch wieder nach außen öffnen, weil der einzelne auch Stand und Sicherheit in sich selbst hat und nicht mehr nur durch die Gruppe lebt.

Die Beschreibung zeigt, daß es sich hier um eine *Idealphase* handelt, die von vielen Gruppen nicht erreicht oder nur ganz kurzfristig erfahren wird.

Es ist aber offensichtlich, daß eine Gruppe mit diesen Merkmalen für die Persönlichkeitsentwicklung des einzelnen und die Einübung der unter den Zielen der Freizeit genannten Fähigkeiten von größter Bedeutung wäre:

– Individuum sein und unter Berücksichtigung des sozialen Zusammenhangs leben;
– Selbstbestimmung unter Berücksichtigung der Bedürfnisse der anderen.

In dieser Stufe wird in ausgewogener Weise Individualität und Sozialität des Menschen in Einklang gebracht.

Das Erreichen dieser Phase, d. h. die Entwicklung der dafür notwendigen Fähigkeiten, ist also letztlich Ziel der Freizeit, das wohl kaum erreicht – aber doch punktuell verwirklicht werden kann.

1.4.2 Programm und Leiterverhalten

Zum Gruppenprogramm können keine neuen Inhalte genannt werden. Was sich geändert hat, sind nicht Inhalte, sondern die Art und Weise, miteinander umzugehen.

Wichtig in dieser Phase ist die Öffnung der Gruppe nach außen, das Wecken von Interesse für Probleme und Menschen, die außerhalb der Gruppe stehen: soziale Probleme, politische Situation, eigene Erfahrungen in verschiedenen Lebensbereichen, Kennenlernen von Menschen und ihrer Lebenssituation usw.

Die Gruppenleiter können hier weitgehend zurücktreten und mit der Gruppe zusammenarbeiten. Ihre Aufgabe ist vor allem noch, weiterhin Hilfestellung zu geben, sich immer wieder neu über den Gruppenprozeß klarzuwerden, um den Standort neu zu bestimmen und weitere Ziele setzen zu können.

1.5 Phase der Trennung oder Ablösung

1.5.1 Beschreibung

Diese Stufe kann zwei Erscheinungsformen haben:

1. Gruppen kommen von selbst an einen Punkt, an dem das Gruppenleben eigentlich fast stillsteht, die Mitglieder sich nicht mehr viel zu sagen haben und schon in vielen neuen Aufgaben und Beziehungen gebunden sind. Da ist es besser, die Gruppe bewußt zu beenden und sie nicht langsam sich auflösen zu lassen.

2. Es gibt Gruppen, die schon von vornherein zeitlich begrenzt angesetzt wurden, wie auch die Freizeitgruppe, die zu einem vorher bekannten Zeitpunkt durch die Abreise beendet wird. In solchen Gruppen wird von Anfang an das Ende mitgesehen. Für die Freizeitgruppe besteht allerdings ein großer Unterschied, ob sich die Teilnehmer zu Hause in einer Gruppe oder Pfarrei wiedertreffen oder ob sie einzeln gekommen sind und auch wieder allein in ihre alte Umgebung zurückgehen.

Je nachdem wird die Trennung oder Ablösung anders gestaltet werden müssen, aber in beiden Fällen ist es nötig, sich darüber Gedanken zu machen.

Trennung oder Ablösung von einer Gruppe, in der ich mich wohl gefühlt und gute Erfahrungen gemacht habe, weckt Angst. Es ist die Angst davor, wie es mir ohne Gruppe gehen wird, ob ich die Erfahrungen in einer andern Umgebung weiterbewahren kann und wie sie sich bewähren werden. Die Lösung von Bindungen und das Aufgeben der Nähe von Gleichaltrigen und Gleichgesinnten tut weh.

Mit solchen Gefühlen muß gerechnet werden, und es ist wichtig, sie ernst zu nehmen und zu akzeptieren. Sie sind ein Grund dafür, warum manche Teilnehmer zum Schluß fast unverständliche Verhaltensweisen zeigen:

– Vorwürfe an die Leiter: »Ihr habt es ja nie ernst mit uns gemeint, für euch ist das nur ein Job.«
– Vorschlag, den ganzen Lagerplatz vor dem Weggehen zu zerstören;
– Überlegungen, nie mehr zu einer Freizeit mitzugehen und nie mehr Bindungen eingehen zu wollen;
– Rückfall an übergroße Gruppenleiterabhängigkeit;
– eng zusammenhocken und nicht mehr schlafen gehen wollen;
– Drohung, zu Hause ganz anders zu sein und sein Verhalten genau umzukehren;
– Streitgespräche wie in der Anfangszeit.
– Die Behauptung, froh darüber zu sein, daß man endlich wieder nach Hause kommt.

Durch die Trennung können tiefe Ängste geweckt werden, die wohl auch mit Früherfahrungen im eigenen Leben und der Ablösung von der Mutter oder andern Bezugspersonen zusammenhängen. Letztlich steht wohl die Angst, nicht mehr geliebt zu werden und nicht mehr dazuzugehören, dahinter. Man fühlt sich wie ein hilfloses Kind, das alleine nicht mehr leben kann.

Solche Reaktionen bedeuten nicht unbedingt, daß einer nicht gerne nach Hause geht oder sich davor fürchtet. Es ist auch wichtig, zu verstehen, daß ganz verschiedene Äußerungen den gleichen gefühlsmäßigen Hintergrund haben können und ähnlich einzuordnen sind. Die Teilnehmer brauchen Verständnis. Sie müssen über ihre Gefühle sprechen können, dann lernen sie eher, mit ihnen umzugehen und aus ihrer Umklammerung zu eigenen Überlegungen zu kommen. Völlig unangebracht sind Zurechtweisungen und Hinweise auf die Unsinnigkeit der Überlegungen und Gefühle (s. Gespräche führen).

Solche Ablösungsprozesse können eine ungeheuer wichtige Erfahrung für Menschen sein, und *ihre Bewältigung ist ein Lernziel der Freizeit.* Es gehört zu den Grundfähigkeiten des Menschen, Bindungen eingehen und sie lösen zu können, ohne damit unfähig zu werden für neue Beziehungen. Die Überlegungen zur Ablösung von der Freizeit sind vor allem dann bedeutsam, wenn die Freizeit nicht nur eine Sondersituation als Ausgleich zum Alltag sein soll, sondern eine Zeit, in der neue Erfahrungen als Hilfe für die Bewältigung des Alltags gemacht werden.

1.5.2 Programm: Ablösung von der Freizeit und Heimkommen

Das Zuhause der Teilnehmer sollte während der ganzen Freizeit im Blick sein, dadurch, daß davon erzählt wird, Probleme aus Elternhaus und Schule ins Gespräch kommen und einzelne Erlebnisse der Freizeit auf die Situation daheim übertragen werden.

Für die eigentliche Ablösung von der Freizeit sind jedoch zusätzliche Überlegungen nötig:

Die Kinder und Jugendlichen haben in der Freizeit Erfahrungen gemacht, und sie haben sich weiterentwickelt. Am Ende der Ferien sind sie in einer anderen Erlebnissituation als zu Beginn.

Aber auch die Menschen zu Hause hatten Erlebnisse und sind nicht stehengeblieben. Über diese Veränderungen auf beiden Seiten sind sich die Betroffenen meist nicht im klaren. Das schafft unnötige Mißverständnisse und Konflikte.

Beispiel:
Carmen ist voller Erlebnisse und mit neuem Selbstvertrauen nach Hause gekommen. Sie hat entdeckt, daß sie malen kann; allen haben die Bilder gefallen, auch wenn sie anders waren, als es in der Schule erwartet wird. Bei der Freizeit wurden alle Bilder aufgehängt. Carmen bringt die Bilder als Geschenk an die Eltern mit und erwartet, daß sie ihnen gefallen und daß sie im Wohnzimmer aufgehängt werden. Die Eltern hatten keine Ferien. Sie sind abgespannt, denn sie haben eine Wohnungsrenovation hinter sich. Auch hängen im Wohnzimmer neue Tapeten.
Die Mutter sagt: »Aber so schön sind die Bilder nun doch nicht, daß wir sie aufhängen. Du hast überhaupt schon besser gemalt.«

Weder Carmen noch die Eltern verstehen die Gefühle des anderen. Sie sind auch nicht gewohnt, darüber zu sprechen. Durch das Verhalten der Eltern erscheinen die bei der Freizeit neu gewonnenen

Einsichten als Täuschung und werden unglaubwürdig. Carmen fühlt sich betrogen.

Die Situation ist jetzt schlimmer als vorher, weil diese Erfahrung Carmen dazu »rät«, sich nicht mehr so stark einzulassen.

Es müssen zwei Konsequenzen gezogen werden:
1. Zu einer Kinder- oder Jugendfreizeit gehört auch Elternarbeit (vgl. S. 295). Die Eltern müssen auf das Heimkommen der Kinder vorbereitet werden.
2. Vor dem Ende der Freizeit sollten die Teilnehmer auf die Situation des Heimkommens vorbereitet werden.

Zu der zweiten Forderung werden im folgenden Möglichkeiten aufgezählt:

● *Rollenspiele:*
Beispiel:
- Die Kinder kommen allein nach Hause, die Mutter beschäftigt sich gerade mit der kleinen Schwester.
- Die Eltern holen das Kind am Bus ab. Zu Hause ist der Kaffeetisch gerichtet.
- Das Kind kommt nach Hause, und es ist Streit bzw. die Atmosphäre ist gespannt.
- Freizeitteilnehmer treffen Freunde und Freundinnen.
- Die Schule hat begonnen, alle erzählen von den Ferien.

Dabei könnte gelernt werden, daß das eigene Verhalten eine Wirkung auf das Verhalten anderer hat bzw. daß das eigene Verhalten auch Reaktion auf das anderer ist. Es darf nur nicht der Eindruck einer ›Automatik‹ entstehen, d. h., daß auf ein Verhalten ein bestimmtes anderes folgen muß.

● *Briefe schreiben:*
Jeder schreibt einen Brief an sich. Er beschreibt, was für ihn bei der Freizeit wichtig war, was er gerne behalten möchte; er beschreibt, wovor er nun Angst hat, usw. Wer will, kann seinen Brief mit jemandem besprechen. In erster Linie soll der Brief aber dazu dienen, ihn später wieder lesen zu können, um in Erinnerung zu rufen, was dem einzelnen wichtig war.

Jeder zieht einen Namenszettel und schreibt einen Brief an denjenigen, dessen Namen er gezogen hat. Er kann schreiben, was er dem anderen wünscht, was ihm selbst gefallen hat und was ihm am anderen besonders gut gefällt. So ein Brief kann Ermutigung und Bekräftigung sein.

● *Miteinander sprechen:*
Beispiel:
- Gefühle austauschen, wie es jedem geht, wenn er an das Ende der Freizeit denkt;

- über die Erfahrungen bei der Freizeit sprechen und über die Möglichkeiten, sie zu Hause zu realisieren;
- über Befürchtungen sprechen, wenn man ans Heimkommen, Schule oder Beruf denkt;
- Vorüberlegen, was in der nächsten Zeit auf jeden zukommt und wie er das bewältigen kann. Inwieweit können ihm die andern dabei helfen?

● *Metapher-Meditation:*

Jeder Teilnehmer sucht für sich allein ein oder mehrere sprachliche Bilder zu dem Satz: Heimkommen ist wie ... oder Schulbeginn ist wie ...
Beispiel:
Heimkommen ist wie: ein bekanntes Land nach langer Zeit wiederbetreten. Man muß sich erst zurechtfinden.
Schulbeginn ist wie: in sehr kaltes Wasser springen usw.
Die »Bilder« (bildhaften Vergleiche) können einander vorgelesen werden. Je nach Gruppensituation ist es besser, wenn die Zettel erst vertauscht werden, so daß niemand weiß, welches Bild von welchem Teilnehmer stammt. Im Gespräch über diese bildhaften Vergleiche können Hoffnungen und Befürchtungen ausgesprochen werden.

● *Bilder wählen:*

Jeder Teilnehmer sucht aus einem Stoß Bilder eines oder mehrere aus, die seine Situation am Ende der Freizeit charakterisieren. Im Zweier- oder Gruppengespräch werden die Gedanken zu den Bildern ausgetauscht und über Ablösung und Heimkommen gesprochen.

● *Bild verschenken:*

Jeder zieht den Namenszettel eines Freizeitteilnehmers. Er sucht für diesen ein Bild aus, womit er ihm etwas sagen oder mitteilen möchte. Das Bild wird auf Holz oder Karton aufgezogen und dem betreffenden Teilnehmer geschenkt. Jeder soll seinem Partner erzählen oder auch aufschreiben, was er ihm mit dem Bild sagen will.

● *Malen:*

Eindrücke von der Freizeit werden durch Farben ausgedrückt.

● *Widerstandsspiele:*

Diese Spiele gehören zu den Rollenspielen. Eine Situation, vor der sich ein Teilnehmer fürchtet oder die er in seinem Alltag ändern will, wird spielend vorgeübt. Z. B.: Zu Hause schöpft die Mutter immer allen den Teller voll. Irmgard möchte das in Zukunft gerne selbst machen, bei der Freizeit hat sie gelernt, ihren Hunger abzuschätzen.
Es werden verschiedene Möglichkeiten durchgespielt, wie Irmgard ihr Vorhaben verständlich machen und auch wie sie dem eventuellen Unverständnis der Mutter widerstehen kann.

Solche Methoden können helfen, die Passivität des Trennungsschmerzes in ein aktives Zugehen auf die neue Situation zu verwandeln. Die Teilnehmer werden auf unerwartete und unverständliche Verhaltensweisen vorbereitet, können sie in ihrem Zusammenhang verstehen und ihnen deshalb leichter begegnen. Sie lernen, ihre eigenen Erlebnisse als zu ihnen gehörig wahrzunehmen und andere in ihrem Erlebniszusammenhang zu sehen. Es ist eine wichtige soziale Fähigkeit, unterscheiden zu können zwischen sich und seiner Wirklichkeit und den anderen mit ihrer Wirklichkeit. Diese Fähigkeit fördert Toleranz und Einfühlungsvermögen.

Die Themenbereiche Abschiednehmen, Sich-Lösen und Heimfahren können von den Gruppenleitern genauso unbefangen angegangen werden wie alle anderen während der Freizeit. Je offener und unbefangener darüber gesprochen wird, desto eher können schwierige Gefühle bewältigt werden.

1.5.3 Leiterverhalten

- Die Leiter können die Teilnehmer dazu anregen, über die Situation ihres alltäglichen Lebens zu sprechen. Sie helfen, Erfahrungen aus der Freizeit auf das Leben zu Hause zu übertragen.
- Die Gruppenleiter unterstützen die Teilnehmer dabei, Erlebnisse und Erfahrungen in der Freizeit ins Bewußtsein zu heben und darüber nachzudenken, was sie als wichtig erkannt haben und beibehalten wollen.
- Sie ermutigen dazu, Ängste und Gefühle auszusprechen. Dadurch werden diese greifbarer und die einzelnen sind ihnen weniger ausgeliefert.
- Die Gruppenleiter helfen, sich die Situation der Menschen zu Hause bewußtzumachen. Sie erfragen mögliche Erlebnisse, Reaktionen und Gefühle und konfrontieren dadurch mit anderen Wirklichkeiten.
- Die Gruppenleiter sollten die Gewißheit geben, daß sie auch weiterhin – in einem bestimmten Umfang – für die Teilnehmer da sind bzw. Interesse an ihnen haben: sich schreiben, sich wieder treffen, eine Gruppe bilden. Gleichzeitig sollten sie jedoch versuchen, solche Kontakte zwischen den Teilnehmern zu fördern.

1.6 ▶ Betr.: Leitungsteam

● *Angefangene Sätze:*

Thema: Die Anfangsphase in Gruppen

Ziel:
- Sich-Bewußtmachen eigener Gefühle
- erkennen, daß andere ähnliche Gefühle haben
- Zusammenhänge begreifen, warum solche Gefühle entstehen

Methode:
- Einzelarbeit, jeder schreibt die angefangenen Sätze weiter
- Zettelkarussell, alle Zettel werden ausgetauscht
- zu jedem Satz wird reihum ergänzt
- Gespräch und Auswertung

Wenn ich in eine neue Gruppe komme
- dann fühle ich mich...
- dann habe ich Angst, daß...
- dann erwarte ich...
- dann hoffe ich, daß die anderen...
- dann befürchte ich, daß die anderen...
- dann nehme ich mir vor, daß...
- dann erwarte ich vom Leiter...

● *Fallbeispiele:*

Die ersten Phasen der Gruppenentwicklung werden durch Fallbeispiele skizziert. In kleinen Arbeitsgruppen wird *je ein* Fall bearbeitet mit Hilfe von ausgearbeiteten Fragestellungen. Berichte und Diskussion im Plenum.

Vorschläge für Fallbeispiele:

zu 1)

Die Freizeit für Jugendliche (14–16 Jahre) beginnt mit dem Treffen am Bus. So langsam kommen alle zusammen, jeder stellt sein Gepäck irgendwo ab, und zögernd stehen alle herum. Helmut, ein Gruppenleiter, begrüßt jeden, der kommt. Aber trotzdem wissen alle nicht so recht, was sie sagen sollen. Einige kommen auch zu zweit an. Die reden miteinander. Auf einmal ruft einer: ›Ich habe meinen Schlafanzug vergessen.‹ Alle lachen und machen Vorschläge, wie man das Problem lösen könne. Eine Gruppenleiterin fragt nun nach andern Dingen, die bei der Freizeit unbedingt nötig sind. Wer hat denn sonst noch etwas vergessen? Jetzt reden alle durcheinander.

zu 2)

Es ist am zweiten Tag der Freizeit (Kinder von 9–12 Jahren). Abends wird das Programm vom nächsten Tag besprochen. Es kommen nicht viele Vorschläge. Die meisten meinen, die Gruppenleiter sollten doch das Programm machen, die wissen besser, was gut ist. Schließlich einigt man sich auf zwei Möglichkeiten: spazierengehen und die Gegend erkunden, oder Spiele im Kreis. Ein Gruppenleiter meint, man könne ja auch beides machen. Aber plötzlich entbrennt eine Streiterei, was nun besser sei und welches man unbedingt zuerst machen müsse. Es beteiligen sich einige am Streit und keiner will nachgeben. Die Leiter wundern sich, denn eigentlich ist gar kein rechter Grund da für den Streit, es ist, als ob es ums Prinzip ginge.

zu 3)
Es ist schon eine Woche von der Freizeit vorbei. Es herrscht sehr gute Stimmung und alle fühlen sich ziemlich wohl. Heute wird eine größere Wanderung unternommen. Es ist ziemlich heiß. In einer Wirtschaft wird eine Pause gemacht. Es ist ein ziemliches Hallo. Es wird gesungen, Quatsch gemacht, Worte fliegen hin und her, jeder trinkt aus dem Glas der anderen und die mitgebrachten Brote werden geteilt. Einige andere Gäste, die auch in der Wirtschaft sind, können gar nicht immer verstehen, warum soviel gelacht wird: wenn nur einer ein bestimmtes Wort sagt, lachen schon alle los. Auf dem Heimweg hängen sich alle ein und singen.

Fragen für die Arbeitskreise:
– Wie ist die Situation? Was sind ihre Merkmale?
– Wie fühlen sich alle Beteiligten? Wodurch kommen diese Gefühle zustande?
– Wie ist die Situation zu erklären? Wie könnte sie sich weiterentwickeln? (verschiedene Möglichkeiten). Wie sollte sich der Gruppenleiter verhalten, damit sie sich in eine bestimmte Richtung weiterentwickelt?
– Welches Gruppenprogramm ist der Situation dieser Gruppe angemessen?

● *Arbeitsgruppen:*
1. Die einzelnen Phasen werden kurz dargestellt (oder durch Fallbeispiele erarbeitet).
2. In Arbeitsgruppen wird ein Raster ausgefüllt, der sich auf Gruppenprogramm und Leiterverhalten der Freizeit beziehen soll:

Phase	Gruppenprogramm	Leiterverhalten

3. Austausch im Plenum, Diskussion und Erarbeitung von Konsequenzen für die Freizeit.

● *Erfahrungsaustausch:*
1. Der Ablauf der Phasen wird kurz dargestellt oder mit einer der beschriebenen Methoden bearbeitet.

2. Es werden Erfahrungen ausgetauscht:
 – In welchen verschiedenen Gruppen, in denen wir leben, erleben wir welche Phase?
 – Woran ist sie erkennbar? Welche Merkmale liegen vor?
 – Entspricht das Gruppenprogramm und Leiterverhalten den Anforderungen dieser Phase?
 Welche Konsequenz hat das richtige/falsche Verhalten für die Gruppe, die einzelnen in der Gruppe?

Literatur

Zum Thema ›Gruppe‹ und ›Gruppenentwicklung‹ vgl. S. 45.

2. Konflikte und Konfliktlösung in der Freizeit

2.1 Mit Konflikten leben

Für viele Menschen ist ›Konflikt‹ ein Begriff, der Unbehagen auslöst, mit dem unangenehme Vorstellungen verknüpft sind und vor dem sie zurückschrecken.
 Konflikt wird oft assoziiert mit:
 Kampf, Angst, Gewalt, Aggression, Verlust.
 Diese Assoziationen sagen aber weniger etwas über ›Konflikt‹ aus als darüber, wie wir das *Umgehen und Austragen von Konflikten* erfahren.
 Wir leben in einer Welt voller Widersprüche, die uns ständig vor Konflikte stellt und in Konflikte bringt:

Politische Wert- und Zielbehauptungen	⟷ Konkrete politische Entscheidungen und Handlungen
Der Wunsch nach Anerkennung und Geliebtwerden um seiner selbst willen	⟷ Die früh beginnende Bewertung nach Leistung, äußeren Maßstäben und Noten
Die verbalen Erziehungsbemühungen von Eltern und Lehrern	⟷ Das tatsächliche Verhalten von Erziehern, das diesen Maßstäben oft widerspricht

Die Verkündigung eines »neuen Menschen« voller Liebe und Offenheit in Predigt, Unterricht und Verkündigung	Das Messen von Frömmigkeit an der Einhaltung bestimmter Formen der religiösen Praxis
Das Bedürfnis nach Freiraum, Kreativität und Spielplatz (Das Jahr des Kindes)	Die engen Wohnverhältnisse, starre Unterrichtsformen, phantasielose Spielplätze

Umgehen lernen mit Konflikten ist kein vorrangiges Erziehungsziel in unserer Gesellschaft. Die gängigsten Umgangsformen, die wir alle mehr oder weniger gelernt haben, sind:

- Konflikte nicht wahrnehmen; Situationen über sich ergehen lassen;
- Konflikte mit sich selbst ausmachen und individuell erklären: Ich bin schlecht in der Schule, weil ich nicht intelligent genug bin: Ich finde keine Spielkameraden, weil ich in keiner guten Wohnung lebe.
- Anerkennen, daß der Stärkere gewinnt und daß Gewinnen wichtig ist. Ich muß mich mit allen Mitteln durchsetzen.
- Anerkennen, daß die Mehrheit recht hat, daß die Minderheit sich anschließen und ihre eigenen Wünsche und Überzeugungen aufgeben muß.

Es ist verständlich, daß diese Formen des Umgangs mit Konflikten angst machen, denn der einzelne hat viel zu verlieren: Selbstwertgefühl, Sicherheit, Anerkennung, Zugehörigkeit, Denkvermögen und Mündigkeit.

Aufgrund des skizzierten Menschenbildes muß ein Ziel in der Freizeit deshalb heißen:

Erziehung zu Konfliktfähigkeit.

Das heißt: Die Teilnehmer sollen lernen, Konflikte wahrzunehmen, auf ihr Entstehen und ihre Hintergründe zu befragen und sie menschlicher, d. h. im Blick auf die Beteiligten und die Situation zu lösen. Sie sollen dadurch lernen, mit Konflikten angstfreier umzugehen.

2.2 Konfliktursachen in der Freizeit

Konflikte ergeben sich aus vielen Situationen. Trotz unterschiedlicher Erscheinungsform haben sie ähnliche Grundzüge und Ursachen. Die hier erwähnten Beispiele werden zum Teil nachher aufgegriffen und näher bearbeitet:

Konflikte ergeben sich
- ● aus verschiedenen Interessen und Bedürfnissen der Teilnehmer, z. B.
- früh oder spät ins Bett gehen oder aufstehen wollen;
- gerne Ordnung haben oder nie aufräumen wollen;
- gern laute Musik hören und Ruhe haben wollen;
- ein Gemeinschaftsprogramm wünschen und sich zu nichts verpflichten wollen;
- ● aus den Anforderungen, die das Zusammenleben stellt, z. B.
- nicht mithelfen wollen, auf Kosten anderer leben;
- sich ausgenützt und ungerecht behandelt fühlen;
- keine Absprachen und Regeln anerkennen, lieber nach Lust im Augenblick entscheiden (Nachtruhe, aufstehen, essen, Programm usw.);
- Miteinander-Teilen von Raum, Spielmaterial, Essen
- Eigentum ängstlich hüten – alles ohne Fragen benutzen;
- Streit herausfordern;
- sich niemandem anschließen können;
- ● aus den Grenzen und Anordnungen, die gegeben werden müssen z. B.
- nicht allein vom Hause weggehen;
- nicht alleine baden gehen;
- in der Mittagszeit ruhiger sein, damit andere ausruhen können;
- bestimmte Zeiten für Schlafengehen und Aufstehen;
- Mithilfe im Haus;
- gemeinsam essen, gemeinsam etwas tun;
- ● aus dem Unvermögen der Teilnehmer, sich für etwas zu entscheiden und sich einzulassen, z. B.
- sich hängen lassen und sich nicht entschließen können;
- an allem etwas auszusetzen haben und nichts wollen;
- aus Unlust andere hänseln und stören;
- Dinge zerstören;
- keine Meinung haben, aber auch dagegen sein
- ständiger Rückzug;
- ● aus Angst vor Neuem und Ungewohntem, z. B.
- nicht gehen oder wandern wollen, weil die Eltern auch immer mit dem Auto fahren;

- nichts essen, was nicht bekannt ist;
- bei neuen Spielen nicht mitspielen;
- Vorschläge ablehnen, ohne sie recht zu kennen;
- nicht durch den Wald streifen, weil die Schuhe und Kleider schmutzig werden können;
usw.

In allen diesen Situationen müssen Gruppenleiter reagieren – wenn möglich so, daß es den Kindern und Jugendlichen hilft, von eingefahrenem Schablonenverhalten zu eigenem und reflektiertem Verhalten zu finden.

Es ist sicher deutlich geworden, daß Konflikte in der Freizeit zusammenhängen mit den Verhaltensweisen und Einstellungen, die Kinder und Jugendliche in die Freizeit mitbringen – mit ihrem Lebensraum zu Hause. Gruppenleiter können in Konfliktsituationen mehr Verständnis aufbringen und angemessener reagieren, wenn sie sich die Ursachen bewußtmachen, die zu dem betreffenden Verhalten geführt haben.

Deshalb werden hier noch einmal kurz die wichtigsten Lebensbereiche von Kindern und Jugendlichen unter der Fragestellung reflektiert, welche möglichen Auswirkungen und Folgen sie auf Verhaltensweisen haben, die bei der Freizeit Konflikte verursachen können. Diese Zusammenhänge sollte der Leiter im Blick haben, wenn er Konflikte aufarbeiten will.

2.3 Konfliktverursachende Lebensbereiche
(vgl. Lit.: Konflikte in der Kindergruppe)

Konfliktfeld Familie

Situation/Ursache	Folgen/Verhalten
Eingeengter *Wohnbereich* und geringe Spielmöglichkeit; wenig Rückzugsmöglichkeit; wenig Raum für eigene Gestaltung; phantasieloses Spielzeug; Berieselung durch Fernsehen; langweilige, einförmige Spielplätze.	Eingeschränkte Fähigkeit, Spielangebote in der Freizeitgruppe zu nutzen; Unfähigkeit, neue Dinge anzugehen; Aggressivität und zielloser Bewegungsdrang; Konzentrationsschwierigkeiten; Unfähigkeit, sich in etwas zu vertiefen.

Emotionale Überlastung: starke affektive Bindungen in der Familie (nicht unbedingt positive!); wenig Ausweichmöglichkeit; Wünsche und Bedürfnisse von Erwachsenen und Kindern/Jugendlichen können nur in geringem Maß befriedigt werden, weil Spiel-, Lebensraum und Zeit knapp sind. Man geht sich auf die Nerven.

Unausgeglichene Gemütslage; nörgelndes und aggressives Verhalten; das Gefühl, dauernd sein Recht verteidigen zu müssen und die andern als Gegner zu sehen.

Ungleiche Machtverhältnisse: Kinder/Jugendliche sind abhängig von den Eltern; viele Eltern halten es für ihre Pflicht, die Lösung von Konflikten nach ihren Vorstellungen zu bestimmen; Eltern sind ungeübt, mit K. umzugehen – sie verdrängen sie oft, nehmen sie nicht wahr.

Kinder/Jugendliche sind oft »grundsätzlich« gegen Erwachsene und was sie sagen; sie lernen nicht, Situationen zu durchdenken und Konflikte unter Berücksichtigung aller Betroffenen zu lösen; sie sind nicht fähig, sich in andere hineinzudenken.

Kinder als Konfliktableiter: Kinder dienen manchmal unbewußt als eine Art ›Blitzableiter‹ für Ärger der Eltern, die überlastet sind und sich selbst nicht wehren können.

Das Schema des Abreagierens wird übernommen. Dieser Mechanismus kommt zutage im Abreagieren Schwächeren gegenüber.

Fehlende Außenkontakte: Viele Familien leben abgeschirmt mit wenig Kontakten. Probleme werden nach einem Familienschema beurteilt, das selten in Frage gestellt wird. Gleichförmige Erlebnisse, Gedanken. Neues löst eher Angst aus.

Einseitige, vorurteilsbeladene Sichtweisen; wenig Kenntnis sozialer Zusammenhänge, Situationen, Meinungen; Kritik als gefährlich und zerstörend ansehen.

Konfliktfeld Schule:

Situation/Ursache	Folgen/Verhalten
Leistungs-Konkurrenz-Prinzip: Leistung wird in Konkurrenz erbracht. Der einzelne wird aufgrund seiner Leistung beurteilt.	Streß, Lern- und Leistungsdruck, Konkurrenzdenken, Rivalität. Lern- und Leistungsstörungen.

Begrenztes Mitspracherecht: Kein Einfluß auf Lerninhalte, Methoden, Wahl der Klassengemeinschaft.

Rollen können sich einschleifen (z. B. negative Rolle: Sündenbock). Das Selbstbild wird über mehrere Jahre evtl. ohne Korrektur durch Sozial- und Leistungserfahrungen *dieser* Klasse geprägt.

Begrenzte Solidarität: Einzelarbeit.

Der andere ist mein Konkurrent; sich durchkämpfen auch auf Kosten anderer; Vereinzelung; wenig Vertrauen auf Hilfe von anderen.

Begrenzte Sozialerziehung: Die Förderung des Kognitiven hat Vorrang; emotionale und soziale Verhaltensweisen werden eher gering geachtet und bewertet; die Fähigkeit, Gefühle auszudrücken, wird vernachlässigt; Konflikte gehören nicht in die Schule.

Geringachtung der eigenen Gefühle und Bedürfnisse; Unfähigkeit, sie auszudrücken; nicht ›spielen‹ können – in allem einen Ernstcharakter sehen: gewinnen oder verlieren.

Konflikte in der Gleichaltrigengruppe:

Situation/Ursache	*Folgen/Verhalten*
Es treffen sich oft Kinder aus der gleichen Schicht. Beim Kampf um einen Platz in der Gruppe spielen oft Körperkraft, Schnelligkeit, Befehlsgewohnheit und Durchsetzungsvermögen eine Rolle. Nur wenige bestimmen, die andern folgen. In Gleichaltrigengruppen entstehen oft starke Rollenstrukturen, die eine Auswirkung auf die Rolle in anderen Gruppen haben.	*Zum Teil:* Verstärkung der Unselbständigkeit, Entschlußlosigkeit. *Zum Teil:* Übersteigerte Durchsetzungswünsche, autoritäre Verhaltensweisen, Rechthaberei. Mangelnde Fähigkeit, sich in andere hineinzuversetzen.
Konformitätsdruck, starre Regeln, Interessen werden unterdrückt. Kinder werden wegen bestimmter Verhaltensweisen ausgeschlossen. Sie müssen sich anpassen, wenn sie ihren Platz nicht verlieren wollen.	Sich nicht trauen zu sagen, was man denkt; sich vorschnell anpassen; Wege des geringsten Widerstandes suchen; sich nach anderen richten; sich an andere hängen.

2.4 Lernziel: Konfliktfähigkeit
– Gruppenprogramm und Leiterverhalten –

Wir lernen aus Erfahrung. Konflikte sind Lernsituationen und nicht Störungen, die möglichst unauffällig übergangen oder beseitigt werden sollten. Leben in der Freizeit soll also nicht auf die Vermeidung von Konflikten ausgerichtet sein, sondern auf ihre Wahrnehmung und Bearbeitung.

Kinder und Jugendliche lernen mit Konflikten umzugehen, wenn wir ihnen helfen:
– Konflikte wahrzunehmen und auszusprechen;
– die Menschen in ihrer Verschiedenartigkeit anzuerkennen;
– Verhaltensweisen/Gesetze/Meinungen als veränderbar zu begreifen;
– Konflikte mit der »Niederlagelosen«-Methode zu bewältigen.

An konkreten Beispielen für Gruppenprogramm und Leiterverhalten soll im folgenden aufgezeigt werden, wie die hier genannten Fähigkeiten in der Freizeit entfaltet und gefördert werden können.

2.4.1 Konflikte wahrnehmen und aussprechen

Gruppenleiter gehen Konflikten aus dem Weg, wenn sie
- zu schnell eingreifen und Ordnung schaffen,
- bei Streitigkeiten die Beteiligten trennen,
- von Problemen zwischen einzelnen Teilnehmern ablenken,
- lieber selbst alles aufräumen, weil es schneller geht und niemand lange gebeten werden muß,
- nicht-einsichtigen Forderungen einzelner nachgeben, um sich nicht unbeliebt zu machen,
- auf eigenen Meinungen starr beharren, weil sie Angst haben, Autorität zu verlieren.

Auch Kinder und Jugendliche vermeiden gerne offene Konflikte, z. B. indem sich Schwächere den Stärkeren einfach unterwerfen.
- Es wird an Tischen gebastelt. Gertrud nimmt gleich am Anfang die schönsten Stoffstücke weg. Die anderen am Tisch trauen sich nicht, etwas zu sagen. Gertrud ist ziemlich angesehen in der Gruppe.
- Zum Dessert gibt es Pudding. Thomas nimmt gleich so viel, daß für die andern nur wenig übrig bleibt. Sie protestieren zwar, können sich aber nicht durchsetzen und finden sich ziemlich schnell ab.

● Peter und Bertram wählen immer die Mannschaften. Sie tun das, weil sie sich für die Besten halten. Die Aufteilung fällt immer ähnlich aus, und es bleiben auch immer die gleichen übrig.

Für die Gruppenleiter ist es am leichtesten, diese Situation hinzunehmen und laufen zu lassen mit der Begründung: ›Die Kinder regeln das schon selbst.‹ Es entsteht dann zwar keine Spannung und Auseinandersetzung, aber durch das Zuschauen und Machen-Lassen setzen sich eingeschliffene und ungerechte Konfliktlösungsmuster fort, ohne daß das von den Betroffenen wahrgenommen wird. Der Konflikt wird in einzelne hineinverlagert, und diese müssen mit dem Problem, das eigentlich mehrere Seiten betrifft, allein fertig werden.

Was können Gruppenleiter in solchen Situationen tun, um die Gruppe zur Wahrnehmung des Konfliktes zu bewegen?
– Sie müssen zunächst verstehen, daß jeder Konflikt Ängste weckt und Sicherheit in Frage stellt.

Z. B. Ein Kind wagt nicht, seinen Anspruch anzumelden oder sich durchzusetzen, weil es Angst hat, Sympathie zu verlieren oder ganz abgelehnt zu werden.

– Sie können eigene Gefühle oder Bedürfnisse nennen und so auf den Konflikt hinweisen. Dadurch fühlen sich vielleicht auch andere ermutigt, ihre Bedürfnisse oder Ängste auszusprechen.
Manchmal gelingen solche Gespräche besser in kleinen Gruppen, weil dann die Angst vor dem ›Block‹ der anderen geringer ist.

– Sie können zum Nachdenken anregen über Interessenkonflikte, Privilegien einzelner, Rechte aller usw.

– Sie können Gesprächsregeln vorschlagen, z. B.:
– Jeder läßt den andern erst aussprechen;
– jeder hört den anderen an und versucht, sich in seine Situation hineinzudenken;
– jeder kann nur von sich selbst reden, er darf nicht verallgemeinernd sagen ›wir hier wollen ...‹
usw.

– sie verhalten sich selbst so, wie sie es von den Teilnehmern erwarten: ernsthaft zuhören, sich auf Meinungen anderer einlassen usw.

Manchmal können Konflikte nicht direkt angegangen werden, weil zuviel Unsicherheiten, ungeklärte Beziehungen oder ungleiche Machtverhältnisse bestehen. Dann kann ein anderer Zugang versucht werden, indem nicht der Konflikt selbst, sondern das Thema des Konfliktes angegangen wird.

Beispiel:
Bei einer Jugendfreizeit mit ca. 30 Teilnehmern steht im gemeinsamen Tagesraum ein Plattenspieler. Vom frühen Morgen an läuft er auf Hochtouren. Alle im Raum und der näheren Umgebung sind dieser lauten Musik ausgeliefert. Manchmal macht einer die Musik ein wenig leiser, aber schon nach einigen Minuten ist es so laut wie vorher. Auf die Fragen der Gruppenleiter, ob diese Lautstärke niemand störe, kommt keine Reaktion. Es ist zunächst nur ein Verdacht, daß manche ihre Bedürfnisse nicht nennen können. – Der Konflikt ist verdeckt da, obwohl alle ihn leugnen.
Am nächsten Tag werden die Teilnehmer zu einer Nachbesprechung der ersten Hälfte der Freizeit eingeladen. Die Jugendlichen werden aufgefordert, anonym auf einen Zettel »Wünsche an sich selbst und Wünsche an die anderen« aufzuschreiben.
Die Zettel werden ausgetauscht und vorgelesen. Zum großen Erstaunen aller steht auf mehr als zwei Drittel der Zettel der Wunsch nach weniger Musik, mehr Ruhe und mehr Möglichkeiten des Gesprächs.
Dieser Vorfall wird Anlaß zu vielen Gesprächen und Einsichten: – Wie kann eine solche Situation zustande kommen? Wie erlebe ich die anderen? Wie können wir so miteinander umgehen, daß Konflikte offen bearbeitet werden können? usw.

Weitere Möglichkeiten, Konflikte aufzugreifen, sind:
– Vorlesen von Geschichten, die den Konfliktinhalt ansprechen;
– Rollenspiele zum Thema Konflikt oder zum Inhalt eines Konflikts;
– Spiele, die indirekt den Konflikt angehen, z. B. sich abschließende Untergruppen werden durch Gruppenwechselspiele gemischt;
– Tageseinstiege, Gesprächskreise, Nachbesprechung.

Bei dem Versuch, Konflikte in das Bewußtsein zu heben, muß noch berücksichtigt werden, daß der einzelne das Zugeständnis eines Konfliktes manchmal als Niederlage oder Verletzung seines Stolzes empfindet. Er gerät in eine Verteidigungshaltung, die immer starrer wird, je mehr auf der Bearbeitung des Problems bestanden wird. Das kann mit früheren Konflikterfahrungen zusammenhängen, in denen er sich gedemütigt erlebt hat oder auch damit, daß Zuschauer vorhanden sind und einer den Konflikt anklagend und verletzend vorgebracht hat. In solchen Situationen kann es besser sein, die Bearbeitung eines Konfliktes zu verschieben.

Manchmal *empfinden* Kinder und Jugendliche eine Situation als Konflikt, ohne daß ihnen das *bewußt* wird. Das wird evtl. durch Bemerkungen deutlich. Z. B. »Ich spiele da lieber nicht mit, sonst verlieren die noch wegen mir.« Wenn ein Gruppenleiter einfühlsam und verstehend reagiert, kann er dem Betroffenen helfen, den Konflikt als solchen zu erkennen, seinen Ursachen und Zusammenhängen nachzugehen und aktiv Lösungen zu finden (vgl. Gespräche führen S. 257).

Neben diesen Hinweisen ist auch das ständige Verhalten der Gruppenleiter eine Bedingung, ob die Teilnehmer konfliktfähiger werden. Wenn die Leiter Wahrnehmungen und Schwierigkeiten mitteilen können, sich auch selbst in Frage stellen und Feedback so formulieren, daß der andere sich nicht angegriffen fühlen muß, erleben die Teilnehmer, daß dies möglich ist, ohne schlimme Folgen für die Betroffenen zu haben.

2.4.2 Menschen in ihrer Verschiedenartigkeit anerkennen

Menschen sind verschieden.

Meine Empfindungen, Wahrnehmungen und Fähigkeiten sind nicht die der anderen.

Wenn wir dies unterscheiden lernen, wächst die Bereitschaft, uns in andere hineinzuversetzen, Verständnis und Nachsicht für ihr Verhalten und ihre Vorlieben aufzubringen. Wir können dann in Konflikten geduldiger und offener sein, denn es ist weniger nötig, andere Meinungen, Gefühle und Fähigkeiten als Angriff auf die eigenen zu werten und ständig in Verteidigungsposition zu gehen.

Die Fähigkeit, Menschen in ihrer Verschiedenartigkeit anzuerkennen, kann in der Freizeit gefördert werden:

- Durch vielfältige Programmangebote werden unterschiedliche Interessen und Fähigkeiten gefördert.
- Es werden nebeneinander unterschiedliche Tätigkeiten zugelassen.
- Es werden Wünsche und Abneigungen einzelner berücksichtigt, wenn es für die Gruppe verkraftbar ist.

Beispiel:
Ein Kind sagt, es könne eine bestimmte Speise nicht essen. Es schadet niemandem, wenn dies respektiert wird.

Einer wäscht sehr gerne Geschirr, räumt aber ganz ungern auf. Wenn die Gruppe damit einverstanden ist, kann diese Vorliebe/Abneigung wenigstens manchmal berücksichtigt werden.
- Es werden Wahlmöglichkeiten bereitgestellt: Programm, Mitarbeit, Material.
- Die Gruppenleiter unterstützen das gegenseitige Erzählen; sorgen dafür, daß einander wirklich zugehört wird; sprechen selbst über eigene Stärken und Schwächen; ermutigen dazu, eigene Gefühle zu äußern und Konflikte offen zu bearbeiten.

2.4.3 Verhaltensweisen/Gesetze/Meinungen als veränderbar begreifen

Wir neigen manchmal dazu, an Verhaltensweisen, Gesetzen und Meinungen festzuhalten, weil sie bisher so waren, auch wenn wir ihre Begründung nicht mehr wissen. Dahinter steckt die unbewußte Angst, daß, wenn sich *etwas* ändert, *ich selbst* gefährdet bin und in meinem bisherigen Selbstverständnis in Frage gestellt werde. Das hängt sicher damit zusammen, daß wir in unserer Erziehung zuwenig gelernt haben, *Fragen zu stellen*, zu *hinterfragen* und *in Frage zu stellen*. Vielfach haben wir gelernt, das zu tun, was »man« tut. Das hat die Folge, daß wir Situationen und Menschen gegenüber eher unsensibel sind, denn würden wir uns auf sie einlassen, würde viel Selbstverständliches frag-würdig.

In der Freizeit können wir diese Haltung dadurch ändern:
- Selbstverständliches wird zum Gesprächsthema: warum essen wir alle zusammen; warum beten wir; wer leitet die Freizeit und hat Verantwortung; wer macht die Hausarbeit für uns; sollen Sieger in Spielen Preise gewinnen; welche Gesetze wollen wir haben usw. Die Teilnehmer lernen dadurch Hintergründe und Erklärungen für ›Selbstverständliches‹ kennen, bzw. sie merken, daß Begründungen fehlen und diese Dinge genausogut anders sein könnten oder in bestimmten Situationen anders sind.
- Selbstverständliches wird versuchsweise spielerisch umgedreht; jeder kommt zum Essen, wann er will; die Leiter haben keine Verantwortung; die Köchin legt sich in den Liegestuhl usw. Solche Situationen können real und auch in Rollenspielen ausprobiert werden. Sie müssen dann besprochen werden: wie haben wir die

Situation erlebt? Kann sie immer so sein oder nur in Ausnahmen? Wer ist davon wie betroffen? usw.
- Miteinander aufgestellte Regeln werden in bestimmten Situationen geändert. Z. B.: Obwohl eigentlich alle Kinder um...Uhr schlafen sollen, kann auch einmal eine Mitternachtsparty gemacht werden.
- Selbstverständliche Abläufe werden bewußt variiert, um ihre Veränderbarkeit erfahren zu können:
Auch einmal zu einem andern Zeitpunkt aufstehen/schlafen gehen; statt Mittagessen nur ein Imbiß und abends ein Festessen; Frühstück auf verschiedene Art; Ämter werden auch von anderen wahrgenommen; spontanen Ideen und Situationen wird Raum geboten; Beschlüsse können geändert werden usw.
Mit diesen Gedanken möchte ich *nicht* sagen, Veränderung an sich sei gut, bzw. je mehr ständig geändert würde, desto mehr würde gelernt. Verläßlichkeit, Beständigkeit und wiederkehrende Ordnung sind besonders für Kinder sehr wichtig. Deshalb sind grundsätzlich bestimmte Zeiten und Regeln sicher nötig. Sie müssen aber begründet werden, durchschaubar und verständlich sein und in konkreten Situationen, den Bedürfnissen entsprechend verändert werden.
- Einzelnen und Gruppen wird ein Freiraum zur eigenen Gestaltung gegeben: sie sollen Ideen ausführen können, auch wenn nicht alle daran beteiligt sind; verschiedene Unternehmungen zur gleichen Zeit werden unterstützt; Ideen einzelner für die Gesamtgruppe werden aufgegriffen usw.

2.4.4 *Konflikte mit der »Niederlagelosen«-Methode bewältigen*

Konflikte werden gewöhnlich dadurch beendet, daß einer Sieger und der andere der Besiegte ist. Besiegtsein kann als Niederlage empfunden werden und mit Gefühlen der Demütigung, Wut und Feindseligkeit verbunden sein. Das sind Gefühle, die die Selbstachtung und das Zusammenleben vergiften.
Bei der Niederlagelosen-Methode (*Gordon* S. 168) der Konfliktlösung unterliegt keiner der beteiligten Partner. Bei dieser Form wird darauf verzichtet, einen Konflikt mit Hilfe von Druck- und Machtmitteln zu lösen. Die Beteiligten am Konflikt arbeiten so lange an einer Lösung, bis *alle damit einverstanden sein können*. Das ist das entscheidende Kriterium dieser Methode.

● Eine Entscheidung wird zwischen zwei erarbeiteten Lösungen getroffen, wobei vor der endgültigen Abstimmung geklärt wird, daß die entstehende Minderheit sich ohne Schwierigkeit der andern Lösung anschließen kann:

Beispiel:
Es geht um die bevorstehende Tagesfahrt. Aus vielen Überlegungen haben sich schließlich zwei Vorschläge herausgebildet, die beide von allen als gut empfunden werden, aber doch von den einzelnen noch verschieden stark befürwortet werden. Bevor abgestimmt wird, wird durch eine Nachfrage geklärt, ob sich grundsätzlich alle jedem möglichen Ergebnis der Abstimmung anschließen können.

● Es wird über ein Problem (einen Konflikt) so lange miteinander gesprochen, bis alle die Gefühle und Bedürfnisse aller Beteiligten verstehen und akzeptieren. Es wird gemeinsam eine Lösung erarbeitet, mit der alle einverstanden sein können (Integration).

Beispiel:
Es geht darum, ob der Abschlußabend einer Jugendfreizeit mit allen zusammen gefeiert wird oder ob jeder tun kann, was er möchte. Für beide Richtungen sind Befürworter da:
– Manchen liegt viel daran, noch einmal mit allen zusammen zu sein.
– Anderen liegt viel daran, mit bestimmten Teilnehmern den Abend zu verbringen.
Über beide Bedürfnisse wird gesprochen. Beide Gruppen nennen auch die Gefühle, die mit ihrem Bedürfnis verbunden sind und die durch den Wunsch der anderen in ihnen wachgerufen werden:
– Die mit allen zusammen feiern wollen, fühlen sich vernachlässigt, wenn sie alleingelassen werden. Sie fühlen sich von den anderen nicht recht akzeptiert und fürchten, am Abend nur der ›Rest‹ zu sein.
– Diejenigen, die allein feiern wollen, haben Angst, daß die entstandenen Bindungen in der Freizeit nicht tragfähig sind. Sie wollen miteinander darüber sprechen und sich gegenseitig vergewissern.
Schließlich wird unter Berücksichtigung der Bedürfnisse und Gefühle die Lösung gefunden: Der Nachmittag wird in kleinen Gruppen verbracht. Wer Zeit und Lust hat, bereitet den Abend vor – auch wenn an der Vorbereitung nicht alle teilnehmen. Am Abend bleiben alle zusammen und lassen sich miteinander auf das Vorbereitete ein.

Wenn an der Lösung von Konflikten alle beteiligt sind und mit der gefundenen Lösung alle einverstanden sein können, hat das positive Folgen:
– Alle Beteiligten sind eher motiviert, die Lösung auszuführen oder

sich an die getroffenen Beschlüsse zu halten, weil es ja auch die eigenen sind.
- Es entstehen oft viel kreativere und bessere Lösungen von Problemen, weil die Niederlagelosen-Methode angstfreier macht. Dadurch eröffnen sich neue Wege und Zugänge zu Dingen und Menschen.
- Denkfähigkeit und Einfühlungsvermögen aller Beteiligten werden gesteigert, weil jeder vom Denken und Fühlen des anderen erfährt.
- Es entstehen keine negativen Gefühle, die die Selbstachtung schwächen und feindselig machen, sondern eher Zuneigung, Verständnis und Kooperationsbereitschaft.
- Es wird zwar viel Zeit gebraucht, aber das eigentliche Problem wird eher erkannt und kann bearbeitet werden.

Beispiel:
In einem Zimmer besteht ständig eine furchtbare Unordnung. Die Kinder reagieren nicht auf Mahnungen. Die Gruppenleiter möchten gerne ein wenig mehr Ordnung haben. Schließlich wird miteinander darüber gesprochen. Alle sagen ihre Meinung und ihre Wünsche. Es stellt sich heraus, daß die Kinder nicht gegen die Ordnung sind, aber schlechte Erfahrungen mit dem Aufräumen-Müssen gemacht haben. Deshalb möchten sie einfach einmal unbehelligt davon sein. Sie verstehen aber auch das Bedürfnis der Gruppenleiter. Schließlich wird eine Lösung gefunden...

- Alle Beteiligten fühlen sich ernstgenommen und vollwertig. Es entsteht kein Machtgefälle und kein Bedürfnis, »es heimzahlen zu müssen«.
- Es entwickelt sich die Fähigkeit, mit den eigenen Bedürfnissen umzugehen; auch handlungsfähig und zufrieden zu sein, wenn sie einmal nur teilweise befriedigt werden können; die Bedürfnisse anderer zu respektieren und ihnen Spielraum zu geben.

Diese Methode der Konfliktlösung braucht viel Gespräch, Zeit und das Modellverhalten der Gruppenleiter.

2.5 Zusammenfassung

Es gibt kein Zusammenleben ohne Konflikte. Konflikte können positiv sein und Weiterentwicklung fördern.
Sie fordern heraus zu Auseinandersetzung, Kommunikation, Nachdenken und Problemlösung.

Konflikte in der Freizeit hängen zusammen mit der Lebenswelt der Kinder, Jugendlichen und Gruppenleiter. Um sie sinnvoll angehen zu können, müssen also die konfliktverursachenden Bedingungen dieser Lebenswelt und ihre Folgen auf Einstellung und Verhalten bewußt sein.

Auch die Reaktionen in Konflikten hängen mit den Lernerfahrungen des alltäglichen Lebens zusammen, die wenig konfliktoffen und -freundlich sind.

Durch das Zusammenleben in der Freizeit kann ein anderer Umgang mit Konflikten gelernt werden, können wir konfliktfähiger werden.

Dabei muß jedoch berücksichtigt werden, daß die Freizeit nur eine kurze Zeit dauert und von daher wenig Möglichkeit zum Festigen neuer und ungewohnter Verhaltensweisen bietet. Außerdem ändert sich durch die neuen Erfahrungen bei der Freizeit nichts an der realen Lebenswirklichkeit der Kinder und Jugendlichen, in die sie nachher zurückkehren.

Deshalb sollte das Thema Konflikte und Konfliktlösung in die Elternarbeit vor und nach der Freizeit aufgenommen werden. Mit den Teilnehmern sollten am Ende der Freizeit die praktizierten Arten der Konfliktlösung reflektiert und ihre Übertragbarkeit in die Alltagssituation besprochen werden.

2.6 ▶ Betr.: Leitungsteam

● *Metapher-Meditation:*
In Einzelarbeit versucht jeder einen ›bildhaften Vergleich‹ (Metapher) zu finden zum Thema:
Konflikt ist wie...
z. B.: Konflikt ist
- wie Regen auf dürre Pflanzen,
- wie ein Gewitter mit der Hoffnung auf einen Regenbogen,
- vor einer langen Mauer stehen, man weiß nicht, nach welcher Seite man sich wenden soll, um schnell einen Eingang zu finden,

Gespräch über die gefundenen Bilder.

Herausarbeiten:
- Wie erleben Menschen Konflikte? Warum erleben sie diese so?
- Welche Chance steckt in Konflikten?
- Welche ›Lösungs‹formen kennen wir und welche Wirkungen haben sie auf die Konfliktbeteiligten?
usw.

● *Fallbeispiele zu verschiedenen Konfliktlösungsarten:*
1. *Eliminierung* (Ausschluß): Ein oder mehrere Mitglieder der Gruppe werden veranlaßt, die Gruppe zu verlassen bzw. sich als Außenseiter zu fühlen. Das kann mit Hilfe der verschiedensten Mittel geschehen: Spott, Diffamieren, Ignorieren usw.

Beispiel:
Bei einer Kinderfreizeit sind drei Kinder dabei, die aus einem Heim sind. Schon bei der Anreise fällt ihr ›Anderssein‹ auf: sie haben statt eines Koffers Schachteln dabei, in denen ihre Kleider verpackt sind. Die drei Kinder werden von Anfang an nicht recht akzeptiert. Sie kommen zusammen mit anderen in ein Schlafzimmer. Nach einigen Tagen sagen sie, sie wollen aus diesem Zimmer ausziehen. In Gesprächen stellt sich heraus, daß im Zimmer niemand mit ihnen spricht und daß immer wieder ihre Sachen in den Schränken durcheinandergeworfen werden.

2. *Ausweichen:* Ein Teil der Gruppe zieht sich zurück, gibt auf. Eventuell bildet dieser Teil eine neue Gruppe.

Beispiel:
Ein großer Teil der Kindergruppe möchte am liebsten immer nur Fußball spielen. Einige ärgern sich darüber, aber ihre anderen Wünsche werden nicht gehört. Schließlich gehen diejenigen, die übergangen werden, einfach nicht mehr in die Gruppe.

3. *Unterdrückung:* Wer die größte Macht besitzt, zwingt die anderen zum Gehorsam. Eine Minderheit wird mit allen Formen der Macht beherrscht und in Abhängigkeit gehalten.
Man kann auch sagen: die schwächere Gruppe unterwirft sich der Macht der anderen.

Beispiel:
In einer Zimmergruppe bei der Freizeit sind sechs Kinder zusammen. Drei geben den Ton an. Sie bestimmen, was toll ist: z. B. wenn sie selbst Süßigkeiten haben, wird nichts geteilt, aber wenn die andern drei Süßigkeiten haben, muß abgegeben werden; wer muß aufräumen, wem wird ein Streich gespielt und wer muß die Strafe auf sich nehmen usw. Sie drohen damit, die drei Kameraden bei den andern unmöglich zu machen, wenn sie sich nicht so verhalten, wie es verlangt wird.

4. *Abstimmung:* Wenn mehrere Meinungen vorhanden sind, wird abgestimmt. Dabei entsteht immer eine Minderheit.

Beispiel:
Gehen wir heute baden oder spazieren?
Wer ist für die Fahrt nach ... und wer möchte lieber nach ...?
Müssen am Abend alle am Programm teilnehmen, oder soll jeder machen, was er will?

5. *Kompromiß:* Wenn die streitenden Parteien etwa gleich groß sind, werden Konflikte häufig auf diesem Weg gelöst. Jede Partei macht der anderen so viel Zugeständnisse, daß der Bestand der Gruppe nicht mehr gefährdet ist. Die Notwendigkeit, solche Zugeständnisse zu machen, wird von den Beteiligten zwar eingesehen, aber löst oft keine Befriedigung aus. Die Abmachung kommt oft so zustande: Wenn ihr das tut, dann machen wir dafür ...

Beispiel:
Es gibt nur einen Plattenspieler im Haus. An einem Abend will eine Gruppe tanzen und braucht dazu den Plattenspieler. Eine andere Gruppe möchte aber unbedingt ein bestimmtes Musikstück hören. Keine Gruppe will zunächst nachgeben. Als dadurch das Programm beider Gruppen schließlich gefährdet ist, beschließen sie einen Kompromiß: Jede Gruppe bekommt den Plattenspieler eine Stunde.

6. *Integration:* Diese Form der Konfliktlösung ist die reifste. Hier werden einander widersprechende Meinungen diskutiert, gegeneinander abgewogen und neu formuliert. Hier erarbeitet die Gruppe als Ganzes eine Lösung, die alle befriedigt und die oft besser ist als die vorhergegangenen Teilvorschläge.

Beispiel:
Vergleiche Fallbeispiel S. 99.

Methode des Vorgehens:

- In Gruppenarbeit können einzelne Fallbeispiele besprochen werden. Dazu können Fragen mitgegeben werden:
  - Welche Wirkung hat diese Art, mit Konflikten umzugehen, auf alle Beteiligten?
  - Welche Gefühle sind bei allen damit verbunden?
  - Was hat zum Entstehen dieses Konfliktes geführt? Worin besteht der Konflikt?
  - Gibt es bessere Lösungen?
- Alle Gruppen berichten von ihrem Beispiel und ihren Überlegungen. Es werden die Bezeichnung dieser Lösungsart und ihre Merkmale herausgearbeitet. Die verschiedenen Lösungsarten werden beurteilt.

● Selbstreflexion:
Die hier aufgeführten Fragen können auf einem Fragebogen mit Abständen angeordnet werden. Jeder arbeitet zunächst alleine. Nachher werden in Gruppen oder im Plenum die Überlegungen ausgetauscht.

Fragebogen:

1. Schreiben Sie schnell, ohne viel zu überlegen, einige Situationen auf, die Sie in der letzten Zeit als Konflikt erlebt haben bzw. die mit schwierigen Gefühlen verbunden waren:
2. Was/wer hat diese Situation/diesen Konflikt ausgelöst?
3. Welche Interessen und Bedürfnisse standen bei Ihnen hinter dieser Situation? Welche Gefühle wurden verletzt? Was haben Sie beim andern vermutet?
4. Welche Bedürfnisse, Gefühle standen Ihrer Meinung nach bei Ihrem Partner dahinter?
5. Wie würden Sie diesen Konflikt nennen?
6. Wie wurde der Konflikt gelöst? Welche Wirkung hat diese Lösung auf Sie, auf Ihre Partner? Wie sind Sie heute damit zufrieden?

● *Bearbeitung der Fälle aus diesem Kapitel:*
Dadurch können die noch angesprochenen Themenbereiche aufgegriffen werden.

● *Schlüsse ziehen:*

Der Abschnitt »Konfliktverursachende Lebensbereiche« wird auf zweierlei Art bearbeitet:

1. Die Spalte ›Folgen/Verhalten‹ wird zugedeckt.
   Die Spalte ›Situation/Ursache‹ wird gelesen, und jeder versucht, eigene Schlüsse zu ziehen, welches Verhalten als Folge angenommen werden kann.
2. Die Spalte ›Situation/Ursache‹ wird zugedeckt. Von den sichtbaren Verhaltensweisen werden Schlüsse auf mögliche Ursachen gezogen.

Literatur

Konflikte in der Kindergruppe.
Arbeitsvorschläge zum Thema und weitere Anregungen zum Erzählen, Spielen, Gestalten. Reihe 8–13.
Gelnhausen/Freiburg 1975.
Hinweis: Dieses sehr verständliche Arbeitsbuch ist für alle Gruppenleiter (oder Lehrer) von Kindern im Alter von 8–13 Jahren zu empfehlen. Es geht um die Analyse von Konfliktsituationen, ihre Rückbeziehung auf konfliktverursachende Lebensbereiche von Kindern und Jugendlichen,

und es werden viele praktische Vorschläge für Gruppenprogramme in Kindergruppen angeboten.

Bundesstelle der Katholischen Jungen Gemeinde (Hrsg.):
TIP 5. Zum Thema Konflikte. Gespräche mit Kindern.

Gordon, Th.: Familienkonferenz.
Die Lösung von Konflikten zwischen Eltern und Kind.
Hamburg: Hoffmann und Campe 1972.
Hinweis: Dieses Buch ist für diejenigen zu empfehlen, die sich Gedanken über die Kommunikation zwischen Menschen machen wollen. Es geht zwar in erster Linie um die Beziehung zwischen Eltern und Kindern, aber Gruppenleiter können ohne Mühe die Beispiele auf ihre Situation hin umdenken. Das Buch ist sehr verständlich geschrieben. Es geht um Gespräch, Zuhören, um Konfliktlösungen und um das Verständnis füreinander. Vieles, womit wir täglich leben, wird aus einem neuen Blickwinkel betrachtet: es geht in allem um die Achtung und Wertschätzung des anderen Menschen, auch schon des kleinen Kindes.

Gold, V., u. a. Kinder spielen Konflikte.
Neuwied: Luchterhand 1973.

Teil IV

Aspekte von Lernerfahrungen in einer Freizeit

Im letzten Teil wurden Gedanken zur Freizeit unter zwei Themenbereichen »Entwicklung einer Gruppe« und »Umgang mit Konflikten« dargestellt. Unter diesen Überschriften wurde Material gesammelt, das auch andere Bereiche berührt.

In dem nun folgenden Teil werden pädagogische Überlegungen unter drei Gesichtspunkten geordnet, die eigentlich zusammengehören und unteilbar sind: das Kind und der Jugendliche als sexueller, religiöser und politischer Mensch (sexuelle, religiöse und politische Erziehung).

Die hier in einzelne Kapitel unterteilten Überlegungen ergänzen sich und sind sogar austauschbar. Das wird vor allem deutlich in den Vorschlägen zur Programmgestaltung und zum Gruppenleiterverhalten.

Lernen und Erziehung werden hier ganzheitlich verstanden. Es wird immer der *ganze* Mensch berührt, auch wenn anscheinend nur ein *Teil* von ihm im Vordergrund steht.

1. Lernen von Partnerschaft
— Sexualerziehung —

Der Gebrauch des Begriffs »Sexualerziehung« zeigt seine Problematik auf: Sexualität wird verstanden als ein Teilbereich im Menschen, der auf besondere Weise erzogen werden muß. Im normalen Sprachgebrauch ist Sexualität meist identisch mit »Genitalsexualität«, d. h. bezogen auf den Gebrauch körperlicher Funktionen und ihren Einsatz im zwischenmenschlichen Leben. Das ist ein eingeschränktes Verständnis von Sexualität und soll durch die Überlegungen in diesem Abschnitt erweitert werden.

Zuerst wird in einigen Thesen die Situation von Sexualerziehung und die ›öffentliche Behandlung‹ von Sexualität skizziert, um Kinder und Jugendliche in ihren Fragen und Problemen besser verstehen zu können.

Dann wird eine erweiterte Auffassung von Sexualität dargestellt. Daraus werden Ziele einer Sexualerziehung entwickelt und Möglichkeiten ihrer Realisierung in der Freizeit aufgezeigt.

1.1 Thesen zum heutigen Verständnis von Sexualität

1. Auf der einen Seite ist Sexualität ein eher gemiedenes Thema in der Kommunikation zwischen Menschen, auch in der Erziehung. Ihre Realität wird ignoriert und unterdrückt und in das Private und Geheime verdrängt. Das zeigt sich z. B. im Bereich der Sprache. (Entweder Sprachlosigkeit, was die Benennung sexueller Vorgänge angeht, oder Gebrauch einer ›Gassensprache‹.)
Auf der anderen Seite wird Sexualität durch die Massenmedien total öffentlich verhandelt.
2. In unserer Gesellschaft ist das Leistungsprinzip zum alles beherrschenden und messenden Prinzip geworden, auch im Bereich der Sexualität:
Wer hat in welchem Alter wie viele ›intime‹ Beziehungen? Wer hat wie viele Mädchen bzw. Jungen ›gehabt‹? Im Vergleich der Leistungen kommt es zu Wettbewerb und Gruppendruck: wer

bestimmte Dinge nicht tut oder Erfahrungen nicht hat, wird nicht anerkannt.
3. Während im Bereich der Arbeit Verzicht und Aufschub von Befriedigung verlangt werden, wird im Bereich der Sexualität jedem individuelle Bedürfnisbefriedigung nach dem Prinzip des möglichst großen individuellen Lustgewinns zugestanden. Dies wird als »sexuelle Befreiung« proklamiert. Diese »Freiheit« wird als Ausgleich und Kompensation zu einengenden Erfahrungen des täglichen Lebens angeboten und soll die Illusion der Selbstbestimmung und Unabhängigkeit hervorrufen. Damit dient sie dem Verdecken anderer Zwänge: Leistungsdruck, Monotonie der Arbeitswelt, Konsumzwänge. Es handelt sich um eine nur scheinbare Befreiung, die neue Abhängigkeiten und Egoismen schafft und den echten Zugang zum Menschen erschwert. Es werden Bedürfnisse und Sehnsüchte offengehalten, die immer wieder neu durch angebotene Produkte und Märkte anscheinend befriedigt werden sollen.
4. Von der Werbung wird Sexualität als Mittel benützt, um Produkte aller Art an den Mann zu bringen (loszuwerden): Autos, Zahnpasta, Margarine usw. Wer konkurrenzfähig und anerkannt sein will, fühlt sich angewiesen auf den Kauf von Waren, die seine sexuelle Anziehungskraft steigern.
Sexualität ist Ware und wird gehandelt.
Sexualität ist Konsumartikel und dient dem egoistischen Lustgewinn.
5. Durch Massenmedien, öffentliche Meinung und Sexualerziehung in Elternhaus und Schule wird vielfach die Rollenfixierung von Mann und Frau stabilisiert. Dadurch werden Konflikte fortgesetzt, Kritik und Entwicklung verhindert. Kinder werden in diese bestehenden Rollen hineinerzogen, sie lernen das, was sie können müssen, wenn die Gesellschaft reibungslos funktionieren soll. Maßstab dieser Erziehung ist nicht der Mensch in seiner Entfaltungsmöglichkeit, sondern das Funktionieren der Gesellschaft.
6. Sexualität ist Technik. Wer die Geschlechtsorgane ›richtig‹ bedient, ›beherrscht die Kunst des Liebens‹. Der gekürzte, vertechnisierte Begriff der Sexualität, bezogen auf körperliche Funktionen, ist zusammengefallen mit dem Begriff der Liebe. ›Liebe machen‹, ›einander lieben‹ bezieht sich auf den Geschlechtsakt ohne personale Beziehung. Kinder und Jugendliche erfahren also zum einen eine

oft enge, tabuisierte Auffassung von Sexualität im Elternhaus und zum andern die vertechnisierte des gesellschaftlichen Alltags.

Zusammenfassung

So steht das Kind und der Jugendliche in einem Spannungsfeld: Zum einen ist er erfüllt von der Sehnsucht nach personaler Begegnung und Beziehung, Zugehörigkeit und Anerkennung.
Zum andern wird ihm durch die Art und Weise einer tabuisierenden Erziehung einerseits und der öffentlichen Behandlung des Themas Sexualität und Liebe andererseits ein Verständnis suggeriert, das den Menschen als Ware begreift und echte Begegnung tatsächlich verhindert.

Die Folgen sind
– Orientierungslosigkeit: Es entstehen Konflikte zwischen eigenen Wünschen und privaten und öffentlichen Normen.
– Hemmungen, offen über eigene Wünsche und Probleme zu sprechen.
– Unkenntnis, wie Sexualität und Partnerschaft miteinander in Beziehung stehen, bzw. Unsicherheit, welche Ausdrucksformen in einer Partnerschaft welche Bedeutung haben können.
– Ängste und Versagensgefühle im Blick auf die Verhaltensnormen im Bereich der Sexualität, die durch Werbung, Film und Illustrierte als ›normal‹ suggeriert werden.

1.2 Sexualität ist mehr
(vgl. *D. Assig* 1976)

Der Mensch ist ein geschlechtliches Wesen. Er ist Mann oder Frau in allem, was er erlebt und tut. Er ist immer auf Beziehung angewiesen und in Beziehung stehend, ganz gleich, wie gut oder schlecht er diese Beziehung gestaltet.

Sexualität ist nicht etwas *am* Menschen, sondern der Mensch *ist* ein sexuelles Wesen. Deshalb muß Sexualität ganzheitlich verstanden werden, als Lebenskraft schlechthin, als Liebes- und Lebensfähigkeit, als schöpferische Kraft, die ganz allgemein lebenserhaltenden Tendenzen dient (vgl. *T. Brocher*).

»Sexualität wird hier definiert als ein im Menschen angelegtes

Bedürfnis, Verlangen, sich mit den andern Menschen zu beschäftigen. Sie treibt den Menschen zu Kommunikation, zu zwischenmenschlicher Interaktion auf breitester Basis. Körper, Geist, der ganze Mensch sind immer – verschieden wichtig – gleichzeitig mit angesprochen« *(D. Assig u. a. S. 15)*.

»Sexualität ist eine wesentliche Ausprägung menschlicher Kommunikation. Sie umfaßt unsere ganze Sinnlichkeit und nicht nur den Genitalbereich, also auch die lustvolle Besetzung von Personen und Sachobjekten« (ebd. S. 17).

Sexualität ist ein Grundvermögen des Menschen. Sie muß aber – wie alle sozialen Fähigkeiten – gelernt bzw. ausgestaltet werden. Sie braucht Regeln und Normen, die ausgerichtet sind an einem Bild vom Menschen. Nach den bisherigen Überlegungen zum Menschenbild kann gesagt werden: Eine Beziehung ist gut und richtig, wenn sie den anderen ganz, d. h. mit seinen Wünschen, Nöten, mit seiner Geschichte, mit seiner Zukunft, mit seinem Körper und mit seinem Geist, annimmt. Wo der andere nicht angenommen, sondern zum Objekt gemacht wird, wird er mißbraucht. Erziehung zur Sexualität ist also im weitesten Sinn eine Einübung der Liebesfähigkeit, die Ausrichtung des Verhaltens sich und andern gegenüber nach dem Prinzip des Wachsens und der Entfaltung. Diese Einübung beginnt in frühester Kindheit und dauert lebenslang. Es geht nicht um Erlaubt- oder Nichterlaubtsein bestimmter *Formen* des Miteinander-Umgehens, sondern um den *Inhalt* der Beziehung und um die Frage, wieweit ich selbst und der andere in der Ganzheit der Person angesprochen oder verletzt werde.

Es ist selbstverständlich, daß es keine allgemeingültigen Regeln geben kann, die für jede Situation und Beziehung gelten. Regeln können aber nötig werden, weil in Gruppen allgemeine Vereinbarungen als eine Art Grundübereinstimmung getroffen werden müssen, um überhaupt miteinander leben zu können und jedem ein Mindestmaß an Sicherheit zuzubilligen.

1.3 Sexualerziehung als Einübung in Partnerschaft

Sexualerziehung ist also Einübung in Partnerschaft. Alles, was Kinder und Jugendliche befähigt, das menschliche Zusammenleben partnerschaftlich zu gestalten, macht sie auch fähiger, *einem* Menschen gegenüber Partner zu werden, d. h. seine Beziehungen ganzheitlich zu gestalten und zu verantworten. Dazu gehört alles, was bisher an Überlegungen zur Freizeit ausgeführt wurde.

Zusätzlich können aber einige Gedanken zusammengestellt werden, wie bisher einseitige Erfahrungen und Einstellungen von Kindern und Jugendlichen im Bereich ›Sexualität‹ korrigiert oder erweitert werden können.

1.3.1 Ziele und Ansätze in der Freizeit

1. Es soll ermöglicht und gelernt werden, die eigene Sexualität zu bejahen und als zu sich gehörend zu akzeptieren:

Über Sexualität und die Erfahrungen mit diesem Begriff soll offen gesprochen werden. Fragen, Probleme, Ängste, Wünsche sind erlaubt und dürfen ausgesprochen werden. Weil es ein ›erlaubtes‹ Thema ist, kann das Geheimnisvolle und oft als »schmutzig« Empfundene zum Normalen werden. Verdrängte Fragen können gestellt werden, Sexualität kann als zu mir gehörend akzeptiert werden.

Beispiel:
Einige Mädchen kommen kichernd angerannt und teilen verschämt mit, die Jungen würden dauernd rufen, sie sollen doch ›strip-tease‹ machen.
Es kann nun besprochen werden: Was ist Striptease? Was wollen die Jungen? Warum müssen die Mädchen so kichern? Was bedeutet es für die verschiedenen, sich voreinander auszuziehen? Warum fühlen sie so? Wie ist das zu Hause? Wie ist das, wenn man in der Werbung z. B. nackte oder fast nackte Menschen sieht? usw.

Es geht *nicht darum*, den Kindern oder Jugendlichen bei einem solchen Gespräch eine bestimmte Anschauung zu vermitteln (z. B. jeder soll sich ohne Scham vor den andern ausziehen können), sondern es geht zunächst nur darum, daß die Kinder über diese Themen normal sprechen können – so wie auch über andere Dinge, die sie interessieren. Denn nur dann werden verborgene Ängste und Fragen genannt und können eigene Meinungen gebildet werden. Wenn neue Normen den alten einfach übergestülpt werden, ist das in keiner Weise besser als vorher. Ansätze für solche Gespräche ergeben sich viele (vgl. Gespräche führen S. 257).

2. Die Normen und das Verständnis von Sexualität sollen als geschichtlich und gesellschaftlich bedingt begriffen werden. Das be-

deutet, daß wir sie reflektieren, selbst-bestimmen und -verantworten und verändern können:
Übernommene Wertvorstellungen und Normen aus Erziehung und Erfahrung werden bei sich bietenden Gelegenheiten aufgegriffen und ihre Zusammenhänge deutlich gemacht.

Beispiel:
Werbung und ihr Verständnis von Sexualität wird in einer Freizeit mit Jugendlichen auf den Anspruch der »sexuellen Befreiung« hin hinterfragt.

So kann durch Nachdenken und Gespräch evtl. Bewußtsein verändert werden und ein Anfang zu neuen Einstellungen gelegt werden.

3. Der Begriff der Sexualität soll erweitert werden. Das Verständnis einer Genitalsexualität soll ersetzt werden durch ein ganzheitliches Verständnis der Sexualität als soziale Kommunikation:

Durch Verhalten und Gespräch wird deutlich gemacht, daß Sexualität nicht zu trennen ist von der menschlichen Fähigkeit oder Unfähigkeit, Beziehungen zu knüpfen und Bindungen einzugehen. An das sexuelle Verhalten werden die gleichen Wertmaßstäbe angelegt wie an jedes andere menschliche Verhalten.

Beispiel:
In einer Jugendfreizeit kommt das Gespräch auf, in welchem Alter man einen Freund bzw. eine Freundin haben und was man mit ihr tun müsse.
Hier können Fragen aufgegriffen werden:
– Was ist der Partner für den anderen? Wozu dient er?
– Wie fühlt sich dieser in der Rolle bzw. in diesem Verständnis?
– Was heißt es, einen zum Objekt zu machen?
– Wen meine ich, wenn ich einen Freund haben will, damit mein Ansehen steigt?
– Was hat das mit meiner Gesamteinstellung zum Menschen zu tun?

1.3.2 Vorschläge für Programme

Alle folgenden Vorschläge betreffen die Sexualpädagogik im Sinne der Einübung von Beziehungsfähigkeit.

1.3.2.1 Kommunikationsspiele und Spiele zum Nachdenken

Spiele sind gute Möglichkeiten, miteinander in Beziehung zu treten. Es gibt viele Spiele, die Kommunikation direkt zum Ziel und Inhalt haben, und solche, die dazu anregen, sich über Kommunikation Gedanken zu machen.

Für beide Arten von Spielen werden einige Beispiele gegeben.

In den ersten Spielen geht es darum, daß einer sich Partner wählen kann und selbst gewählt wird. Es werden Versuche unternommen, miteinander in Beziehung zu treten und sich durch Signale zu verständigen. Man muß sich mit anderen messen, sogar mit dem ganzen Kreis (Ozeanwelle). Die Spiele bringen die Beteiligten in nahen Kontakt, sie dürfen einander festhalten, loslassen, berühren, packen. So werden Bedürfnisse nach Nähe aufgegriffen und die Scheu voreinander kann verringert werden.

Mein rechter Platz ist leer:

Im Kreis steht ein Stuhl mehr, als Mitspieler da sind. Der Spieler, an dessen rechter Seite der freie Stuhl ist, beginnt: »Mein rechter Platz ist leer, ich wünsche mir ... her.« Der aufgerufene Spieler setzt sich auf den freien Platz, dadurch wird für einen anderen Mitspieler ›sein rechter Platz leer‹. Er setzt das Spiel fort.

Dieses Spiel ist sehr leicht und kann bei größeren Kindern oder Jugendlichen höchstens als Kennlern-Spiel gespielt werden, um möglichst schnell alle Namen kennenzulernen.

Das Spiel kann jedoch erschwert und spannender gemacht werden zum einen durch die Steigerung der Geschwindigkeit und zum andern durch eine Variation: Die hier beschriebene Variation eignet sich aus Erfahrung weniger für eine Anfangssituation und auch nicht für den Beginn einer Spielstunde, sondern eher für eine Gelegenheit, in der schon ein wenig ›Spielstimmung‹ und Gelöstheit entstanden ist. Dann kann es sehr ausgelassen und lustig werden:

Mein rechter/linker Platz ist leer:

Die Spielregel ist grundsätzlich wie oben beschrieben. Folgendes ist abgewandelt: Der rechte leere Platz eines Spielers ist ja immer gleichzeitig ein linker, leerer Platz eines anderen Mitspielers. Die Spieler auf beiden Seiten des leeren Platzes dürfen sich einen Partner herbeirufen. Es geht jetzt also darum, wer als erster den freien Stuhl bemerkt und ihn durch Daraufschlagen und Rufen mit einem gewünschten Partner neu besetzen kann. Durch diesen lustigen Wettbewerb wird das Spiel beschleunigt und dadurch sehr spannend.

Blinzeln:

In einem Kreis stehen jeweils zwei Spieler hintereinander (oder der vordere sitzt auf einem Stuhl oder auf dem Boden). Ein Spieler hat keinen Partner vor sich. Er darf sich den Partner eines anderen Mitspielers herbeiblinzeln.

Die hinteren Spieler haben während des Spiels die Hände auf dem Rücken, dürfen aber ihre Partner sofort festhalten, wenn sie ›weggeblinzelt‹ werden. Wenn ein Spieler entwischen kann, blinzelt der nun allein Stehende einem anderen Partner zu.

Einen Knoten lösen:
Etwa zehn Mitspieler stellen sich eng in einem Kreis zusammen. Alle strecken ihre Arme aus und greifen im Durcheinander von Händen mit jeder Hand eine andere. Die so entstandene Bindung darf bis zum Ende des Spiels nicht mehr gelöst werden. Es ist nun ein ›Knoten‹ entstanden, der aufgelöst werden soll: ganz langsam soll das Gewirr entwirrt werden durch Drehen, über Hände Steigen, Durchkriechen usw. Das Spiel ist beendet, wenn alle im großen Kreis stehen und der ganze Knoten aufgelöst ist.

Ozeanwelle:
Alle Stühle werden in einem Kreis ganz eng zusammengestellt. Die Spieler sitzen auf den Stühlen, ein Spieler steht in der Mitte, er ist der Kapitän, der die Macht hat, den Wellen zu befehlen. Ein Stuhl (oder, damit es leichter ist, zwei Stühle) im Kreis ist nicht besetzt. Der Kapitän befiehlt abwechselnd: rechts, links... Alle Spieler bewegen sich gleichzeitig entsprechend dem Kommando von einem zum anderen Stuhl. Die Bewegung muß wie eine ständige Wellenbewegung vom ganzen Kreis ausgeführt werden. Eine Richtung gilt, bis eine neue angesagt wird. Kein Spieler darf je auf einem Stuhl sitzen bleiben, es geht immer sofort weiter: aufstehen, sitzen, aufstehen... Der Kapitän versucht, die Welle zu durchbrechen und einen freien Stuhl zu erwischen. Hat er einen Stuhl bekommen, wird derjenige Kapitän, der nicht schnell genug weitergerückt ist. Je schneller das Spiel gespielt wird, desto lustiger ist es. Wenn der Kapitän keinen Stuhl erwischt bzw. von seiner Rolle genug hat, ruft er: Wirbelsturm, in die Rettungsboote! Dann müssen alle quer durch den Kreis rennen und sich einen neuen Platz suchen. Auch der Kapitän sucht sich schnell einen Platz. Ein oder zwei Stühle werden beim Spielbeginn als Rettungsboote mit Leck gekennzeichnet. Wer nur noch diesen Stuhl erwischt, ist für die nächste Spielrunde der Kapitän.

Eine *anspruchsvollere* Art von *Kommunikationsspielen* wird in einem Beispiel mit verschiedenen Variationen beschrieben. Diese beiden Spiele sollten nicht nur gespielt, sondern auch besprochen werden und als Anregung zum Nachdenken über Erfahrungen und Bedingungen der Kommunikation eingesetzt werden. Sie können deshalb nur in einer überschaubaren Gruppe gespielt werden und wenn die Mitspieler bereit sind, sich auf Ruhe, Nachdenken und Erfahrungen-Machen einzulassen. Was ›überschaubar‹ ist, hängt ab von der Erfahrung der Gruppenleiter, dem Alter der Gruppe und ihrer Bereitschaft zum Mitmachen (ca. 6–20 Teilnehmer).

Spiegeln:
- Jeweils zwei Teilnehmer spielen zusammen. Sie sitzen oder stehen sich gegenüber. Einer macht langsame Bewegungen mit den Händen oder dem ganzen Körper. Der andere ist sein ›Spiegel‹, der *gleichzeitig*, wie in einem Spiegel, jede Bewegung mitmacht. Beide Spieler müssen also aufeinander achten: der eine muß sehen, daß der andere mitkommen kann, der andere muß jeder Bewegung zu folgen versuchen.
- Nach einiger Zeit werden in allen Zweiergruppen die Rollen gewechselt. Anschließend werden Erfahrungen ausgetauscht: War es möglich, zu spiegeln? Was hat dazu geholfen, was hat eher erschwert? Wie haben sich die Beteiligten in den beiden verschiedenen Rollen gefühlt? Welche Gedanken/Erkenntnisse/Gefühle kamen im Verlauf des Spiels? Haben diese Erfahrungen etwas mit dem Zusammenleben in der Freizeit zu tun oder mit andern Erfahrungen oder mit Freundschaft oder dem Wunsch nach einem Freund usw.? (Vergleiche Spielauswertung S. 217.)
- In einem dritten Durchgang kann für interessierte Gruppen eine weitere Erfahrung ermöglicht werden. Die Aufgabe ist dieselbe: Bewegung und spiegeln. Nur werden jetzt keine Rollen mehr verteilt. Beide Mitspieler haben die Aufgabe, während des Spielablaufs manchmal zu spiegeln, manchmal die Bewegung auszuführen, d. h. die Führung zu übernehmen oder nachzufolgen. Die Spieler dürfen nichts miteinander absprechen oder sich durch Zeichen verständigen, wann ein ›Führungswechsel‹ erfolgt. Sie müssen gegenseitig darauf achten, wann der andere eine Bewegung an sich nimmt, und sich entscheiden, ob sie folgen wollen. Es muß der Hinweis gegeben werden (eventuell sogar eingeübt und gezeigt werden), daß die Bewegungen nun extrem langsam ausgeführt werden müssen, damit sie noch gespiegelt werden können.
- Noch schwerer wird es, wenn dann drei oder auch vier und fünf Teilnehmer zusammen die gleiche Aufgabe versuchen: jeder soll ohne Absprache einmal führen und sich anschließen. Vor dieser schwierigen Aufgabe sollte aber eine Auswertung der Zweieraufgabe stattfinden.

Auswertung: Welche Erfahrungen haben wir gemacht? Welche Gefühle/Gedanken/Erkenntnisse sind entstanden? Wie habe ich mich durchgesetzt? Konnte ich mich dem Partner verständlich machen? Was fiel mir leicht/schwer?

Was haben diese Erfahrungen mit unserm Leben zu tun, mit dem Zusammenleben in der Freizeit? Welche Fähigkeit möchte ich gerne mehr entwickeln, welche Verhaltensweise eher abbauen? usw.

1.3.2.2 Themen – Gespräche – Methoden

Diese Sammlung von Möglichkeiten, Themen zu Sexualität und Partnerschaft aufzugreifen, ist eine willkürliche Aneinanderreihung von Elementen, die wenn möglich nicht einfach in die Freizeit eingestreut werden sollten, sondern bei bestimmten Anlässen so oder variiert in das Gruppenprogramm aufgenommen werden können.

● Collagen zu
- So wünsche ich mir einen Freund.
- So wünsche ich mir eine Freundin.

Die Collage kann von Mädchen und Jungen getrennt als Erwartung an das andere Geschlecht gemacht werden, aber auch als Erwartung an das eigene Geschlecht. Die Gegenüberstellung vom Blick der Mädchen aus gesehen: Erwartung an meine Freundin, Erwartung an meinen Freund könnte interessant sein.

- Das Bild der Frau in Illustrierten.
- Das Bild des Mannes in Illustrierten.
- Welche Eigenschaften/Fähigkeiten hat der Supermann in den Massenmedien?
- Welche Eigenschaften/Fähigkeiten hat die Superfrau?

Gegenüberstellung der Collagen. Gespräch: Welches Bild wird suggeriert? Welche Interessen stehen dahinter? Welche Wirkung hat das auf uns, unsere Wünsche, Wahl der Freunde? Wie erleben wir täglich Männer, Frauen?

● Gruppenarbeit:
Mädchen und Jungen bilden eigene Gruppen. In allen Gruppen wird gesammelt: Wie ist das andere Geschlecht? Eigenschaften, Fähigkeiten, was gefällt, was gefällt nicht... Was ist typisch männlich bzw. weiblich? Die Gedanken werden auf Plakaten festgehalten.

Auswertung im Plenum: Wie wirkt das, was die andern über uns sagen, auf mich? Weckt das positive/negative Gefühle? Sehen wir das auch so? Woher kommen diese Vorstellungen?

● Witze sammeln zu:
Sexualität, Männer, Frauen.

Gespräch und Auswertung: Welche Vorstellung wird vermittelt? Welches Bild von Mann und Frau? Welche Gefühle werden geweckt bei Mädchen, bei Jungen? – beim Hören, beim Erzählen? Welche Erklärungen könnte es geben für die Art solcher Witze? Welche Wirkung haben sie auf Vorstellungen, Einstellungen, auf die Begegnung mit Jungen/Mädchen?

● Rollenspiele mit Umdrehung der gewohnten Geschlechterrollen:
- Mann kocht, macht Abendessen, die Frau liest Zeitung, usw.

Auswertung: Sind die Rollen auch so denkbar? warum ja oder nein? Was spricht dafür/dagegen? Welche Wirkung hätte das auf die Menschen, wenn beide Möglichkeiten denkbar wären? Wer sagt, wer welche Rolle haben muß? Wie ist die Erziehung von Mädchen und von Jungen? Wollen Mädchen gerne Jungen sein und umgekehrt? warum? usw.

● Zeitungsartikel/Berichte von Versuchen (z. B. in Wohngemeinschaften, alternativen Lebensprojekten), die Rollenfixierung aufzuheben oder zu ändern.

● Brainstorming:
– Was darf ein Mann?
– Was darf eine Frau? (Gespräch)

– Was fällt ein zu Sexualität?
– Was fällt ein zu Liebe?
Vergleich der beiden Sammlungen. Begriffe nach Wichtigkeit ordnen. Aussuchen der Begriffe, die für beides gelten können. Auswertung nach obengenannten Fragestellungen.

– Welche Eigenschaften/Fähigkeiten müßte ein Mensch haben, der liebesfähig ist?
Auswertung: Gibt es verschiedene Auffassungen von Liebe? Wo lernen wir Liebe? usw.

● Fallbeispiele:
Doris trifft sich jeden Mittag mit einer Clique von Jungen aus der Umgebung. Sie spielen immer alle zusammen Fußball. Frau Maier aus dem Nachbarhaus sagt eines Tages zur Mutter von Doris: »Da sollten Sie doch ein wenig drauf achten, die Doris wird so nie ein richtiges Mädchen!« Die Mutter spricht darüber mit Doris ...
Tina will Automechaniker werden. Sie hat sich immer schon dafür interessiert. Als in der Schule nach den zukünftigen Berufen gefragt wird, nennt sie ihren Wunsch. Die ganze Klasse lacht ...
Gespräch über die Fälle, eventuell weitererzählen.

● Zu Werbung:
Collagen, Steckbriefe, Gespräche, Alphabet machen, eine Radiosendung oder ein Tonbild machen:
– Wie wird »Glück« in der Werbung dargestellt?
– Was vermittelt – laut Werbung – Glück?
– Das Bild von Mann und Frau in der Werbung und die Wirkung auf uns?

Durch Bereitstellen von Informationsmaterial kann dem einzelnen ermöglicht werden, sich je nach Bedürfnis mit diesem Thema auseinanderzusetzen: Bildbände, Bücher, Filme. Das scheint allerdings nur sinnvoll, wenn die Gruppenleiter mit den Teilnehmern ständig im Gespräch sind und entstehende Fragen auch aufgreifen können. Ohne Gespräch könnten für die Teilnehmer viele Widersprüche entstehen, mit denen sie allein nicht fertig werden: Daheim darf ich solche Bilder nicht ansehen, hier werden mir Bildbände hingelegt usw.

Ebenso wichtig wie die hier aufgezählten Vorschläge zum Aufgreifen der Themen Sexualität, Mann/Frau, Liebe usw. sind persönliche Gespräche, die sich beim Spazierengehen, Geschirr waschen, Basteln und Schlafengehen ergeben und deren Ansätze vom Gruppenleiter nicht überhört werden sollten.

1.3.2.3 *Rollenfremde (ungewohnte) Tätigkeiten*

Das Leben in der Freizeit bietet viele Möglichkeiten, den Verhaltensspielraum des einzelnen zu erweitern, neue Tätigkeiten auszuführen und andere bei ungewohntem Tun zu beobachten.

Zum Beispiel:

– Notwendige Arbeiten im Haus werden ohne Berücksichtigung Mädchen/Junge von allen gemeinsam getan: Kochen, Geschirr waschen, Tisch decken, aufräumen, Werkmaterial richten, Zimmer schmücken usw.
– Rollentypische Tätigkeiten werden auch den Kindern und Jugendlichen des andern Geschlechts angeboten: Z. B.: Das Lagerfeuer wird auch von den Mädchen gerichtet, Jungen können auch Tiere oder Puppen nähen, alle spielen Fußball, Jungen suchen Blumen und machen einen Tischschmuck usw.
– Kinder und Jugendliche werden ermutigt, Gefühle, die sie als Junge oder Mädchen eigentlich nicht haben sollten, zu äußern: Ein Junge kann auch Angst haben, sich etwas nicht zutrauen; ein Mädchen kann auch mutig sein, gerne raufen wollen usw.

Durch solche Erfahrungen miteinander erweitert sich das Verhaltensrepertoire jedes einzelnen und macht ihn fähiger, mit andern in Beziehung zu treten und Vorurteile und unnötige Einschränkungen aufzugeben.

1.4 Leiterverhalten

- Die Gruppenleiter sollten als Team erfahrbar werden, in dem jeder den anderen ernst nimmt und in dem neben der persönlichen Beziehung auch aufgabenbezogen miteinander umgegangen wird. Durch das Modell des Teams können die Teilnehmer am ehesten erfahren, daß Mädchen und Jungen, Männer und Frauen ihre Beziehungen in vielfältiger Art gestalten können und daß nicht nur die Dimension des Körpers Begegnung und Bereicherung vermitteln kann.
- Die Leiter sollten offen sein für alle Fragen und Wünsche der Teilnehmer. Nur dann besteht die Chance, daß Fragen zu ›Sexualität‹ gestellt werden.
- Die Leiter sollten beobachten, ob sie unbewußt durch ihr eigenes Verhalten gegenüber Kindern und Jugendlichen des anderen Geschlechts Vorurteile und Rollenfixierungen verstärken. (Z. B.: Gruppenleiter helfen nicht Geschirr waschen oder produzieren sich ständig nur vor den Mädchen der Gruppe usw.)

Fragen und Probleme der Sexualität sind ein Bereich, in dem die Gruppenleiter selbst direkt betroffen sind. Auch sie leben in einer bestimmten Zeit und Gesellschaft und haben durch ihre Erziehung Einstellungen übernommen. Sie sind auf keinen Fall unbeteiligt und unberührt, ganz gleich ob sie die sexuellen Normen völlig verinnerlicht oder inzwischen ganz und gar verworfen und abgebaut haben oder ob sie im Augenblick selbst in Auseinandersetzung mit ihnen stehen.

Vor allem jugendliche Gruppenleiter sollten sich bewußtmachen, daß sie selbst von ihrem Alter her in einer Normfindungsphase sind und daß von daher die Gefahr der Projektion eigener Probleme auf die Gruppe sehr groß ist.

Beispiel:
Bei einer Freizeit von Kindern (Mädchen und Jungen, 9–12 Jahre) sind 16–18jährige Gruppenleiter dabei. Fast alle Gruppenleiter sind untereinander befreundet, wobei manche Freundschaften auch bei der Freizeit wechseln. Aus dem Bedürfnis nach Nähe und nach Darstellung vor den andern Gruppenleitern und den Kindern entwickelt sich eine Form des Miteinander-Umgehens:
Die ›Gruppenleiterpaare‹ tun fast alles nur zusammen, sie halten sich ständig an den Händen, sie sind betont offen zärtlich zueinander und

spielen ihre Beziehung aus. Es kommt dazu, daß alle Kinder in einer Art Konformitätszwang und Leistungsverhalten Zweierbeziehungen bilden und sich genauso verhalten wie die Gruppenleiter. Es kommt zu Enttäuschungen einzelner, die nicht gewählt werden, Gruppenprogramme sind nicht mehr möglich.

Gruppenleiter sollten vor der Freizeit miteinander über *ihre* Einstellungen zu Sexualität und Liebe sprechen und nicht nur über die Ziele für die Freizeit der Kinder und Jugendlichen. Wahrscheinlich wird ihnen dieses Gespräch auch nicht leichter fallen als den Teilnehmern bei der Freizeit. Denn auch unter den Gruppenleitern besteht die Gefahr, sich gegenseitig wegen unterschiedlicher Einstellungen zu diskriminieren und unter Konformitätsdruck eine bestimmte, besonders jugendgemäße oder als »in« geltende Meinung oder Verhaltensweise anzunehmen.

Voraussetzung für solche Gespräche:
Es handelt sich bei diesem Thema um einen sehr persönlichen Bereich. Der einzelne kann Angst haben, sich bloßzustellen und sich den anderen auszuliefern, indem er das sagt, was er denkt und fühlt. Deshalb ist es hilfreich, wenn einige ›Regeln‹ des Miteinander-Sprechens vorher vereinbart werden.

– Die Beteiligten müssen das Gespräch *wollen* und sich klar sein über seinen Sinn und seine Notwendigkeit. Sie sollten es als Hilfe verstehen können, um den eigenen Standpunkt festigen oder erweitern zu können.
– Es müßte eine Gewißheit untereinander bestehen – die nicht erst hier hergestellt werden kann –, daß jeder am Erleben, Denken und Fühlen des anderen interessiert ist und daß unterschiedliche Meinungen zu einer Sache ausgehalten werden können bzw. als Anstoß und Hilfe für Auseinandersetzung verstanden werden.

Wenn diese Voraussetzungen nicht erfüllt sind, kann der einzelne nicht sagen, was er denkt. Er wird dann eher das sagen, was die andern hören wollen oder was ihm am meisten Anerkennung einbringt.

1.5 ▶ Betr.: Leitungsteam

● *Fragen zur Bearbeitung:*
– Welche Sexualerziehung habe ich selbst erfahren? Wie wurde bei uns zu Hause über solche Themen gesprochen? Welche Einstellungen habe ich gelernt, wodurch? Welche habe ich jetzt? Usw.
– Welche Normen gelten für mich im Zusammenleben mit Menschen – auch im Zusammensein mit *einem* Partner? Auf welche Werte gehen die Normen zurück?
– Welche Vorstellungen/Erwartungen über Zusammenleben, Sexualität haben eventuell die Eltern der Freizeitteilnehmer? Welche Vorerfahrungen/Erwartungen könnten die Teilnehmer haben?
– Welche Beziehungen bestehen unter den Gruppenleitern? Welche Wünsche, Hoffnungen, Befürchtungen haben alle an die Freizeit bzw. an die Zusammenarbeit mit den anderen?
– In welchen Bereichen oder Problemen, die bei der Freizeit erwartet werden, besteht für den einzelnen Verhaltensunsicherheit? Für welche Situationen sollte ein gleiches Vorgehen der Gruppenleiter abgesprochen werden?

● Bearbeitung des Kapitels: »Gespräche führen«, S. 257.
In Rollenspielen Themen zur Sexualität aufgreifen.

● Aspekte sammeln:

Als Ausgangspunkt wird eine Freizeitsituation gewählt, z. B.:
Es ist eine Freizeit für Jungen und Mädchen von 14–16 Jahren. Nach drei Tagen kommen einige Jugendliche und möchten ihre Zimmer wechseln. Sie möchten gemeinsame Schlafräume für Jungen und Mädchen.
Nun werden gemeinsam Aspekte gesammelt, die für diesen Themenbereich von Bedeutung sein können:

Beispiel:
– Jugendliche finden es selbstverständlich, wenn sie mit denen zusammen im Zimmer sein können, die sie gut leiden können.
– Jungen und Mädchen sind auch den ganzen Tag zusammen, wieso sollten sie das nicht auch nachts sein?
– Wenn mehrere Jugendliche zusammen in einem Zimmer sind, besteht keine Gefahr, daß einzelne sexuelle Beziehungen eingehen, die sie nicht verantworten können.
– Von denen, die einen gemeinsamen Schlafraum wollen, wird gerne vorausgesetzt, daß das alle wollen. Dadurch wird es denen, die lieber nur unter Mädchen oder Jungen schlafen wollen, schwerer, ihren Wunsch zu

äußern. Es besteht die Gefahr, daß sie als rückständig eingestuft werden.
- Die Gruppenleiter kennen die Mädchen und Jungen zu wenig, um beurteilen zu können, ob die ungewohnte Situation, in einem Zimmer zu schlafen, einzelne nicht überfordert und sie zu Begegnungen führt (auch sexueller Art), die sie nicht verkraften und verantworten können.
- Das Getrennt-Schlafen ist in unserer Zeit und im Blick auf die bis heute geltenden Normen auch Schutz:
  - für den einzelnen, der es so gewohnt ist und der diesen Wunsch unter dem Druck des Mitmachen-Müssens nicht nennen kann;
  - für alle, weil sie durch ihre bisherige Erziehung nicht auf diese Situation vorbereitet sind und die Freizeit nicht nur Ausnahmesituation sein kann, sondern das Alltägliche des Jugendlichen mitsehen muß;
  - für alle, weil auch in diesem Bereich leicht Konkurrenz- und Leistungsdruck für bestimmte Verhaltensweisen entsteht;
  - für die Gruppenleiter, weil sie den gesetzlichen Bestimmungen nach die gemeinsamen Schlafzimmer nicht zulassen dürfen (ohne ausdrückliche Genehmigung der Eltern).
- Der Wunsch der Jugendlichen wird die Gruppenleiter selbst in einen Gefühlszwiespalt bringen: Sie verstehen den Wunsch und akzeptieren ihn, können ihm aber – aus einigen der obengenannten Gründe – nicht nachgeben (vgl. Lit.: Sexualität in der evangelischen Jugendarbeit).

● *Weitere mögliche Fälle:*

Eine Gruppenleiterin stellt fest, daß ein Mädchen in einem Zimmer von fünf Kindern sich nicht vor den anderen auszuziehen wagt. Sie versteckt sich jedesmal in der Toilette oder läßt ihre Unterwäsche nachts an.

Ein Mädchen und ein Junge in einer Freizeit von 15–17jährigen Jugendlichen setzen sich dauernd von der Gesamtgruppe ab. Der Gruppenleiter weiß von ihnen nur, daß sie sich auch zusammen zur Freizeit angemeldet haben.

Beim Sammeln von Aspekten zu einem Fall geht es zunächst darum, einzuüben, eine Situation unter möglichst vielen Gesichtspunkten zu betrachten, die auch bei einer eventuellen Diskussion bei der Freizeit von Jugendlichen oder Gruppenleitern genannt werden könnten. Natürlich soll diese Sammlung auch helfen, eine Entscheidung zu treffen bzw. sich als Gruppenleiter klar darüber zu werden, über welche Probleme *vor der Freizeit* eine Entscheidung herbeigeführt werden muß (z. B. Mädchen und Jungen in einem Zimmer schlafen).

● Alle Vorschläge unter ›Programm‹ können auch vom Leitungsteam selbst durchgeführt werden.

Literatur

Assig, D. u. a.: Sexualität ist mehr.
Anrühren – Küssen – Zärtlichsein – Lächeln – Du-sagen – Streicheln – Umarmen – Anschauen – Spielen – Sprechen und Zuhören – Schmusen – Anschmiegen – Lusthaben.
Eine Unterrichtsreihe zum Thema Sexualität.
Wuppertal: Jugenddienst 1976.
Hinweis: In diesem Buch sind neben inhaltlichen und theoretischen Überlegungen auch viele praktische Anregungen für Gespräche und Programme mit Jugendlichen ab etwa zwölf Jahren angegeben. Das Buch ist auch für die außerschulische Jugendarbeit sehr zu empfehlen.
Evangelische Jugendbildungsstätte Hackhauser Hof, Hrsg.:
Sexualität in der Evangelischen Jugendarbeit.
Beiträge zum Gespräch.
565 Solingen 11, 1974.
BDKJ München/Kath. Landjugendbewegung Bayern, Hrsg.:
Sexualität christlich verantwortet leben.
Eine Arbeitshilfe.
München 19, Frauenplatz 13, 1977.
Kentler, H.: Sexualerziehung. (rororo TB 8034) Reinbek: Rowohlt 1970.
Eggers, Ph. und F. J. Steinbacher (Hrsg.): Sexualpädagogik.
Klinkhardts Pädagogische Quellentexte
Bad Heilbrunn: 1976.
Brocher, T.: Psychosexuelle Grundlagen der Entwicklung.
Informationen für Lehrer und Eltern.
Opladen: Leske 1971

2. Glauben lernen
   — Religiöse Erziehung —

In diesem Kapitel wird über Religion und religiöse Erziehung am Beispiel des christlichen Glaubens nachgedacht, und es werden zwei Zielrichtungen beschrieben, die als Ansatzpunkt in der Freizeit sinnvoll scheinen.

2.1 Überlegungen zu Religion und Glauben

Dem Begriff des ›Religiösen‹ geht es ähnlich wie dem der Sexualität. Religiös-sein wird oft verstanden als ein Teilbereich des Menschen, der sich in ganz bestimmten Formen und Vollzügen zeigt, und ereignet: z. B. wenn einer betet, einen Gottesdienst besucht, an Gott denkt oder eine bestimmte Körperhaltung einnimmt (z. B. knien). Das ist ein sehr enges Verständnis von Religion, an dem die kirchliche Verkündigung, ihr Unterricht und ihre Praxis nicht unschuldig sind.

Religion und christlicher Glaube ist für den religiösen Menschen aber nicht ein Teilbereich seines Lebens. Es ist eine Dimension, die in jeder seiner Lebensäußerungen mitschwingt bzw. enthalten ist. Religion ist nicht etwas *am* Menschen, sie ist eine Weise des Existierens, eine Möglichkeit, sich selbst in der Welt zu verstehen in seiner Beziehung zum andern Menschen und zu Gott. Religion ist eine Welt-›Anschauung‹ (vgl. Elemente 9). Religiös sein bedeutet: offen sein für Erfahrungen der eigenen Transzendenz, für das nicht letztlich Klärbare, für die Frage nach Sinn, für die Frage nach Gott, für neue Erfahrungen und für Hinweise zur Deutung des Lebens.

In diesem Sinn verstanden, sind religiöse Erfahrungen nicht gebunden an eine konkrete Religion. Erfahrungen, die wir täglich machen, haben religiöse Dimension: sich getragen wissen, vertrauen können, hoffen, sich ausliefern, lieben, sich vergessen können für einen anderen usw.

Religiös sein kann sich aber auch konkretisieren in der Entscheidung für einen konkreten Glauben, d. h. für die Interpretation der menschlichen Erfahrungen aus der Bindung an eine Person, z. B. Jesus Christus. Menschliche Erfahrungen können von ihm her interpretiert werden und Sinnzusammenhänge im Blick auf sein Leben hergestellt werden.

Der Christ lebt in der Grundausrichtung auf Jesus Christus hin. Von ihm her versucht er die Welt zu verstehen und sein Leben zu leben. Deshalb ›geschieht‹ christlicher Glaube nicht nur dann, wenn ausdrücklich von Gott, Jesus oder Kirche die Rede ist, sondern überall, wo auf dem christlichen Hintergrund und als Folge einer persönlichen Entscheidung für die Person Jesus Christus gehandelt wird.

Religiöse Erziehung in der Freizeit hat also zwei Ausprägungen (Möglichkeiten):

1. Das Ermöglichen von Erfahrungen im Sinne ›religiöser Erfahrungen‹, d. h. von: sich anvertrauen, sich fallen lassen in eine Gruppe, sich fragen nach Sinn, angenommen werden ohne Gegengabe, fragen nach dem Grund des Lebens, erfahren von Weite und Ehrfurcht vor Unbegreiflichem, fragen nach Gott.
2. Welt, Leben und eigene Erfahrung sehen und interpretieren aus der Orientierung an der Person Jesus Christus und seiner Bindung an Gott.

Dieser zweiten Möglichkeit möchte ich im folgenden nachgehen, weil in ihr auch die erste enthalten ist.

2.2 Religiöse Erziehung in der Freizeit
– zwei Ansätze –

Wenn wir unser Leben und unsere Erfahrung konfrontieren und ausrichten wollen am Lebenskonzept von Jesus Christus, müssen wir uns wenigstens kurz einige seiner Lebensinhalte bewußtmachen:

- Radikale Zuwendung zum Menschen, vor allem zu den Armen, den Verlassenen, den Unterdrückten, den Kranken, den Unsicheren;
- Offenheit für jeden Suchenden – auch für den Schwachen – und Verständnis für alle Menschen;
- Leben und Verkündigen eines neuen Maßstabs:
  - Liebe statt bloße Gerechtigkeit (aufrechnen)
  - Verzeihen statt Vorrechnen der Schuld
  - Zärtlichkeit statt Härte
  - Liebe und Wärme statt Pflicht und Gesetz
  - Ertragen statt Zurückschlagen und Gewalt
  - Forderungen stellen statt Gleichgültigkeit
  - für seine Überzeugung leben und einstehen
    statt Unterordnung unter die Mächtigen der Zeit
  - Echt sein und sich selbst akzeptieren
    statt verlogene Selbstverleugnung
  - Wachheit und Kritik an bestehenden Ungerechtigkeiten und gesellschaftlichen Mächten
    statt Passivität.

● Leben aus der Bindung an einen persönlichen Gott, den er Vater nennt.

Die Botschaft Jesu Christi kristallisiert sich im Gebot der Liebe: sich selbst lieben, den Mitmenschen lieben und Gott lieben.

Otto Betz sagt: »Gelingt es uns, einem Menschen zu seiner Liebesfähigkeit zu verhelfen, dann haben wir getan, was wir sollten« (Katechetische Blätter 2/1973, S. 65).

Religiöse Erziehung bzw. Lernen von Christsein müßte also, wo sie auch geschieht, Einübung von Liebesfähigkeit sein, im Sinne der vorhin beispielhaft aufgezählten Merkmale des Lebens Jesu.

Nun haben aber viele von uns Religion und Glauben gerade in gegensätzlichen Merkmalen erfahren und vermittelt bekommen:

– Die Betonung von äußeren Formen ohne Verständnis für die Inhalte. Formen und Inhalte haben sich vielfach voneinander gelöst.
– Die Ableistung von Pflichten (z. B. Gebet und Gottesdienst) und das Abfragen von Geboten und Verboten ohne Verständnis ihres Hintergrundes, des Wertes, für den sie stehen.
Blinder Gehorsam, Unterwerfung und Zwang statt Mündigkeit, selbständiges Denken und Entscheiden.
– Die Betonung von eher lebensfeindlichen Einstellungen: sich selbst nicht gern haben, nicht stolz auf sich sein, verzichten, Beherrschung, ruhig sein, versagen, Schuld, Angst.
– Überstülpen und Zwang statt hinführen und zutrauen. Verweisen auf ein Leben im Jenseits.

Das sind Erfahrungen, die die Fähigkeit zu lieben verhindern und die eher Minderwertigkeit, Resignation oder Auflehnung hervorrufen. Sie führen dazu, daß wichtige, existentielle Glaubensinhalte wegen der Art ihrer Vermittlung und der Form, in der sie dargestellt werden, abgelehnt werden.

Die bisherigen Überlegungen legen zwei Ansatzpunkte für religiöse ›Erziehung‹ bzw. für die Vermittlung religiöser Erfahrung in der Freizeit nahe:

1. Was christlicher Glaube ist bzw. will, kann gelernt werden durch die Erfahrung von Zuwendung, geliebt werden, Beziehung zueinander und durch die Einübung dieser Fähigkeiten (Liebesfähigkeit). Das sind schwierige Prozesse, weil anscheinend gegensätzliche Fähigkeiten ständig gegeneinander abgewogen und vereinbart werden müssen.

Beispiel:

Meine eigenen Bedürfnisse akzeptieren und verwirklichen	und meine Bedürfnisse zurückstellen und die anderer respektieren.
Mich selbst lieben und achten	und mich in Frage stellen, verändern.
Eine Meinung haben und vertreten	und sich auf andere einlassen und zu Änderung bereit sein.
Verzeihen, vergeben	und für Recht kämpfen.

Das Zusammenleben bei der Freizeit ist ein Ansatzpunkt dafür, christliche Vorstellungen von Leben und Zusammenleben praktisch erfahrbar zu machen und so verständlich zu machen, was Christ sein heißt. Diese Erfahrung ist Voraussetzung für eine eigene Entscheidung.

2. Die Freizeit kann durch den neuen und ungewohnten Erlebnisraum, der die Möglichkeit zu ganzheitlichen Erfahrungen gibt, dazu beitragen, Formen und Inhalte religiösen Lebens einander näherzubringen:
   - Sinnentleerte Formen werden auf ihre Inhalte hin befragt und durch die neue Erfahrung entweder zur eigenen Form, oder sie werden verändert;
   - für Inhalte, die einem wichtig sind, werden neue Ausdrucksformen gefunden.

Im folgenden werden zunächst diese beiden Ansatzpunkte weiter ausgefaltet und anschließend durch einige Vorschläge zur Programmgestaltung ergänzt.

2.2.1 *Entfaltung der Liebesfähigkeit*

Dieses Ziel wird hier unter vier Gesichtspunkten ausgefaltet. Es sind Gedanken, die auch schon bisher auftauchten und dadurch zeigen, daß Erziehung oder Freizeit ganzheitlich verstanden werden müssen.

Die einzelnen Punkte gehen ineinander über, und ein Gesichtspunkt braucht die Ergänzung durch den anderen.

2.2.1.1 *Förderung der Erlebnisfähigkeit*

Erlebnisfähigkeit ist die Voraussetzung dafür, ansprechbar zu sein und Erfahrungen machen zu können. In unserer verplanten und technisierten Welt hat diese Fähigkeit wenig Raum, sich zu entwickeln. Zur Erlebnisfähigkeit gehören Kreativität, Spontaneität, Phantasie, Eigeninitiative, Neugier, Mut, Interesse und Verantwortungsbereitschaft.

Diese Fähigkeit wird gefördert:
- durch kreative Tätigkeiten: malen, basteln, bauen, kneten, sammeln, knüpfen, Bilder anschauen und miteinander in Verbindung bringen, Geschichten erfinden und Spiele verändern usw.;
- durch Entfaltung von Ausdruckswillen und Ausdrucksvermögen und durch das Entdecken von neuen Beziehungen zu sich, den Dingen und den Menschen: Darstellen von eigenen Erlebnissen, Nachspielen und Verändern der Lebenswirklichkeit, Rollen anderer spielen, einen Gedanken formulieren usw.;
- durch Abbau der Angst vor Neuem und durch eine offenere Wahrnehmung von sich und andern Menschen: über sich selbst sprechen, Gefühle äußern, etwas Neues ausprobieren, neue Speisen essen, neue Spiele spielen usw.

2.2.1.2 Zugang zu sich selbst finden

Wir haben oft wenig Kontakt mit unserer eigenen »Innenwelt«. Vieles verdrängen wir, nehmen wir nicht wahr, unterdrücken es mit Aktivität, Lautstärke und Schnelligkeit.

Das ›bei sich sein können‹ und ›sich kennenlernen wollen‹ ist aber eine Voraussetzung dafür, sich selbst akzeptieren zu können und sich wertvoll zu empfinden.

Der Kontakt mit sich selbst wird gefördert:
- in allen Formen der *Meditation:* schauen und betrachten, horchen und hinhören, Bilder meditieren und auf sich wirken lassen, über Selbstverständlichkeiten nachdenken, Musik hören, Texte lesen und mit sich selbst konfrontieren usw.;
- wo *über sich selbst nachgedacht* wird: Welche Wünsche, Hoffnungen, Sehnsüchte habe ich? Wovon lebe ich? Was ist mir sehr wichtig? Wie wirkt diese Sache, dieses Erlebnis auf mich? Welche Erinnerungen werden geweckt? Wie sehen mich andere? Welche Gefühle habe ich?
- wo man *Gedanken freien Spielraum* läßt: assoziieren und Ge-

dankenreihen bilden, sich Zeit und Ruhe zum Nichtstun lassen, Erinnerungen und Erfahrungen austauschen.

2.2.1.3 In Beziehung treten zu anderen

Viele Menschen fassen die Tatsache, daß sie Freunde finden oder nicht, wie Schicksal auf: Glück oder Pech. Sie wissen nicht – oder zu wenig –, daß auch die Fähigkeit, Beziehungen aufzunehmen und zu gestalten, gelernt und entwickelt werden muß, wenn auch vieles nicht von uns selbst beeinflußbar ist. (Erfahrungen in früher Kindheit, Erziehung, Ort des Aufwachsens usw.).

Beziehungsfähiger werden ist eine lebenslange Aufgabe und das durchgängige Grundanliegen dieses Buches. Die Kinder und Jugendlichen sollen erkennen, daß sie selbst die Möglichkeit haben, ihre Beziehungen zu beeinflussen und zu gestalten, indem sie sich selbst beziehungsfähiger machen.

Menschen werden fähiger für Beziehungen:
- wenn die *verbale Kommunikationsfähigkeit* gefördert wird: von sich erzählen und anderen zuhören, Gedanken und Gefühle äußern, sich an Diskussionen beteiligen, mit Worten spielen, vorlesen, Geschichten erfinden usw.;
- wenn ihre Möglichkeiten zu *nonverbaler Kommunikation* erweitert werden: Gesten und Zeichen des anderen verstehen, nicht-sprachliche Ausdrücke für eigene Gefühle finden, Pantomimen, Körpersprache, Theater usw.;
- wenn sie Bedingungen der Kommunikation kennenlernen: was erschwert/was erleichtert das Miteinandersprechen, das Zusammensein; Selbsteinschätzung – Fremdeinschätzung; Wie entsteht Sympathie? Wie beeinflußt eine Beziehung die Zusammenarbeit? usw.;
- wenn sie einander bei *vielfältigen Aktivitäten* erleben: erfahren, was ich gut kann und was der andere gut kann; Schwächen bei sich und anderen sehen und akzeptieren; einander helfen; zusammenarbeiten; zusammen spielen und aufeinander angewiesen sein usw.

2.2.1.4 Fragen nach dem Sinn

Wir leben alle mit Fragen, die uns beunruhigen, die uns mit unseren Grenzen und den Grenzen des Erklärbaren und Machbaren konfrontieren. Es sind Fragen, die das Leben betreffen. Vor allem im Jugendalter brechen diese Fragen auf, aber auch bei vielen Erfahrungen des täglichen Lebens: geliebt werden, nicht geliebt werden, Streit, Geburt, Tod, Gott, wer bin ich, was ist mein Ziel, hat Leben einen Sinn, was ist Glück, wie will ich leben?

Es geht nicht darum, sich solche Fragen distanziert zu stellen, sie intellektuell zu beantworten oder fertige Antworten zu liefern. Es geht darum, offen zu werden für Situationen, in denen uns solche Fragen entstehen, und die aufkommenden Fragen nicht zu verdrängen. Bei der Freizeit können Zeiten und Gelegenheiten geschaffen werden, wo solche Fragen gestellt und miteinander besprochen werden können.

Hier ist auch der Ort für Deutung und Erhellung dieser existentiellen Fragen aus dem christlichen Glauben, bzw. etwas mitzuteilen von dem eigenen Nachdenken und der Auseinandersetzung mit der Person Jesu Christi.

2.2.2 Inhalte und Formen des Glaubens

Die hauptsächlichsten Formen christlichen Lebens, in denen wir ›religiös erzogen‹ wurden und die wir spontan mit ›Kirche‹ in Verbindung bringen, sind:

Gebet

Gottesdienst/Eucharistiefeier/Abendmahl

Sakramente: vor allem wohl Taufe, Kommunion, Konfirmation, Buße.

Oft haben wir wenig von dem begriffen, wofür sie stehen oder was sie beinhalten.

Diese ›Formen‹ stehen für wichtige und existentielle menschliche Erfahrungen, für Lebenssituationen und Seinsweisen.

Beispiele:

Gebet:

In Beziehung sein und sich in Verbindung wissen mit Gott; Vertrauen und anvertrauen; Bitte, Dank; Orientierung, Halt; Hoffnung, Vertrauen auf eine Kraft außerhalb von einem selbst; auf einen letzten Sinn hoffen; nicht alles nur von sich allein erwarten müssen; Gespräch, Kommunikation usw.

Taufe:
Aufgenommen werden in eine Gemeinschaft; nicht allein leben; Solidarität mit anderen;
ein Ziel haben, Orientierung; andere stehen für einen ein; Übernahme von immer mehr Verantwortung.

Eucharistie:
Miteinander Mahl halten; Essen als Lebensquelle; teilen – miteinander teilen, sich mit-teilen; Gemeinschaft, Solidarität; Kraft gewinnen durch andere; sich treffen; überleben – weiterleben; Hoffnung auf Zukunft über Unverständliches und Tod hinaus; Versprechen; aneinander festhalten und füreinander einstehen; Leben, Weg;

Buße:
Schuldig werden, versagen; Vergebung, akzeptiert werden, ernstgenommen werden;
angenommen werden, ohne es ›verdient‹ zu haben, ohne etwas dafür leisten zu müssen; nicht abgelehnt werden, weil ich etwas falsch gemacht habe; immer neu anfangen können.

Diese Inhalte betreffen jeden Menschen. Es sind Bedürfnisse, Lebensnotwendigkeiten und Lebenserfahrungen, die konzentriert und zusammengefaßt werden in einer Form, dem Ausdruck einer Gemeinschaft, die sich immer wieder erinnern und neu bewußtmachen will, wovon sie lebt: in der Hoffnung und dem Glauben, daß es Gott gibt, der in und durch Jesus Christus verkündet wurde.

Hoffnung und Glaube auf Gott sind nicht stabiler und ein für allemal gewonnener Besitz; sie werden und wachsen durch Erfahrungen und vertiefen sich durch eben diese Erinnerung und das ständige Sich-wieder-bewußt-Machen der Inhalte, um die es geht.

Soll Glauben zu einem eigenständigen, lebendigen und aktuellen Ereignis für den einzelnen werden, müssen die Inhalte realisiert und lebendig gemacht werden in den Erfahrungen alltäglicher Situationen. Formen müssen Ausdruck eines Inhaltes sein, Symbole mit eigenen Erfahrungen in Verbindung stehen.

Zum Verständnis der Inhalte tragen wir bei,
- wenn diese Inhalte im *Zusammenleben* der Freizeit erfahren und realisiert werden und wenn sie dort zum Gesprächsthema werden. Denn wo z. B. Vertrauen nicht zwischen Menschen erfahren wird,

wird es kaum möglich sein, Gott zu vertrauen; wo ich nicht erfahre, daß mir vergeben wird, werde ich nicht an eine Vergebung von Gott glauben können; wenn ich Essen nicht als ›miteinander teilen‹ kenne, werde ich ›Kommunion‹ nicht verstehen können;
- wenn ›tote‹ Formen und Vollzüge *lebendig* gemacht werden, z. B. dadurch, daß sie in einer aktuellen Situation neu erfahren werden:

Beten heißt auch, meine persönlichen Gedanken von Gott oder über Gott aussprechen; es ist Gebet, wenn ich Dinge meiner Umgebung neu wahrnehme und staunend offen werde für die Frage »woher«; wenn man zusammensitzt und sich mitteilt, worauf man am meisten hofft; wenn alltägliche Situationen formuliert werden in der Hoffnung, daß sie mit Gott in Verbindung stehen.

Dank und Bitte können untereinander praktiziert werden. Neue Ausdrucksformen werden gefunden: Gestik, Tanz, Bilder, Briefe aneinander und an Gott, Schweigen. Eucharistie/Abendmahl kann in Verbindung mit Mahl, Fest, Einander-Danken gefeiert werden. ›Gedächtnis‹ wird verständlicher, wenn auch die Gruppe miteinander überlegt, welche gemeinsamen Erfahrungen ›lebenswichtig‹ sind, was bewahrt und immer wieder neu reflektiert werden soll.

Zusammenfassung:

›Religiös‹ ist eine Freizeit nicht nur dann, wenn gebetet und Gottesdienst gefeiert wird, sondern vor allem dann, wenn das Zusammenleben so ist, daß jeder einzelne mehr fähig wird, sich selbst, die anderen Menschen und Gott zu lieben. Nicht durch die Formen von Gebet und Gottesdienst allein kann einer verstehen lernen, was sie bedeuten, sondern nur, wenn diese Grundvollzüge menschlichen Lebens auch in der Gemeinschaft erfahrbar werden.

Religiöse Formen können verständlich werden als Versuch von Menschen, einer Erfahrung und einem Glauben Ausdruck zu verleihen. Aber das ersetzt nicht, eigene Erfahrungen zu machen und eigene Ausdrucksformen zu finden.

2.3 Gestaltungselemente für beide Ansätze

Die hier gesammelten Programmpunkte dienen der Ausgestaltung der Ziele

- Förderung der Erlebnisfähigkeit
- Zugang zu sich selbst finden
- In Beziehung treten zu anderen
- Fragen nach Sinn stellen
- Formen und Inhalte miteinander in Verbindung bringen.

Es sind Elemente, die mit verschiedensten Themen an beliebigen Stellen in der Freizeit auftauchen können und die ebenso in Gebet und Gottesdienst einbezogen werden können. In *beiden Fällen* dienen sie den genannten Zielen.

2.3.1 Meditationen mit Bildern
– sehen –

Alle Formen von Meditation brauchen Voraussetzungen:
- Der einzelne muß sicher sein, daß er nicht kritisiert wird. Es gibt nicht ›richtig‹ oder ›falsch‹, wenn verschiedene Menschen in einem Bild etwas Verschiedenes sehen.
- Es muß Interesse bestehen für die verschiedenen Sichtweisen oder Gedanken der anderen Gruppenmitglieder.
- Es darf nicht um ein eindeutiges Ergebnis gehen. Es geht mehr um das Ausfalten von Gedanken und um Vielfältigkeit als um Eindeutigkeit und Einmütigkeit.

Diese Voraussetzungen müssen besprochen und begründet werden, damit jeder den Spielraum kennt, in dem er sich bewegen kann und Sicherheit gewinnt, sich auszudrücken.

- *Bilderwand:*

Von einer Gruppe oder einem einzelnen werden aus einer großen Auswahl von Bildern solche herausgesucht, die aus der eigenen Sicht das genannte Thema berühren. Die Bilder werden in der Gruppe besprochen, sie sollen schließlich insgesamt zu einer Aussage gebracht und auf einer Wand angeordnet werden.

Die Bilderwand wird dann zusammen angeschaut. Eine an der Entstehung nicht beteiligte Gruppe kann zunächst Eindrücke mitteilen, die durch Auswahl und Anordnung der Bilder entstehen. Dann wird zusammen darüber nachgedacht.

Mögliche Themen: Christ sein.
Menschlich leben in der Welt.
Konflikt-lösungen.

● *Collage:*

Dies ist eine ähnliche Methode wie die Bilderwand. Während jedoch bei der Bilderwand normalerweise Bilder so verwendet werden, wie man sie vorfindet, und eine sehr große Fläche zur Darstellung benützt werden kann, wird die Collage auf dem begrenzten Raum eines Kartons hergestellt und Bilder dürfen zerschnitten, zerrissen, aufeinandergeklebt, gestaltet werden. Neben den Bildern selbst sind auch die Anordnung, die Farbe/schwarz-weiß, die Technik (schneiden/reißen usw.) Ausdrucksmittel.

Die Auswertung erfolgt wie bei der Bilderwand.

Mögliche Themen: Der Mensch ist seines Glückes Schmied.
Frieden in der Welt?
Gruppe: Zwang und Enge?
Glauben.

● *Bilder zuordnen:*

Ein Bild wird vorgegeben. Es muß provozierend und anregend sein und ein Problem aufreißen. In einer Gruppe werden zum vorgegebenen Bild andere gesucht, die das Thema oder die Aussage des ersten Bildes ausfalten. Bei der Auswertung kann zunächst eine unbeteiligte Gruppe versuchen, den Gedanken der ersten Gruppe nachzugehen.

Die möglichen Themen hängen von den Bildern ab.

● *Überschriften suchen:*

Einer Gruppe wird ein Bild gegeben. Zunächst versucht jeder für sich, diesem Bild einen Titel zu geben. Dann werden die Vorschläge ausgetauscht und die Gedanken mitgeteilt. Die verschiedenen Vorschläge bleiben stehen. Die Gruppe kann auch über ein Thema weitersprechen oder auch weitere Bilder dazu suchen.

● *Bilder-Auswahl:*

In einer Gruppe von drei bis fünf Mitgliedern sucht jeder Teilnehmer zu einem vorgegebenen Thema drei Bilder aus. Die Gruppe stellt sich ihre Bilder gegenseitig vor. Sie soll sich nun gemeinsam auf z. B. fünf Bilder einigen, die ihrer Meinung nach am deutlichsten das Thema darstellen.

Diese ausgewählten Bilder können dann in der Gesamtgruppe miteinander angeschaut und meditiert werden.

Mögliche Themen: Partnerschaft.
Den Nächsten lieben.
So stelle ich mir den Menschen vor.

● *Metapher-Meditation:*

Mögliche Themen: Leben ist wie...
Mensch sein ist wie...
Glück sein ist wie...

Ich bin wie...
›Du‹ bist wie...
Gott ist wie...
Brot ist wie...
Wein ist wie...

● *Schauen – aufnehmen:*

Jeder setzt sich im Raum oder im Freien allein hin. Er versucht, fünf Minuten lang einen Gegenstand oder die Umgebung anzuschauen und ganz in sich aufzunehmen.

Es können dann Erfahrungen miteinander ausgetauscht werden: Was habe ich gesehen? Wie habe ich das Sehen und diese Zeit empfunden?

Jeder macht einen Spaziergang und versucht, bewußter als sonst aufzunehmen, was alles zu sehen ist.

Der Spaziergang wird zu zweit unternommen und die Partner tauschen aus: Sehen wir verschiedene Dinge? Wie nehmen wir sie wahr? Was bedeuten sie uns?

● *Bildmeditation:*

Ein Dia, Kunstbild oder eine Fotografie wird gezeigt. Alle sehen sich dieses Bild eine Zeitlang ruhig an, es wird nicht gesprochen. Während des Schauens kann Musik gehört werden.

Nach einiger Zeit beginnt ein Austausch: jeder sagt, was ihm einfällt, was er sieht, woran er dabei denkt usw. Das Gespräch über das Bild kann nachher weitergeführt werden.

Eine andere Form der Bildmeditation: alle schauen miteinander ein Bild an, einer hat Gedanken vorbereitet und spricht sie langsam.

Zu Bildmeditationen mit Jugendlichen eignen sich z. B. Bilder von *Roland Peter Litzenburger, Marc Chagall, Emil Wachter.*

Beispiel für eine Bildmeditation

aus: TIP 9, S. 37/38

JESUS UND DIE SÜNDERIN
Roland P. Litzenburger

Zu
Mit _____ einander
Gegen

Ein Bild mit Strichen – zunächst wirr, unruhig, scheinbar durcheinander. Was will es mir sagen?

Ich sehe drei Menschen, die auf verschiedenen Ebenen dargestellt sind: stehend, sitzend, kniend.

Der eine steht
- aufrecht, unbeweglich wie ein Klotz
- er ist fett, zeigt auf andere, zeigt sogar nach unten
- er hat etwas vor dem Kopf – vielleicht ein Brett
- ob er zufällig auf der oberen rechten Seite gezeichnet wurde

Er wirkt auf mich
- kühl und stolz, so als wäre er dem Wohlstand verfallen
- wie einer, der verurteilt, sich über andere stellt
- wie einer, der niemanden wirklich anblickt, sich isoliert, verschließt
- wie einer, der andere ausbeutet
- wie einer, der Macht hat und sie mißbraucht
- wie einer, der von seinem hohen Roß nicht heruntersteigt

Mir fällt das Zitat ein:
»der Mensch will nicht nur glücklich sein, sondern vor allem glücklicher als die anderen«

Ich frage mich
- ob er sich seiner Situation bewußt ist
- ob er weiß, daß er durch seine Haltung andern zur Qual wird
- ob er einsam ist und sich deshalb hinaufretten muß
- ob er sonstwo geschlagen wird und hier Rache übt

Und die Frau
- sie kniet: unten
- ist gebeugt, sogar gekrümmt
- sie hält den Fuß des Sitzenden
- ihr Kopf ist farblich und graphisch der Schwerpunkt des Bildes

mir scheint
- daß sie zusammengebrochen ist unter einer Last
- daß sie Schutz sucht, Kontakt braucht
- daß sie gedemütigt wird
- daß sie dem Sitzenden vertraut, sich ihm zuneigt

Ich frage mich
- warum sie sich knechten läßt
- woher sie die Kraft hat, trotzdem zu lieben
- worin die Last besteht, die sie trägt
- wird sie mit Hilfe des Mittleren aufstehen können
- wird sie »verzeihen können«, wenn sie einmal nicht mehr »unten« sein sollte

Und dann einer
- der in der Mitte sitzt, seine Hand zwischen die beiden hält

- den Dicken direkt anblickt
- der eine Hand nach der Frau ausstreckt
- der die Zuneigung der Frau annimmt
- der dem vernichtenden Blick des Dicken die Stirn bietet.

Will er
- vermitteln, eine Verbindung herstellen oder eine Grenze schaffen, damit die Frau vor den Angriffen des Dicken geschützt ist, damit sie Raum hat zu leben
- sein Blick scheint mir offen und gerade, so als hätte er einen festen Willen, als würde er sich nicht scheuen, Stellung zu beziehen

Ich frage mich
- wie er zu dieser Rolle kommt
- ob er sich nicht leicht auf die eine oder andere Seite schlagen wird
- ob er es schafft, beide auf die gleiche Ebene zu bringen, Gespräch zu ermöglichen, Mauern abzubauen
- wird er dableiben (oder sich irgendwann doch zurückziehen)?

Mit welchen der drei identifizieren wir uns – jetzt – morgen – übermorgen?
Sind wir nicht alle drei, manchmal kniend, sitzend, stehend?
Welche Möglichkeiten nützen wir, dazu beizutragen, daß alle die gleiche Chance haben zu leben, zu lieben, sich selbst zu sein, Gemeinschaft zu haben?

Bilder von Roland P. Litzenburger:

Die Weihnacht
Sturm auf dem See (Herr, hilf)
Kreuzigung
Taufe Jesu
Jesus und die Sünderin
Der schwarze Christus
Abrahams Aussendung
Der Samariter
Der barmherzige Samariter

von Walter Habdank:

Sturm auf dem See
Moses
Paulus im Gefängnis
Vision des Ezechiel u. a.

von Bohdan Pivonka:
Kreuzträger
und einige andere

Stück: DM 0,05, 10 Stück DM 0,40, ab 100 Stück DM 3,- zu erhalten beim Erzbischöflichen Jugendamt, 78 Freiburg, Postfach 449. Zusätzlich wurden einige Motive als Bilder (42 × 59,4 cm) gedruckt und können für DM 6,-, ab zwei Stück DM 5,- dort bestellt werden (für ein Gruppenzimmer, als Geschenk...)

Literatur
Wer sich intensiver mit Bildern beschäftigt, sollte lesen:
Ingrid Riegel: Bildinterpretation. Zum Umgang mit Bildern in Schule, bei Jugend- und Gemeindearbeit. München 1969, DM 19,80.

Sonstiges:
Erl/Gaiser: Neue Methoden der Bibelarbeit (Stichwort ›Bibelbetrachtung‹). Tübingen 1970, DM 7,80.

Margot Kienzler / Gerhard Boos

2.3.2 Meditationen mit Worten und Texten
   – hören –

● *Texte meditieren:*
Gedanken, Gedichte, Aussprüche anderer Menschen können uns helfen, eigene Gedanken wahrzunehmen und auszusprechen. Bei solchen Texten handelt es sich ja um Erfahrungen anderer, die oft die eigene Erfahrung berühren oder erst bewußtmachen. Wichtig in diesem Zusammenhang sind Texte zu Glück, Hoffnung, Leid, Glaube, Menschsein, Alltagserfahrungen. Z. B.:
Jeder braucht einen, der ihn kennt.
Seit Jahren schon laufe ich mit einer Maske umher. Die ist mein zweites Gesicht geworden. Ich habe gelernt, wie man es macht, seine Schwächen zuzudecken und die Gefühle zu verbergen. Ich lächle verbindlich, aber mein Lachen ist nicht echt; ich lege Sicherheit an den Tag; aber in Wirklichkeit spiele ich Theater. Ich tue so, als fiele mir alles in den Schoß, als irrte ich niemals, als hätte ich weder Sehnsucht noch Heimweh. Warum bin ich nicht so, wie ich wirklich bin? Wenn ich allein und für mich bin, fällt mir die Maske vom Gesicht. Wenn dann einer käme und sagte: Ich mag dich trotzdem, ich will dich so, wie du bist, ich brauche dich...
Christa Weiß

● *Texte selbst machen:*

Das können sein: Assoziationen zu einem Wort, Sätze, Aneinanderreihung von Gedanken, der Versuch eines Gedichtes, eine Meditation, ein Brief, ein Gebet usw. In den meisten Fällen wird nur einer allein an einem Text arbeiten können.

Texte machen kann vor der Erarbeitung eines Themas stehen oder auch den Abschluß einer Meditation oder eines Gedankenaustausches darstellen.

Beispiel:
Text zum Thema: Wer ist Jesus für uns? Er wurde von 16jährigen Jugendlichen geschrieben und dann, mit Dias illustriert, zu einem Tonbild verarbeitet.

Ich habe Angst vor Begegnungen.
Ich habe Angst vor dem Alleinsein.
Ich habe manchmal Angst vor der Spontaneität der anderen.
Ich habe Schwierigkeiten im Zusammenleben mit anderen.
Ich kann ihnen nicht zeigen, was ich fühle, nicht sagen, was ich denke.
Ich bin zuviel abhängig von den Reaktionen anderer.
Ich warte immer darauf, daß zuerst ein anderer auf mich zukommt.
Ich kann mir vieles, was in meinem Leben und in der Welt geschieht, nicht erklären:
Tod, Krankheit,
daß es Leid gibt,
daß Menschen sich bekämpfen,
daß ich hilflos und ohnmächtig bin.

Ich suche Orientierung und Entscheidungshilfe für mein Handeln.

Jesus sagt:
Ich bin der Weg.
Jesus führt den Menschen aus seiner Einsamkeit, Kompliziertheit und Verzweiflung.
Jesus sagt:
Ich bin das Licht.
Jesus bringt vielen Verzweifelten Trost. Er macht Hoffnung, daß Leben einen Sinn hat. Er bringt Farbe in unser Leben.
Jesus sagt:
Ich bin das Leben.
Er begegnet den Menschen mit den Augen der Liebe.

Er spielt uns den Ball zu, sein Leben weiterzuführen.
Fängst du ihn auf?

Oder ein Gebet:

Heute möchte ich vor dem Essen beten.
Dabei mache ich das gar nicht gerne.

Es kommt mir seltsam vor, wenn wir ausgerechnet
vor dem Essen immer daran denken,
wie gut es uns geht
und wie schlecht es anderen geht.
Vielleicht ist das ein Grund,
warum mir beten oft schwerfällt:
weil ich lieber bei mir bleiben will
als von mir weggehen.
weil ich nicht denken will, was wichtig wäre.
Ich will wach werden. Darum bitte ich heute.

● *Schreib-Kommunikation:*

Die Schreibkommunikation kann in Zweiergruppen oder auch in einer Gruppe von vier bis sechs Teilnehmern gemacht werden. Für Kinder ist es zu zweit zunächst sicherlich leichter.

Die Personen sitzen um einen Tisch herum. Auf dem Tisch liegt ein Papier, in der Mitte steht eine Frage, eine These oder ein Wort.

Jeder kann an seinem Platz anfangen aufzuschreiben, was ihm einfällt: Worte, Fragen, Behauptungen usw. Das Papier wird immer wieder weitergedreht, so daß jeder das Geschriebene der anderen vor sich hat. Man darf ergänzen, Fragezeichen machen, unterstreichen, widersprechen – ein schweigendes Gespräch führen.

Nach einiger Zeit (ca. 20 Minuten) wird die Schreibkommunikation abgebrochen und es wird weiter über das Thema gesprochen.

Mögliche Themen:

Wie stellen wir uns Kirche vor?
Was wünschen wir uns noch für die Freizeit?
Was ist wichtig im Leben?

Eine andere Form der Schreibkommunikation:

Jeder Teilnehmer (bis ca. 15) kann auf einem Zettel eine Frage aufschreiben, die ihn bewegt. (Es wird nicht dazugeschrieben, wer die Frage stellt.)

Z. B.: – Was für ein Gefühl habt ihr jetzt gerade?
– Wovor habt ihr Angst?
– Was hilft dir, ohne Maske zu leben?

Die Zettel werden nun weitergegeben. Jeder, der zu einer Frage etwas schreiben möchte, hält den Zettel auf und schreibt seine Gedanken dazu. Zum Schluß kann über einzelne Themen gesprochen werden.

Diese Methode braucht ziemlich viel Zeit, weil ja unterschiedliche Fragen gestellt werden. Das Thema kann im voraus auch eingegrenzt werden, z. B. Fragen zum Zusammenleben in der Freizeit oder Fragen zum Heimgehen.

● *Themen-Spaziergang:*

Kleine Gruppen machen miteinander einen Spaziergang und sprechen dabei über ein Thema.

Z. B.: Woher bekomme ich Sinn?
       Was ist mir wichtig in meinem Leben?
       Was halte ich vom Frieden?

● *Gebete:*

Auf Zettel werden Gedanken aufgeschrieben:
   Worum möchte ich bitten?
   Wofür möchte ich danken?
   Die Gedanken werden eingesammelt und vorgelesen.

● *Einen Brief schreiben oder beantworten:*

Dazu gibt es verschiedene Möglichkeiten.
- Einer schreibt einen Brief mit einem Gedanken oder einer Frage, die ihm wichtig ist.
  Ein anderer schreibt dazu einen Antwortbrief.
  Schreiber und Beantworter brauchen nicht bekannt zu sein.
- Ein Brief wird vorgegeben, z. B. der Brief eines Schülers an einen älteren Freund, der Brief handelt z. B. von Angst vor der Zukunft.
  Eine Gruppe schreibt einen Antwortbrief.

● *Meditation über Zeichen:*

Wie Brot ist es, wenn ...
Wie Wein ist es, wenn ...

2.3.3 Texte – Bilder – Musik

● *Tonbild:*

Eine Gruppe macht sich zu einem Thema Gedanken und versucht, sie in einen Text zu bringen.

Dazu werden Bilder gesucht oder hergestellt (Dias, Fotos, Pergamentdias), die den Text illustrieren und verdeutlichen.

Der Text wird auf ein Tonband gesprochen. Die Zusammenstellung von Bild und Text wird dann den anderen vorgeführt. Je nach Thema kann das Tonbild als Einstieg zu einem Gespräch verwandt werden.

● *Schauen – hören – schreiben:*

Es wird eine Schallplatte gehört, z. B. »Jesus Christ Superstar«.

Dazu werden Dias gezeigt von verschiedenen Kreuzwegbildern.

Jeder Teilnehmer hat vor sich Zettel und Filzschreiber. Wenn ihm ein Gedanke zu Musik und Bild kommt, schreibt er ihn auf einen Zettel: Fragen, Sätze, Worte ...

Der Zettel wird in ein Episkop gelegt und auf das projizierte Dia geworfen.

Dadurch entsteht ein schweigendes Gespräch auf dem Hintergrund von Bildern. Der einzelne bleibt anonym, aber er kann sich auf alle Fragen einlassen *(W. Kleiser)*.

● *Werkstatt:*

Zu einem Thema, Gedanken oder Schrifttext wird eine Werkstatt gestaltet.

Werkstatt meint: In einem Raum wird zum gleichen Thema mit verschiedenen Methoden gearbeitet.

Z. B.:
Wortleiter
Dias-Geschichte
Texte machen
Bilderwand
usw.

Zunächst werden die verschiedenen Methoden vorgestellt, so daß sich jeder Teilnehmer entscheiden kann, womit er zunächst beginnen will.

Während der Werkstatt sollte es möglichst ruhig sein, damit jeder sich in seinen Gedanken vertiefen kann, um ihn ausdrücken zu können. Musik kann helfen, sich zu konzentrieren.

Alle Teilnehmer sind im gleichen Raum und arbeiten an verschiedenen Tischen. Die Methoden können vom einzelnen auch gewechselt werden.

Eine Werkstatt kann z. B. ein Teil eines Wortgottesdienstes sein.

Zeit: ein bis drei Stunden.

2.3.4 Spiele zu Vertrauen

(vgl. Spielauswertung S. 217)

● *Im Dunkeln gehen:*

Der Raum muß fast leer sein. Alle schließen die Augen und gehen langsam im Raum umher.

Spielregel: Es soll niemand erschreckt werden.

Evtl. auch: möglichst wenig andere berühren.

Evtl. später: einen anderen durch Betasten erkennen.

Auswertung:

Welche Gefühle hatte ich? Welche Ängste sind entstanden? Welche Erinnerungen sind geweckt worden? Wie habe ich die anderen wahrgenommen? Kenne ich ähnliche Situationen in meinem Leben? Welche Umgebung brauche ich, um dieses Spiel machen zu können? Welche Rolle spielt die Spielregel/ Abmachung in diesem Spiel (bei ähnlichen Situationen)? Was wäre ohne Absprache?

● *Führen und geführt werden:*
Zwei Teilnehmer spielen zusammen. Es kann zuerst im Raum, dann auch draußen gespielt werden.
Einer hält die Augen geschlossen, der andere führt ihn an der Hand oder an der Schulter.
Spielregel:
Möglichst niemanden erschrecken, niemanden anrennen.
Nach fünf Minuten spätestens wechseln die Rollen.
Auswertung wie oben.
Ziel beider Spiele: Was ist Vertrauen? Wann brauche ich Vertrauen? Wem kann ich Vertrauen schenken? Welche Voraussetzungen sind dazu nötig?

2.3.5 Feste feiern

Jedes richtige Fest hat eine religiöse Dimension: es hängt mit Gedächtnis zusammen, drückt Zustimmung zum Leben aus und ist der Hoffnung und Zukunft zugewandt. Es hat mit Begegnung zu tun und mit Geschenk im Sinne von beschenkt werden und sich schenken. Deshalb werden einige Gedanken zum Fest an dieser Stelle eingeordnet.

Es ist heute eine ziemliche Unfähigkeit und Hilflosigkeit zu beobachten, festliche Situationen zu gestalten und zu bewältigen: Anonymität, Distanz, oberflächliche Gespräche, Konsumhaltung, Lärm, Passivität und Überfluß verhindern ein Fest.

Bei vielen Menschen – gerade bei Jugendlichen – ist die Sehnsucht nach Begegnung, Tiefe und echten Festen spürbar. Sie meinen, es müßte sich einfach ereignen, man könne oder dürfe nichts dazu tun. Sicher lassen sich Begegnung und festliche Stimmung nicht erzwingen, aber es gibt einige Bedingungen, die beachtet werden müssen, wenn ein Fest möglich werden soll.

Ein Fest entsteht nur, wenn einer sich *einläßt*, sich *losläßt:* man muß sich den Menschen und dem Augenblick stellen. Insofern braucht das Fest das Einverständnis, das *Ja-sagen* aller Beteiligten. Das ist ein Gegensatz zu dem »ich gehe halt mal hin« oder »mal schauen, wie es wird«. Das Fest braucht Einsatz und »Anstrengung«.

Das Fest lebt von der *Gemeinsamkeit*. Es geht nicht um die Erfüllung egoistischer Bedürfnisse und um individuelle Freude; man muß sich hineingeben und einbringen. Insofern ist im Fest ein Moment des sich *Auslieferns* enthalten. Deshalb braucht festliches Zusammensein Vertrauen und Sicherheit und einen Rahmen, in dem der einzelne es wagen kann, sich so zu zeigen, wie er ist.

In der Unfähigkeit, diesen Rahmen zu gestalten und die nötige Sicherheit zu vermitteln, liegt vielleicht ein wesentlicher Grund für die Schwierigkeit, Feste zu feiern. Denn wo diese Sicherheit fehlt, hält sich der einzelne fest (am Bekannten und an den Bekannten), und das hindert ihn, sich loszulassen und einzulassen. Er bleibt kontrolliert. Und das erschwert Erfahrung.

Die Freizeit kann ein sehr guter Raum sein, um festliche Erfahrungen zu machen: es besteht Vertrauen, es ist Zeit da, neue Erfahrungen machen aufgeschlossen und mutig, sich mehr als sonst einzubringen und zu riskieren.

● Manchmal ergibt sich ein Fest oder eine festliche Stimmung ganz von selbst aus einem bestimmten Ereignis oder einem Erlebnis heraus. Es sind Momente, in denen Zugehörigkeit spürbar wird, in denen der einzelne merkt, daß er sich in die Gruppe fallenlassen kann, in denen er ›aus sich heraus‹ kann. Das sind wichtige Augenblicke, die sicher nicht geplant werden können.

● Feste können auch in bestimmten Situationen spontan entstehen, wenn nur einer einen Augenblick herausgreift und der Gruppe ›zum Spiel‹ gibt:

Z. B.: Ein Windfest feiern mit Kindern: mit dem Wind spielen, Windsprünge erfinden, Papiervögel fliegen lassen, sich in den Wind legen usw.

Ein Putzfest feiern: Eine Spielhandlung wird erfunden, z. B. (bei Kindern) die Hochzeit der Prinzessin auf der Erbse wird vorbereitet. Alle ziehen Zettel, auf denen Rollen/Aufgaben beschrieben stehen, die neben Arbeit auch noch andere lustige Beigaben fordern.

Nach dem Putzen wird die Hochzeit bei Spiel, Tanz und Essen weiter gefeiert.

● Manchmal wächst ein Fest erst mit der Zeit. Auch solche Feste sind wichtig bei der Freizeit, weil sie dazu beitragen können, daß die Teilnehmer lernen, wie man Feste feiern kann, wie Ideen entstehen und entwickelt werden und wie das Gelingen eines Festes durch Vorbereitung unterstützt werden kann. Gerade bei Jugendlichen ist diese Erfahrung sehr wichtig, sie haben oft hohe Hemmschwellen gegenüber vorbereiteten Festen. Zum einen haben sie zuwenig Erfahrungen damit und zum andern haben sie Angst, durch die Vorbereitung schon früh ihre Distanz aufgeben zu müssen.

Ein solches Fest kann so entstehen:

Eine Idee kommt auf. Man lebt einige Zeit mit der Idee, es wird daran ›herumgesponnen‹, sie wird weiterentwickelt.

Z. B.: Ein Teilnehmer hat Geburtstag.
> Die anderen möchten auch gerne Geburtstag haben. Also wird beschlossen, den Geburtstag aller zu feiern.
> Eine Wandzeitung wird aufgehängt, alle sammeln Ideen.
> Einer fängt einen Wunschzettel an mit »Wünsche, die bei der Freizeit erfüllt werden können«, usw.
> Wenn die konkrete Festvorbereitung beginnt, sind schon Ideen da, die Erwartung ist größer.

Was kann man feiern? Alles, was einem einfällt.

Z. B.: Wir sind eine 14-Tage-Gruppe.
> Erzählfest.
> Wir feiern unsere Zukunft.
> Regenfest.

Ideen zu ›Geburtstag – Fest unseres Lebens‹

– Mit Linol/Schnur/oder Kartoffeldruck werden Kalender gedruckt. Jeder Teilnehmer bekommt einen zum Mitnehmen. Alle tragen ihre Namen und Geburtstage ein.
– In Gruppen werden Erinnerungen an bisherige Geburtstage erzählt oder gemalt.
– Wandzeitungen: Was fällt mir ein, wenn ich an Geburtstag denke.
– Jeder sucht sich ein Bild aus, das ihn an den Geburtstag erinnert. Es entsteht eine Geburtstagsbilderwand, über die auch gesprochen werden kann.
– Wunschzettel schreiben an sich selbst und an andere.
– Gedichte machen für einen anderen.

Ideen zum Abschiedsfest

– Jeder zieht den Namen eines anderen Teilnehmers und schreibt ihm einen Brief: Was mir an dir gefällt ...
Oder: Alle sitzen zusammen im Kreis. Jeder schreibt auf ein Blatt seinen Namen und gibt es im Kreis herum. Jeder, der möchte,

Geburtstagskalender

darf auf das Blatt etwas schreiben, was ihm an demjenigen gefällt.

> Es ist wichtig, auch einmal darauf aufmerksam gemacht zu werden, was ich an einem anderen Menschen gut finde, bzw. einen Anstoß dazu zu bekommen, mir das zu überlegen. Und demjenigen, der diese Nachrichten anderer über sich selbst bekommt, kann das Mut machen und weiterhelfen.
>
> Diese ›Methode‹ ist für beide Beteiligten erfahrungsreich: für den, der mitteilt, was ihm am anderen gefällt, und für den, der diese Mitteilung erhält.

- Als Eintritt zum Fest schreibt jeder fünf Worte oder Sätze auf ein Plakat: Was mir bei der Freizeit gefallen hat, was mir nicht gefallen hat.
- Trödelmarkt: Es werden Adressen ausgetauscht, Worte weiter-

gegeben, Bilder verschenkt, wichtige Erinnerungen ausgetauscht usw.
- Jeder zieht den Namen eines Teilnehmers, er sucht für diesen ein Bild heraus und schenkt es ihm.
- Schreibkommunikation (alle zusammen auf einem Blatt oder lauter einzelne Zettel, vgl. S. 143).

Nach Hause gehen.

2.4 Zusammenfassung

Ebenso wichtig wie diese Überlegungen zur religiösen Erziehung in der Freizeit ist für das Glaubenlernen der Kinder und Jugendlichen die Person der Gruppenleiter. Glauben kann nur dann ›vermittelt‹ werden, wenn sie selbst Glaubende sind oder auf der Suche nach dem Glauben sind, wenn sie nach Sinn fragen, sich an Jesus orientieren, Begegnungen riskieren und es wagen, die Frage nach Gott immer neu zu stellen. Denn Kindern und Jugendlichen gelten Glaubensinhalte nur soviel wie die Personen, die sie vertreten.

2.5 ▶ Betr.: Leitungsteam

● *Fragen zur eigenen Situation:*
Einzelarbeit
Austausch und Gespräch
- Welche Gedanken, Assoziationen, Worte, Erlebnisse fallen mir ein, wenn ich höre
  Kirche – Glauben – Gott – Jesus Christus – Gebet
- Welche Erfahrungen habe ich gemacht mit ›Kirche‹?
  Was/wer ist für mich Kirche?
  Was alles spielt hinein in diese Einstellung?
  Was hat mich stark beeinflußt?
- An welche Menschen erinnere ich mich, die mir ein Bild/Vorstellung von Kirche vermittelt haben?
- Welche religiöse Erziehung habe ich in meiner Familie erfahren? Welche

Erinnerungen fallen mir ein? Wie ist/war das Klima unseres Zusammenlebens?
- Welches sind Aussagen/Inhalte/Forderungen des christlichen Glaubens, die
  - ich akzeptiere, gut finde, weitergeben will;
  - ich ablehne, in Frage stelle, nicht weitergeben will, denen ich aus dem Weg gehe;
  - die mir Schwierigkeiten machen, mich beschäftigen.
- Wie ist meine augenblickliche Einstellung zu Jesus Christus, Gott, Kirche?
  - abgeschlossen, abgelegt, fertig
  - aufnahmebereit, offen
  - fester unerschütterlicher Glaube
  - Suche.
- Was verstehe ich unter religiöser Erziehung?
  Wie könnte/müßte sie meiner Meinung nach aussehen – auch in der Freizeit?

● *Bilder aussuchen:*

Jeder sucht für sich ein Bild, das etwas von dem ausdrückt, was er unter *religiöser Erziehung* versteht.
Jeder stellt sein Bild vor.
Gespräch und Erfahrungsaustausch.
Formulieren von Zielen für religiöse Erziehung.

● *Steckbrief:*

In mindestens zwei Gruppen wird je ein Steckbrief hergestellt, wobei die beiden Gruppen nur das eigene Thema kennen.
1. Thema: Wie wir uns einen Christen vorstellen.
2. Thema: Christen, die keine sind.

● *Karten ordnen:*

Auf viele Karten ist jeweils ein Begriff geschrieben. Z. B.: Mut, Gerechtigkeit, sich in andere einfühlen, verzeihen können, Feindesliebe, sich streiten, sich durchsetzen, Gottesdienst besuchen, beten usw. Diese Begriffe können auch in einem Brain-Storming der Gruppe gewonnen werden.
Bei größeren Gruppen werden die Karten mehrfach hergestellt. Je zwei bis vier Teilnehmer versuchen, die Karten nach Wichtigkeit in eine Ordnung zu bringen.
Das Thema heißt:
Eigenschaften eines Christen.
Die verschiedenen Gruppen stellen sich ihre Reihen vor und begründen sie.
Im Anschluß an dieses Gespräch kann über religiöse Erziehung in der Freizeit gesprochen werden.

● *Lebens-profil:*

Jeder Teilnehmer malt einen Kreis auf ein Papier. Er versucht nun, den Kreis aufzuteilen in verschieden große Segmente:

Welche Tätigkeiten (mit wieviel Zeit/Raum) machen mein Leben aus?

Anschließend wird miteinander überlegt, welche der Kreisteile viel oder wenig oder nichts mit Religion und Glauben zu tun haben.

Der Einfachheit halber kann auch jeder (ohne Kreiseinteilung) aufschreiben, was er alles zu tun hat, usw.

Eine andere Frage kann ähnlich angegangen werden: Aus welchen ›Teilen‹ setzt sich bei mir Christsein zusammen?

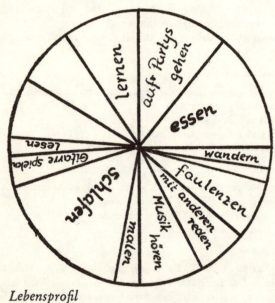

Lebensprofil

Literatur

Achtnich, E. u. a.: Glauben in der Kindergruppe.
 Zur religiösen Sozialisation von Kindern und Leitern, Reihe 8–13.
 Gelnhausen/Freiburg 1977.
 Hinweis: In diesem (auch preislich günstigen) Band werden Fragen und Denkanstöße zur religiösen Lebensgeschichte von Gruppenleitern und Kindern aufgeworfen und viele Bausteine für Gruppenstunden zusammen-

gestellt: Gespräche, Spiele, Basteln usw. Das Buch ist verständlich und anregend geschrieben.

Mennig, H. u. a.: Verkündigung in der Jugendarbeit.
Berichte – Kommentare – Praxisimpulse.
Gelnhausen/Freiburg 1975.

Der *TIP 9,* Thema Religion. Modelle religiöser Arbeit
für Jugendstufe und Junge Erwachsene.
Hrsg.: Bundesstelle KJG Düsseldorf.

Longardt, W.: Spielbuch Religion.
Für den Umgang mit fünf- bis zwölfjährigen Kindern.
80 Ideen, Praxisvorschläge und Werkstattskizzen.
Mit Schallplatte und Modellbogen.
Zürich: Benziger 1977².

Betz, O.: Gruppendynamische Ansätze, das Lieben zu lernen;
in Katechetische Blätter 2/1973, München.

Pluskwa, M. u. a.: Jugend – Frei – Zeit.
Elemente aus einem Freizeitpädagogischen Tätigkeitsbereich.
Jugendpfarramt des Kirchenkreises Lübeck, Königstraße 23, 1977.

Braun/Knoop/Niggemeyer/Walter: Religiöse Erziehung in Kinder- und Jugendgruppen.
Deutsche Pfadfinderschaft St. Georg.
Elemente 9.

Trautwein, D.: Mut zum Fest.
Entdeckungen, Anstöße, Beispiele für Familien, Gruppen und Gemeinden.
München: Kaiser 1975.

Cox, Harvey: Das Fest der Narren.
Das Gelächter ist der Hoffnung letzte Waffe.
Stuttgart: Kreuz-Verlag 1972⁴.

3. Lernen von Selbst- und Mitbestimmung — Politische Erziehung —

3.1 Politisch leben

›Politisch leben‹ ist ein Begriff, der eine *Richtung* angibt, eine Entwicklung, die nie abgeschlossen wird. Politisch sein kann ich nur in Verbindung mit einer Vorstellung vom Menschen und einer sich daraus ergebenden Vorstellung von Gesellschaft.

Kurz zusammengefaßt heißt die Vorstellung vom Menschen, auf die sich auch die folgenden Ausführungen beziehen:
Ziel des Menschen ist wachsende Autonomie und Freiheit unter Berücksichtigung seiner Sozialität und Interdependenz. Sozialität und Interdependenz meinen nicht nur die Bezogenheit auf das einzelne Du oder die Gruppe, in der ich lebe, sondern das Eingebundensein in die ganze Gesellschaft.

Ein politischer Mensch ist einer,
– der sich seiner selbst bewußt wird und seines Gewordenseins in einer konkreten Umgebung, Zeit und Geschichte;
– der sich als soziales Wesen versteht, d. h. sein Leben in Zusammenhang und Verbindung stehend mit dem Leben anderer weiß und reflektiert;
– der sich der realen Gegebenheiten, Bedingungen und Zusammenhänge seiner Umwelt und Welt bewußt wird und seiner eigenen Abhängigkeiten;
– der sich als Mensch begreift mit der Verantwortung für die Gestaltung und Veränderung dieser Gegebenheiten in Richtung auf mehr Freiheit und Autonomie für alle Menschen.
– der als Weg dahin neben dem individuellen Einsatz auch die Notwendigkeit solidarischen Handelns kennt.
Ein politischer Mensch ist ein genkender, sich an Werten orientierender und handelnder Mensch.

3.2 Hindernisse für politisches Lernen

Der verbalen Betonung der Notwendigkeit politischer Erziehung von Kindern und Jugendlichen in Gesellschaft und Schule (z. B. in Bildungsplänen) stehen konkrete Bedingungen dieser Erziehung gegenüber (vgl. Situation von Kindern und Jugendlichen).
– Es wird fast ausschließlich zu individueller Leistung erzogen (vgl. bisherige Aussagen).
– Lernen ist vor allem Vermittlung von Information. Der Lernende wird auf »Behalten« hin erzogen und zuwenig auf Verarbeiten, Auseinandersetzen, Bewußtsein und Kritikfähigkeit.
– Die Vielfalt und Verflochtenheit der Geschehnisse, Unternehmun-

gen, Entscheidungen, Machtkämpfe und der wirtschaftlichen Bedingungen im eigenen Land und in der Welt sind derart undurchsichtig und kompliziert, daß der einzelne nicht fähig ist, Zusammenhänge zu erkennen und Probleme zu durchschauen. Dazu kommt die totale Manipulierbarkeit von Meinungen und Informationen, so daß bei vielen eine tiefe Resignation gegenüber der Unglaubwürdigkeit von Menschen und Politik eingetreten ist. Das verhindert Mitentscheidung und Mitverantwortung.

– Die Freizeit wird zunehmend zur Kompensation für Frustrationen im Arbeitsbereich. In der Arbeit werden Ohnmacht und Ausgeliefertsein erlebt. Im Freizeitbereich wird fest ein ›Allmachtsgefühl‹ vermittelt: alles ist kaufbar, Haben ist Trumpf, Genuß ist Leitziel.

Diese anscheinende Freiheit wird zur noch größeren Abhängigkeit und führt zur Verstärkung der im Schul- und Arbeitsbereich genannten Defizite: Leistungsfixiertheit, Konkurrenzdenken, Kampf um Position, Passivität, Kritiklosigkeit, Privatisierung, Anonymität usw.

3.3 Ansatzpunkte für politische Erziehung bei der Freizeit

Eine Freizeit kann Kinder und Jugendliche sicher nicht dazu befähigen, sich von da an selbständig und aktiv mit der eigenen Lebenssituation und der anderer auseinanderzusetzen und die Wirklichkeit in ihrer Verflochtenheit wahrzunehmen, wie sie ist.

Dazu sind ja auch die Leiter selbst nicht in der Lage; sie leiden an denselben Unfähigkeiten, Defiziten und Ängsten wie die Teilnehmer. Man sollte sich deshalb vor zu hohen Zielen und Schlagworten hüten.

Die Freizeit bietet jedoch für Leiter und Teilnehmer die Chance, *diese* Zeit und das Zusammenleben in dieser Zeit bewußter wahrzunehmen, Abhängigkeiten und Bedingungen zu erkennen und miteinander Möglichkeiten der Gestaltung und Veränderung während der Freizeit zu finden. Denn politisches Handeln realisiert sich in konkreten Situationen. Dabei können Fähigkeiten entwickelt werden, die Wahrnehmungsfähigkeit und Bewußtsein erweitern und eine größere Handlungskompetenz auch für das Leben nach der Freizeit bewirken.

Z. B. können Jugendliche entdecken,
- daß Zärtlichkeit schöner ist als Brutalität;
- daß Zusammenarbeit mehr Spaß und evtl. auch Erfolg bringt als Einzelwettbewerb;
- daß Spiele auch einen Kommunikations- und nicht nur einen Leistungsaspekt (gewinnen – verlieren) haben;
- daß Teilen von Anerkennung nicht bedeutet weniger Anerkennung für mich;
- daß Selbstbestimmung nicht nur ›Lust haben‹ meint; usw.

Das sind Erfahrungen, die politisches Gewicht haben, weil sie Einstellungen, Haltungen und Handeln verändern können.

Das bedeutet, daß während der Freizeit die im Alltag üblichen Werte und Maßstäbe reflektiert und die Erfahrungen der Freizeit auf ihre Umsetzbarkeit in alltägliche Situationen geprüft werden müssen. Sonst bleibt die Freizeit eine Sondersituation ohne Auswirkung auf das Leben.

Es werden nun im folgenden Teil einige Ansätze beschrieben und Programme entwickelt, die politisches Denken und Bewußtsein entwickeln und fördern und die Freizeit zu einem Erfahrungsraum für mehr selbstbestimmtes Leben machen können.

3.4 Ansätze und Programme

3.4.1 *Sich selbst als Verursacher erleben*

- Weil vieles von dem, was wir tun, uns von anderen aufgetragen und der Weg der Lösung vorgegeben wird,
- weil der Maßstab für die Bewertung unseres Tuns von außen gesetzt wird;
- weil wir wenig Gelegenheit haben, uns selbst als wichtig zu erfahren für das Gelingen und den Ablauf einer Sache,
- weil ständig etwas mit uns geschieht,

sind wir unfähig,

- uns selbst zu bewerten,
- uns als ›Verursacher‹ für Geschehnisse zu erkennen
- uns als Verursacher für Veränderung vorzustellen,

- die eigene Rolle als entscheidend zu erleben oder die eigene Wirkung wahrzunehmen,
- Verantwortung für uns und andere und für Situationen zu übernehmen.

Diese Fähigkeiten sind aber nötig, um ein ›politisch mündiger‹ Mensch zu werden.

Ziel in der Freizeit:
Sich selbst als Verursacher erleben und sich selbst bewerten lernen. (vgl. *de Charms*, Funkkolleg Pädagogische Psychologie)

3.4.1.1 Möglichkeiten eines ›Selbstverursacher-Trainings‹

- *Als Gruppenleiter Modell für Selbstbeurteilung und Selbstbekräftigung sein:*

Das kann bedeuten: Ich zeige Freude über etwas, was mir gelungen ist; ich beurteile mein eigenes Tun: was ist mir gut gelungen, was ist nicht gut gelungen, was hat mitgespielt, daß es so geworden ist; ich begründe meine Beurteilungen; ich zeige, daß ich manchmal Freude an mir habe, usw.

- *Den einzelnen zum Thema machen:*

Auswahl von Tagesgedanken (vgl. S. 162), die zum Nachdenken und Sich-seiner-selbst-bewußt-Werden anregen. Z. B.: ich kann streiten und mich versöhnen – ich lebe – ich kann denken – was können meine Hände – welchen Wunsch habe ich an mich selbst? – usw.

Gespräche oder malen: was traue ich mir zu, was traue ich mir nicht zu? Welche Erfahrungen habe ich bisher mit diesen Dingen? Wie können wir unsere Fähigkeiten ergänzen oder uns helfen, neue auszubilden?

- *Verhaltensketten ausdenken:*

Wie wirkt mein Verhalten auf andere?
Wie wirkt das Verhalten anderer auf mich?

Die folgenden Beispiele können entweder erzählt und besprochen oder auch in Rollenspielen dargestellt werden:

Beispiel:
Ausgangssituation: Einem Jungen wird zu Hause immer gesagt: Du taugst nichts, deine Schwester ist viel schneller!

Wie kann die Geschichte weitergehen? Was kann z. B. geschehen, wenn der Junge in die Schule kommt?

Z. B.: – er beteiligt sich nicht am Unterricht, weil er denkt, er könne nichts beitragen,
– der Lehrer findet ihn langsam und uninteressant,
– der Junge spürt diese Meinung, und er wird darin bestärkt, sich selbst negativ einzuschätzen,
usw.

Beispiel:
Kinder spielen Verstecken.
Ein Kind kommt dazu und will mitspielen.
Wie kann das weitergehen? Ganz verschiedene Variationen sollen ausgedacht oder gespielt werden.

Auswertung:
Welche Spielvariation hat welche Auswirkung?
Welches Verhalten hat eventuell welche weitreichenden Folgen?

● *Übungen und Spiele zur Selbstwahrnehmung:*

Briefe an sich selbst schreiben: was erlebe ich, wie erlebe ich etwas, wie möchte ich gerne sein, wovor habe ich Angst, wen möchte ich als Freund.
Gespräch über solche Fragen.

● *Ein Ich-Buch schreiben:*

Ein Ich-Buch ist wie ein Tagebuch. Es wird während der ganzen Freizeit geführt und kann gestaltet werden, wie jeder es will: eigene Gedanken, Tagesgedanken, Planungen für die Zeit nach der Freizeit, Wünsche für mein Leben, Ziele usw. Anregungen zur Gestaltung und zum Inhalt eines solchen Buches müßten von den Gruppenleitern gegeben werden, denn viele sind nicht gewohnt, über sich selbst nachzudenken bzw. zu schreiben. Auch die Gruppenleiter sollten dann für sich ein solches Buch führen, damit sie sich selbst dabei erleben und mit andern darüber sprechen können.

In ähnlicher Art kann auch ein *Freizeitbuch* der gesamten Gruppe geschrieben werden: jeder, der gerade mag, kann etwas hineinschreiben, -malen oder -kleben (mit oder ohne Namensangabe). Diese schriftliche Art der Kommunikation kann für manche zunächst leichter sein als eine mündliche.

● *Mit Ich-bezogenen Fällen arbeiten:*

Das kann im Rollenspiel geschehen, aber auch in Form von Gedankenspielen, z. B. beim Spazierengehen:

> Du hast Geburtstag. Du darfst dir etwas wünschen, was gar kein Geld kostet. Was wünschst du dir?
>
> Du stehst vor einem breiten Bach. Er ist ca. 30 cm tief. 300 m weiter oben ist eine Brücke. Was tust du und warum?
>
> Du gehst durch die Stadt. Da kommt jemand auf dich zu und sagt: dich habe ich neulich gesehen, wie du dich mit jemand gestritten hast. (oder...) Wie reagierst du?
>
> Du kannst dich mit einem Schlag verändern. Wie machst du dich?

● *Wunschtraum und ›Ich-mag-mich‹-Runden:*

Hier handelt es sich um Themen, die nicht direkt im Programm auftauchen, sondern besser bei Gelegenheit aufgegriffen werden sollten. Voraussetzung dafür ist, daß die Teilnehmer schon Interesse aneinander gewonnen haben.

Was wünsche ich mir am meisten? Wann gefalle ich mir gut? Wann mag ich mich?

Welches Gefühl habe ich, wenn ich darüber nachdenke und spreche? Darf ›man‹ sich mögen?

Collage: Wie möchte ich sein? (Einzelarbeit)

Steckbrief: So bin ich, so sehe ich mich. (Einzelarbeit)

Collagen und Steckbriefe können dann mit anderen besprochen werden. Es sollte allerdings dazu kein Zwang bestehen.

Alle diese Themen können nur freiwillig angeboten werden, und der einzelne muß sich zurückziehen können, wenn er es braucht.

Auch die *Nachbesprechung* kann dazu beitragen, daß die Teilnehmer lernen, stolz auf sich zu sein und sich zu mögen: Was ist mir (uns) gut gelungen? Welche Fortschritte haben wir gemacht? Was hat alles mitgespielt, daß es gut geworden ist?

Pantomimische Nachbesprechung: Jeder darf ohne Worte darstellen, was er heute besonders gut fand.

● *Sich als Spielball behandeln* (Rollenspiele mit auswertendem Gespräch), z. B.:

> Ein Leiter bittet die Kinder oder Jugendlichen zwei Szenen mitzuspielen, ohne daß sie wissen, was kommt.
>
> Beispiel:
>
> Gruppenstunde: Es wird gebastelt. Der Leiter sagt vorher nicht, was

herauskommen soll, er sagt jeden Schritt und geht weiter, wenn alle soweit sind. Als alle fertig sind, sagt der Leiter: ›Das ist alles Quatsch‹, und wirft die Sachen in den Papierkorb.

Der Leiter sagt: ›Wir spielen Theater für einen bunten Abend.‹ Es wird geprobt. Nachher sagt er: ›Jetzt habe ich keine Lust mehr, wir machen beim bunten Abend nicht mit.‹

Diese Szenen werden ausgewertet: Wie fühlt man sich, wenn man als ›Spielball‹ behandelt wird (einer macht mit einem, was er will, man hat keinen Einfluß). Welche Reaktionen sind möglich? Welche Verhaltensweisen werden da geprägt?

Gibt es solche Situationen in unserm Leben? Wie reagieren wir? Wie könnten wir anders reagieren? Behandeln wir auch andere als Spielball? In welchen Situationen?

Die Szenen können mit verschiedenen Lösungen gespielt und die unterschiedlichen Reaktionen besprochen werden. Die Gruppe kann selbst solche Fälle erfinden und weiterspielen, auch Szenen aus ihrem täglichen Leben können verwendet werden.

● *Über bestimmte Zeiten selbst entscheiden:*

Z. B.: Es wird ein *Selbstbestimmungstag* oder eine bestimmte Zeit täglich eingerichtet, in der jeder tun kann, was er will. (Es muß allerdings geklärt sein, was nicht erlaubt ist: z. B. allein baden gehen usw.) Die Teilnehmer sollen selbst überlegen, was sie tun wollen, sollen andere für Projekte werben, können einander einladen.

Bedingung: Es sollten keine Unternehmungen auf Kosten anderer sein, jeder muß die Chance haben, etwas tun zu können, was ihm Spaß macht.

Es geht hier nicht um solche Zeiten, in denen einfach nichts getan oder gefaulenzt wird, z. B. Pausen. Es ist gemeint, daß eine überschaubare Zeit selbst bestimmt wird (das kann auch Nichts-tun heißen) und daß sich der einzelne klar darüber wird, was er tun will. Dieses Ziel muß bewußtgemacht werden. Es handelt sich dabei eigentlich um eine Übung, die nachbesprochen werden kann:

Fällt es uns schwer/leicht, über Zeit zu entscheiden? Weiß ich immer, was ich will? Was ist das überhaupt: wollen? Fällt mir immer nur dasselbe ein? Womit hängt es zusammen, daß ich gerade das tun will? usw.

● *Regeln aufstellen, ihre Einhaltung beobachten, Regeln verändern:*

Zu Beginn einer Freizeit und während ihres Verlaufs können von den Teilnehmern selbst notwendige Regeln für das Zusammenleben aufgestellt werden. Normalerweise erleben wir Regeln als etwas Vorgegebenes, auch wenn sie manchmal erklärt werden. Regeln »geschehen uns«, wir bleiben passiv.

Wenn die Teilnehmer selbst überlegen, welche *Regelungen* für ein Zusammenleben nötig sind, müssen sie sich mit den Wünschen und Bedürfnissen der verschiedenen Beteiligten auseinandersetzen, lernen Minderheiten zu respektieren, Interessen zu verfechten und Rücksicht zu nehmen.

Solche Regeln können z. B. zu Beginn einer Freizeit in kleinen Gruppen gesammelt werden:

Welche Regeln sind nötig (wünsche ich mir) für

– die Sicherheit jedes einzelnen, seine Gesundheit, das Leben;
– damit es allen gefällt und alle zu ihrem Recht kommen;
– damit die Arbeit unter allen verteilt wird;
– damit das, was wir benützen (Haus, Gegenstände, Bücher...), nicht unnötig Schaden leidet.

Die vereinbarten Regeln werden schriftlich festgehalten und, wenn sie sich als unnötig herausstellen oder nicht mehr ausreichen, verändert. Dabei kann deutlich werden, daß *Regeln für die Menschen* da sind und nicht umgekehrt. Je fähiger die Teilnehmer sind, sich in die Situation der anderen hineinzudenken und sich auch für sie und für den Ort, an dem sie leben, verantwortlich zu fühlen, desto weniger Regeln sind nötig.

Beispiel:
Bei einer Kinderfreizeit haben die Kinder beschlossen, daß es keine Regeln geben soll, wer wann im Haus hilft oder Geschirr wäscht. Jeder soll selbst entscheiden, wann er das tun will. Jeder soll darauf achten, daß nicht einzelne mehr tun müssen als andere. Regeln wurden abgelehnt, weil Einsicht vorhanden war. Da dieses Vorgehen sehr ungewohnt war, ging natürlich nicht alles glatt. Aber durch Gespräche, Beispiele und Auseinandersetzung wurde es möglich, den Vorschlag der Kinder durchzuhalten und dabei bei allen Beteiligten mehr Einsicht zu wecken und mehr Fähigkeiten herauszufordern, als Regelungen es vermocht hätten.

● *Pläne ausarbeiten:*
Beispiel:
Eine Gruppe arbeitet einen Plan aus oder erfindet ein Spiel, wie die Umgebung des Hauses erforscht werden kann.

Beispiel:
Das Haus braucht dringend eine Reinigung. Es wird eine Projektgruppe

eingerichtet, die den Auftrag hat, das Projekt »Reinigung« so zu planen, daß auch Spaß damit verbunden ist.

Beispiel:
Es ist Besuchstag der Eltern. In Gruppen werden Vorschläge ausgearbeitet, wie das Programm dieses Tages aussehen könnte.

Die durchgeführten Aktionen werden anschließend reflektiert, so daß Bedingungen von Erfolg und Mißerfolg, Gelingen oder Mißlingen erkannt werden können.

3.4.1.2 Tagesgedanken

Tagesgedanken können dazu beitragen, sich seiner selbst mehr bewußt zu werden. Durch einen Tagesgedanken können selbstverständliche Dinge, mit denen wir ständig leben, die wir aber kaum wahrnehmen, ins Bewußtsein gehoben werden. Dadurch wird eine neue Beziehung zu ihnen hergestellt.

Beispiele für Tagesgedanken:
- ich kann sprechen
- ich habe Hände
- ich trage eine Maske
- ich kann spielen und habe Phantasie
- ich habe Augen
- ich lebe mit anderen
- ich bin allein
- ich kann mich verbünden
usw.

Tagesgedanken können regelmäßiger Bestandteil eines Freizeitprogrammes sein und zu einem feststehenden Zeitpunkt, z. B. vor Beginn des Morgenprogrammes, vorgestellt werden. Die Regelmäßigkeit trägt dazu bei, daß man mit diesem Gestaltungselement rechnet, sich darauf einläßt und es einbezieht in die eigenen Planungen.

Tagesgedanken können im Blick auf ein bestimmtes Ziel (z. B. Selbstverursachertraining) von den Gruppenleitern ausgewählt werden – aber auch von den Teilnehmern, die Gedanken aufgreifen und vorstellen, die ihnen selbst wichtig sind.

Der Tagesgedanke kann auf verschiedene Weise vorgestellt werden:
- er wird in ein Rollenspiel eingebaut,
- es wird ein Lied zum Thema gemacht,
- es werden Bilder angeschaut oder ausgesucht,

- ein Spiel wird als Aufhänger angeboten,
- ein Rätsel wird aufgegeben.

Auf den Tagesgedanken können auch andere Programmpunkte bezogen werden, z. B. Gespräche, Gebete, gestaltende Aktivitäten. Der Tagesgedanke muß den Erlebnis- und Erfahrungsbereich von Kindern und Jugendlichen treffen. Er soll aufwecken, zu Gespräch und Auseinandersetzung anregen und untereinander in Beziehung bringen.

Das Frühstücksgespräch

Das Frühstücksgespräch ist eine Weiterentwicklung des Tagesgedankens und stammt aus einer Freizeit mit Lehrlingen, Erwachsenen und Kindern. In dieser Freizeit sollte den einzelnen viel Raum für eigene Gestaltung gelassen werden. Die Gruppe war allein im Haus und versorgte sich auch selbst, so daß man an keine festen Zeiten gebunden war. So konnte die Gruppe untereinander Absprachen treffen.

Man einigte sich auf zwei ›Treff-zeiten‹:
- das Frühstück mit dem Frühstücksgespräch (ca. 10 Uhr)
- das Abendessen (ca. 18 Uhr).

Dazwischen lagen verschiedene Unternehmungen einzelner Gruppen. Angebote wurden beim Frühstück besprochen und ausgetauscht.

Das Frühstücksgespräch sollte Ausgangspunkt sein, den Tag bewußt zu beginnen und ihm einen Inhalt/Rahmen zu geben. Es sollte ein zentraler Punkt im Zusammenleben sein. Die Inhalte des Frühstücksgespräches wurden von Teilnehmern und Leitern aus der jeweiligen Situation der Gruppe oder den Interessen einzelner entwickelt. Sie wurden mit verschiedenen Methoden dargeboten.

Z. B.: – Ich lebe und bin geboren: es wurden wichtige Stationen aus dem bisherigen Leben überlegt.
- Das Leben ist wie ein Puzzle-Spiel: Weil in der Freizeitgruppe nächtelang ›gepuzzelt‹ wurde, konnte dieses Spiel Aufhänger zum Nachdenken werden.
- Wir alle tragen Masken: ein Text wurde zum Ausgangspunkt eines Gesprächs ausgesucht.
- Angst: es wurden ›Angstzettel‹ geschrieben und später (zum Ausgang des alten Jahres und zur Begrüßung eines neuen) verbrannt.

Diese Art, den Tag zu beginnen, wurde zu einem beliebten, auch in spätere Freizeiten übernommenen Gestaltungselement.

3.4.2 Mitbestimmung

Mitbestimmung oder Selbstbestimmung ist heute ein Schlagwort und wird von manchen Erziehern mißverstanden als Aufforderung, nicht mehr verantwortlich zu sein und alles laufen zu lassen.

Unter der Berufung auf Freiheit und Demokratie entstehen dann Situationen, in denen ungeübte und unfähige Kinder, Jugendliche und Erwachsene Selbstbestimmung mit Willkür und Abschaffung jeder Ordnung und Rücksicht verwechseln und egoistisch ihre Bedürfnisse befriedigen. Es entstehen Abhängigkeiten und Unterdrückung auf dem Hintergrund von Körperkraft, verbaler Überlegenheit und egoistischem Durchsetzungsvermögen.

Voraussetzung für Mitbestimmung ist eine möglichst hohe emotionale Sicherheit des einzelnen in der Gruppe: Wenn ich weiß, daß ich etwas sagen kann, ohne von den anderen deswegen abgewertet oder verachtet zu werden, kann ich mich eher äußern. Wenn ich fürchte, wegen meiner Meinung Sympathie zu verlieren, behalte ich sie eher für mich (vgl. Wirkung von Gruppe S. 36).

▶ D. h.: Wenn Mitbestimmung erwartet wird, sollte vorher Kennenlernen ermöglicht und dem einzelnen genug Sicherheit vermittelt werden, daß er weiß, er kann sich ohne Ablehnung äußern.

Mitbestimmung geschieht nicht einfach dann, wenn man die Gruppe sich selbst überläßt oder fragt: was wollt ihr machen? Viele Kinder und Jugendliche haben nicht gelernt, ihre eigenen Aktivitäten zu bestimmen, geschweige denn sich abzusprechen mit anderen. Sie tun das immer schon Gewohnte und machen keine neuen Erfahrungen, die ihren Handlungsspielraum erweitern. Oder die Aktiveren schließen sich zusammen und fangen etwas an. Der Abstand zu den »Unaktiveren« vergrößert sich durch deren Unwertgefühl, das sich wiederum dadurch verstärkt, daß sie in eine Zuschauerrolle gedrängt werden.

▶ D. h.: Mitbestimmung braucht Anleitung, Impulse, Rahmen (Formen) und Hilfen zur Reflexion. Zu Beginn wird dies mehr von den Gruppenleitern geleistet werden müssen mit dem Ziel, daß die Teilnehmer immer selbständiger werden.

Auch in Projekten oder Aktivitäten, in denen die Teilnehmer selbst bestimmen, brauchen sie zunächst noch Unterstützung von den Gruppenleitern in Form von Hinweisen, Fragen, Aufmerksam-Machen auf Dinge, die noch nicht überblickt werden.

3.4.2.1 Vorschläge und Formen für Mitbestimmung

● *Ministerien:* (vgl. *U. Hermann* S. 31 f.)

Die Kinder teilen sich nach Interessen auf und bilden ein Ministerium. Innerhalb des Ministeriums werden zusammen mit einem Gruppenleiter selbständig Pläne und Programme (auch für die Gesamtgruppe) erarbeitet.

Beispiel:

– Postministerium:
Lagerstempel herstellen (Linolschnitt oder Kartoffelstempel), Briefkasten aufstellen, Schalterstunden einrichten, Scheckhefte drucken, Morseschrift lernen und einen Telegraf einrichten (Ton- und Lichtzeichen) usw.

Morsealphabet:

(Jede Silbe bedeutet einen Punkt oder einen Strich. Jeder Strich ist eine O-Silbe. Die Kennworte erleichtern das Merken.)

. –	a	Atom	. – –	w	Windmotor
– . . .	b	Bohnensuppe	– . . –	x	ohne Merkwort
– . – .	c	Coburg-Gotha	– . – –	y	Yorker Kohlkopf
– . .	d	Drogerie	– – . .	z	Zornsdorfer-
.	e	Eis			schlacht
. . – .	f	Friedrichsroda	. – – – –	1	
– – .	g	Großmogul	. . – – –	2	
. . . .	h	Hausbesitzer	. . . – –	3	
. .	i	Insel	. . . . –	4	
. – – –	j	jawohl Odol	. . . . .	5	
– . –	k	Klosterhof	–	6	
. – . .	l	Leonidas	– – . . .	7	
– –	m	Motor	– – – . .	8	
– .	n	Norden	– – – – .	9	
– – –	o	o, Otto	– – – – –	0	
. – – .	p	per Motorrad			
– – . –	q	Quolsdorf bei Forst			

Abkürzungen:

– . –	k	kommen/senden
. – .	r	Revolver
. . .	s	Sausewind
–	t	Ton
. . –	u	Uniform
. . . –	v	Verbrennungsstoff

– . –	k	kommen/senden
. . . – / – /	ve	verstanden
. / – . . . /	eb	warten
. – .	r	Empfangsbestätigung

● *Freizeitparlament:*

Jeden Tag treffen sich zu einer bestimmten Zeit Abgeordnete aus jedem Zimmer/Zelt und besprechen den Tag nach und den nächsten vor.

Die Abgeordneten können entweder von der Gruppe für einige Zeit gewählt sein oder jeden Tag wechseln, damit alle Zimmerbewohner einmal drankommen.

Bei kleineren Freizeitgruppen kann das tägliche Parlament auch öffentlich stattfinden. Jeder kann freiwillig teilnehmen.

Alle Probleme und Programme werden auf einer bei Bedarf zusammengerufenen Vollversammlung besprochen.

● *Frühstücksgespräch:* (vgl. S. 163)

In einer Freizeit mit älteren Jugendlichen, in der den einzelnen viel Freiraum zur Gestaltung überlassen bleibt, trifft sich die Gesamtgruppe jeden Morgen zu einem späten Frühstück.

Hier werden auch Probleme angesprochen und Programme und Planungen ausgetauscht.

● *Haus- und Zimmerparlament:*
(aus einer Freizeit für 9–13jährige Kinder, 35 Teilnehmer)

Aufbau der Mitbestimmung:

- Zimmerparlament: 6–8 Bewohner, Treffen täglich
- Hausparlament: 2–3 Gruppenleiter, je ein Abgeordneter aus dem Zimmerparlament
- Vollversammlung: nach Bedarf, bei Fragen, die alle angehen.

Auszug aus einem Bericht:

Am ersten Tag wurden mit den Kindern nur die notwendigsten Bestimmungen besprochen (schwimmen gehen usw.). An diesem Tag und dem Vormittag des nächsten Tages wurde das Programm von den Leitern gestaltet. Ziel war, daß die Kinder sich möglichst schnell kennenlernen, einen Überblick über die vielen Möglichkeiten einer Freizeit bekommen und daß sie merken, daß sie ›viel Freiheit‹ haben. Am Nachmittag des zweiten Tages wurde die Gruppe in den Demokratiegedanken eingeführt: Selbstbestimmung, Mitsprache, Mitdenken, den anderen Anhören, Meinungen respektieren, Kompromisse suchen, sich Ansprechen usw.

Die Kinder griffen die Parlamente sehr begeistert auf. Jedes Zimmer traf sich täglich zur gleichen Zeit im *Zimmerparlament*. Beim ersten Zimmerparlament wurden die Aufgaben von Kindern und dem Leiter gesammelt und bestimmt. Jedes Kind hatte eine farbige Arbeitsmappe. Darin wurden

Tagesordnungspunkte und Protokolle, soweit die Kinder sie herstellen wollten, gesammelt. Ein oder zwei Abgeordnete waren dann abends nach dem Essen bei der *Hausversammlung*. Hier wurde aus den Zimmern berichtet und aus den vielen Kritiken und Vorschlägen das Programm für den nächsten Tag ausgearbeitet. Die Kinder brachten auch schon Vorschläge mit, wer welchen Programmpunkt ausarbeiten könne. Fast alle Programme bei der Freizeit wurden von den Kindern zusammen mit einem Leiter vorbereitet.

Während der 12tägigen Freizeit wurde drei Mal eine Vollversammlung einberufen. Dabei ging es um Beschlüsse, die alle angingen: die gemeinsame Tagesfahrt, die Halbzeitbesprechung, die Nachbesprechung der gesamten Freizeit.

Einige *kritische Gedanken:* Insgesamt war diese Form sehr erfolgreich. Anfangs gab es Schwierigkeiten: Manche der Kinder waren zunächst nicht fähig, eine Meinung oder einen Wunsch zu haben. Manchen war auch die Überlegung ›was will ich tun‹ einfach zu anstrengend. Andere Kinder waren wieder sehr sicher. (Es bestanden zwischen den Kindern auch große Unterschiede, was Herkunft, Bildung, Vorerfahrungen anging.) Erstaunlich war, daß sich auch die anfangs sehr ängstlichen Kinder schließlich in der Vollversammlung zu Wort meldeten und daß eine erstaunliche Sicherheit und Selbstverständlichkeit eintrat, seine Meinung zu äußern.

Zwei bis drei Tage lang, etwa in der Mitte der Freizeit, war eine ›demokratische Flaute‹. Das kam zunächst daher, daß eine geplante Fahrt ausfiel (weil es regnete), wir kein vorbereitetes Programm hatten und meinten, man müsse die Kinder sich vom Mitbestimmen ausruhen lassen. An diesem Tag wurde das Programm ganz von den Leitern gestaltet. Das war falsch. Die Kinder merkten, daß es viel leichter für sie war, wenn wir ihnen etwas boten. Wir, die Leiter, waren außerdem ›müde‹ geworden. Es war für uns natürlich viel anstrengender, alles mit den Kindern zusammen zu erarbeiten, als es selbst anzubieten. Es ist leichter, die Kinder mitzureißen, als sich mit ihnen zusammen durch eine Vorbereitung zu kämpfen und sich selbst zu begeistern.

Es war auch deutlich geworden, daß die Kinder feste Zeiten und Regeln brauchten. Sobald einmal angefangen wurde zu verschieben, hatte niemand mehr Lust.

Abschließende Gedanken: Wir hatten selbst eine wichtige Erfahrung gemacht: Die Kinder haben bei dieser Freizeit weniger – oder anders – gestritten. Es herrschte eine sehr offene Atmosphäre. Schwierigkeiten wurden ohne Hemmungen angesprochen, es wurde viel weniger gepetzt und im Hintergrund geschimpft wie sonst. Die Anordnungen, die von seiten der Gruppenleiter nötig waren, wurden ohne Probleme akzeptiert und auch befolgt (nicht allein schwimmen gehen, nasse Kleidung ausziehen, bestimmte Zeit der Bettruhe usw.). Es gab keine Disziplinschwierigkeiten.

Eine weitere wichtige Erfahrung war: die Kinder konnten viel mehr, als wir ihnen im voraus zugetraut hatten. Sie hatten gute Ideen, gestalteten Programme, machten selbst Tagesgedanken, entwickelten Phantasie und ließen sich ein auf neue Erfahrungen, neue Tätigkeiten und Anregungen. Im Leitungsteam hatten wir auch manche Schwierigkeit zu überwinden: die Arbeit auf diese Weise war sehr anstrengend und fordernd. Jeder hatte zuwenig Zeit für sich selbst und die eigenen Bedürfnisse (Dekanat Freiburg, Sommer 1972).

3.4.2.2 Die Nachbesprechung

Ein wichtiger Teil der Mitbestimmung ist die Reflexion der Gruppe über Erlebnisse und Geschehnisse im Tagesablauf der Freizeit. Die Besprechungen über die Erfahrungen mit dem Gruppenprogramm und den anderen Teilnehmern geben die Kriterien für weitere Planungen und Hilfen für Verhaltensänderung. Die Nachbesprechung kann in allen genannten Formen der Mitbestimmung eingeplant werden.

Die Nachbesprechung hat mehrere Schwerpunkte:
- Das Programm: Wie haben wir das Programm erlebt?
  Welche Wünsche bestehen für weitere Planungen?
  Wie soll etwas angegangen werden? Wer arbeitet mit?
- Der einzelne Teilnehmer: Wie fühlt sich der einzelne?
  Wodurch kommt dieses Gefühl zustande? Wie erlebt er Programm und Gruppe? Was braucht er, was wünscht er sich? Welche Erfahrungen sind für ihn wichtig?
  Wie haben verschiedene Teilnehmer bestimmte Situationen erfahren? Was hilft dem einzelnen beim Mittun, Sich-Einbringen? Was blockiert ihn? Wie nimmt er die anderen wahr?
- Die Gruppe: Wie vollzieht sich das Zusammenleben?
  Wie gehen wir miteinander um? Wie sind die Beziehungen untereinander? Welche Konflikte gibt es? Wie wird mit ihnen umgegangen, wie werden sie gelöst? Welche Verhaltensweisen einzelner erschweren das Zusammenleben, welche fördern es?

In den Besprechungen können die Teilnehmer vor allem lernen, über sich selbst zu sprechen und sich ihrer Gefühle und Verhaltensweisen bewußt zu werden und der Zusammenhänge, warum sie sich so fühlen oder verhalten. Deshalb genügt es nicht – wie es bei vielen Freizeiten üblich ist –, eine ›Meckerrunde‹ einzuführen. Dieser Ausdruck verführt dazu, nur negative Eindrücke zu nennen. Zudem bleibt es meist bei der Benennung und es wird nicht bewußt, warum etwas negativ geworden ist oder so empfunden wird. Dadurch erfährt der einzelne aber keine Hilfe, Situationen zu durchschauen, er wird nicht befähigt, das eigene Verhalten und dessen Wirkung zu erkennen und evtl. zu ändern und Situationen selbst zu beeinflussen.

Voraussetzungen dafür, daß Gespräche über sich selbst und die eigenen Erfahrungen zustande kommen, sind außer den früher schon genannten Bedingungen:
– genügend Zeit, so daß Probleme überhaupt angesprochen und bearbeitet werden können;
– ein Raum, der Nähe erlaubt und ›persönlich‹ ist;
– eine regelmäßige Zeit, damit sich jeder darauf einstellen kann;
– kleinere Gruppen, die ein persönliches Gespräch zulassen; die Kleingruppe gibt dem einzelnen bei späteren Berichten im Plenum den Schutz der Anonymität: »in unserer Gruppe wurde gesagt...«

Es wird nicht in jeder Freizeit möglich sein, diese Besprechungen täglich mit der gesamten Gruppe zu führen und die beispielhaft genannten Fragen anzusprechen. Es gibt aber außer in offiziellen Besprechungen auch nebenbei viele Anlässe, wo solche Fragen angeschnitten werden können, z. B.:
– Auf einem Spaziergang. Einer beklagt sich darüber, daß die andern immer so lahm sind.
– Eine Gruppe spielt Völkerball. Zwei Kinder sitzen neben dem Spielfeld und schauen zu. Ein Gruppenleiter, der das nicht zum ersten Mal beobachtet, setzt sich dazu und versucht, ein Gespräch zu beginnen.
– Beim Mittagessen wird über das Nachmittagsprogramm gesprochen. Drei Teilnehmer überfahren die andern völlig.

3.4.2.3 Die Rolle der Gruppenleiter

Die Gruppenleiter werden nicht überflüssig, weil von Mitbestimmung die Rede ist. Sie sollen sich zwar zurückhalten – aber nicht heraushalten. Sie müssen sich mit ihrer Sicht einbringen, ohne aber die Teilnehmer zu überrollen. Sie haben keinen Absolutheitsanspruch, aber sie haben Vorstellungen und Wünsche, die sie den Teilnehmern gegenüber vertreten sollen.

Gruppenleiter sind – genauso wie die Teilnehmer – *ihren Fähigkeiten entsprechend* verantwortlich für alles, was bei der Freizeit geschieht.

Um zur Mitbestimmung fähig zu werden, brauchen die Teilnehmer häufig die Unterstützung von seiten der Leiter.

Aufgaben der Gruppenleiter:
- Beobachtung des Gruppengeschehens, um festzustellen, welche Prozesse einzelne daran hindern, ihre Meinung zu sagen;
- Erinnerung an die gemeinsam beschlossenen Regeln des Miteinander-Umgehens (z. B. Gesprächsregeln);
- Aufgreifen von Vorschlägen von seiten der Teilnehmer, wenn sie von den anderen überhört wurden;
- Ermunterung zur Meinungsäußerung und Mitarbeit.

3.4.3 Interessengruppen

Unter Interessengruppen wird hier das gleichzeitige Angebot verschiedener Tätigkeiten verstanden. Das Kind oder der Jugendliche kann nur an einer Gruppe teilnehmen, muß sich also für eine Aktivität entscheiden. Im folgenden werden zwei Arten von Interessengruppen vorgestellt, die verschiedene Anliegen haben und auf unterschiedliche Ziele gerichtet sind:

- die kurzen Interessengruppen; hier wird eine Aktivität angeboten, die nur ein einmaliges Mittun verlangt;
- die länger dauernden Interessengruppen; hier wird eine Aktivität angeboten, die eine Mitarbeit über mehrere Tage von den gleichen Teilnehmern verlangt.

3.4.3.1 Kurze Interessengruppen

Solche Gruppen können täglich zu verschiedenen Tätigkeiten und Themen angeboten werden: bestimmte Basteltechniken, Gespräche, Tanz, Singen, Spazierengehen, Schwimmen, Sport usw. Die zeitliche Dauer richtet sich nach dem Angebot.

Jeder Teilnehmer entscheidet sich aber nur für das einmalige Mittun in dieser Gruppe.

Sinn solcher Gruppen bzw. Angebote:
- Es werden Anregungen gegeben, was alles getan werden kann. Der einzelne wird motiviert, sich mit etwas zu beschäftigen.

- Es wird eine Entscheidung ermöglicht und herausgefordert. Der einzelne muß abwägen, was ihm wichtig ist, z. B. welcher Gruppe er sich zunächst anschließt und was er später noch tun will.
- Durch das kurzfristige Angebot wird die Entscheidung erleichtert, sich auf etwas Neues und Ungewohntes einzulassen. Das Risiko der Bindung für 1–2 Stunden ist überschaubar.
- Es kann Interesse geweckt werden, sich mit der gewählten Aktivität auch länger zu beschäftigen.

Kurze Interessengruppen laden ein zum Ausprobieren. Sie sind eine gute Möglichkeit, entscheidungsfähiger zu machen und die Teilnehmer mit Neuem zu konfrontieren.

Interessengruppen können von Leitern oder Teilnehmern angeboten werden. Das kommt auf Entwicklung und Erfahrung der Gruppe an und darauf, ob vor der Freizeit Möglichkeiten der Absprache bestanden.

Es ist denkbar, daß zunächst die Leiter solche Gruppen anbieten, weil sie die Möglichkeit hatten, sich vorzubereiten und das nötige Material zu beschaffen. Später können auch Teilnehmer Ideen entwickeln, Angebote machen und für sie werben.

Eine Interessengruppe sollte nur von demjenigen angeboten werden, der tatsächlich Interesse für eine Sache hat. Wenn die Leiter der Gruppen uninteressiert und gelangweilt sind, können sie niemanden motivieren (vgl. Dimensionen des Leiterverhaltens S. 266).

3.4.3.2 Längerdauernde Interessengruppen

Das sind Gruppen, die über mehrere Tage – vielleicht während der ganzen Freizeit – mit dem gleichen Teilnehmerkreis stattfinden. Sie können zusätzlich zu den kurzen Interessengruppen angeboten werden, weil sie einen anderen Inhalt und ein anderes Ziel haben. Es geht dabei um Tätigkeiten, die mehr Zeit brauchen, z. B.:

- Ausarbeiten und Einüben eines Theaterstücks
- Basteln von Kasperlefiguren und Vorbereiten einer Aufführung
- Herausgabe einer Zeitung

Es kann sich um Aktivitäten handeln, die zwar in den kurzen Kreisen angeboten werden, die eine Gruppe aber besonders intensiv angehen will, z. B.:

- Tanz und Pantomime
- Die Umgebung kennenlernen
- Erste Hilfe lernen
- Sport
- Ein Naturkundemuseum zusammenstellen
- Miteinander lesen und darüber sprechen
- Kochen

Es geht zunächst also einfach darum, daß eine Gruppe, die sich für eine Tätigkeit entschieden hat, Zeit dafür braucht und sich deshalb öfter treffen muß.

Neben diesem praktischen Aspekt gibt es auch einen pädagogischen, der für die Einrichtung solcher Gruppen mit längerer Bindungsmöglichkeit spricht.

Es wurde schon vorher darauf hingewiesen, daß viele Kinder und Jugendliche zuwenig gelernt haben, sich in eine Sache, in eine Aufgabe zu vertiefen, sich einem Problem zu stellen und eine Anstrengung durchzuhalten. Sie sind auf schnelle Befriedigung ihrer Bedürfnisse hin erzogen – ihre ganze Umwelt handelt danach. Sich für etwas einsetzen wird vielfach nicht geübt. Solche Einstellungen können schwerwiegende Konsequenzen für Kinder und Jugendliche haben: sie sind zerstreut, können keine Verpflichtung eingehen, wollen immer schnell fertig sein, haben keine Freude daran, sich selbst etwas zu erarbeiten oder zu erkämpfen. Sie können nur schwer eine Beziehung zu etwas aufbauen, weil sie sich auf nichts wirklich einlassen.

Die Erfahrung, daß auch schwierige Situationen durchgestanden werden müssen, wenn man ein Ziel erreichen will, muß in vielen Situationen gemacht werden, damit Vertrauen in sich selbst entsteht, das auch in schwierigen Lebenssituationen tragfähig ist. (Aufbauen und Durchhalten von Beziehungen, ein Berufsziel erreichen, Probleme und Konflikte lösen usw.)

Die längerdauernden Interessengruppen können ein wenig dazu beitragen, solche Fähigkeiten zu fördern:
- Sie verlangen, daß sich der einzelne über einen bestimmten Zeitraum bindet und eine Verpflichtung eingeht.
- Sie fordern Durchhaltevermögen, auch wenn zwischendurch der Spaß an der Sache nachläßt bzw. auch Anstrengung nötig ist.
- Sie ermöglichen die Erfahrung, daß die Freude an einer Sache

oder Tätigkeit wachsen kann mit der Mühe, die für sie aufgebracht wird.
- Sie ermöglichen die Erfahrung von Selbstvertrauen und vermitteln Selbstbewußtsein, wenn eine Anstrengung durchgehalten und ein Ziel erreicht wurde.
- Sie ermöglichen Erfahrungen von Zusammenarbeit.

Diese Überlegungen bedeuten nicht, daß ein Durchhalten um jeden Preis sinnvoll sei. Es gibt Situationen – auch bei den Interessengruppen –, in denen einer sich umentscheiden will. Die Gruppenleiter können durch Gespräche dazu helfen, daß es tatsächlich eine Entscheidung wird, die den Teilnehmer zu einem Wechsel der Gruppe bewegt.

Es stärkt die Motivation, sich einzulassen und eine Anstrengung durchzustehen, wenn ein Ziel vor Augen ist, das attraktiv ist. Interessengruppen sollten sich ein Ziel setzen, auf das sie hinarbeiten: z. B. die Aufführung eines Theaters oder Puppenspiels, die Herausgabe einer Zeitung usw.

Beide Arten von Interessengruppen können sich ergänzen. Sie tragen dazu bei, daß die Freizeitteilnehmer immer wieder mit anderen Personen in Kontakt treten und sich mit anderen zusammen erfahren.

3.4.4 Mitverantwortung für Aufgaben

Kinder und Jugendliche werden selbständiger, wenn sie mitverantwortlich sind für die Aufgaben und Arbeiten, die während einer Freizeit täglich erledigt werden müssen. (Einkaufen, Essen kochen, Tisch decken, aufräumen, saubermachen, Geschirr waschen usw.). Sie erkennen daran, was alles getan werden muß, damit die Freizeit gelingt und sich alle wohl fühlen. Wenn ihnen nicht alles aus dem Weg geräumt wird, erfahren sie ihre eigene Bedeutung für das Zusammenleben einer Gruppe. Sie lernen Notwendigkeiten erkennen und sich dafür verantwortlich zu fühlen, daß alles Nötige getan wird. Selbstverständlich geht es nicht darum, daß die Teilnehmer mit Arbeit überlastet werden, aber sie können einen Anteil übernehmen.

Es gibt verschiedene Möglichkeiten zur Regelung von Mitarbeit, wobei es wohl keine so große Rolle spielt, für welche Form sich eine Gruppe entscheidet. Wichtig ist, daß überhaupt entschieden wird und daß die Gruppe selbst darüber nachdenkt, was alles getan werden muß und wie das geregelt wird.

Mögliche Regelungen:
- ● Die zu erledigenden Aufgaben sind der Gruppe bewußt. Jeder Teilnehmer soll selbst darauf achten, wann etwas getan werden muß, und soll sich entscheiden, wann er zugreifen will. Jeder ist dafür verantwortlich, daß das Nötige getan wird.
- ● Es wird ein Plan aller Aufgaben zusammengestellt. Jeder Teilnehmer trägt sich im voraus auf diesem Plan ein und entscheidet dadurch darüber, wann er welche Aufgaben wahrnehmen will.
- ● Es wird ein Plan aufgestellt und die Gruppenleiter tragen in gerechter Verteilung alle Teilnehmer (und sich selbst) darauf ein.

3.4.5 Eine Zeitung herausgeben

Die Herstellung einer Zeitung ist ein gutes Mittel für Bewußtseinsbildung und Auseinandersetzung mit Problemen. Eine Zeitung kann von einer Interessengruppe in Angriff genommen werden.

Ein Vorschlag zum Vorgehen:
- ● Ein Gruppenleiter wirbt für das Projekt »Zeitung« und versucht, Interessenten zur Mitarbeit zu gewinnen.
- – Wenn die Gruppe sich schon vor der Freizeit kennt, können Vorarbeiten schon zu Hause begonnen werden.
- – Bei Kindern kann eine solche Aufgabe attraktiver gemacht werden, wenn ein Spielgedanke damit verbunden wird, z. B.: Es werden Redakteure für bestimmte Ressorts gesucht. Die Zeitungsgruppe hat einen Etat zur Verfügung (eine Kiste Schokoladenriegel). Aus diesem Etat können die Redakteure nach jeder Zeitungsausgabe sich selbst und den eventuell gewonnenen ›freien Mitarbeitern‹ ein Honorar ausbezahlen usw.
- ● In der ersten ›Redaktionssitzung‹ wird das Projekt genauer besprochen. Evtl. werden verschiedene Zeitungen angeschaut, damit sich die Redaktionsgruppe leichter für einen bestimmten Stil entscheiden kann.

Auf diese Weise kann z. B. verglichen werden:
- – Wie sind Meldungen über ein bestimmtes Thema in den verschiedenen Zeitungen aufgemacht?
- – Welche Zeitung macht welche Themen zu Schlagzeilen?

- Wie ist die Form der Berichterstattung? Wird aus ihr eine Richtung, ein bestimmtes Verständnis deutlich? Welche Wirkung könnte die Art der Berichterstattung auf die Leser haben?

Solche Fragen können schon mit Kindern besprochen werden. Evtl. kann dieses Gespräch mit einem Spiel verbunden werden:

Immer zwei Kinder sind für eine Zeitung verantwortlich. Ein Gruppenleiter nennt eine Nachricht und jeder sucht diese Nachricht in seiner Zeitung. Nun wird verglichen: Wo steht sie? Wie ist sie berichtet?

Die Gruppe entscheidet sich dann für Stil und Inhalte der eigenen Zeitung und jeder übernimmt Aufgaben. Der Gruppenleiter kann sich nun evtl. auf einen ›Beraterposten‹ zurückziehen. Leiter der Zeitungsgruppe ist ein Teilnehmer (Chefredakteur).

● In verschiedenen Redaktionssitzungen wird eine Zeitung erarbeitet und hergestellt.

Methode:
- Matrizen mit Umdruckverfahren (es kann für jeden Teilnehmer eine Zeitung abgezogen werden).
- Es entsteht handgeschrieben nur eine Ausgabe, die an einem Brett veröffentlicht wird.

Im Zusammenhang mit der Entstehung einer Zeitung können mehrere Gestaltungselemente einbezogen werden:

- Die Redakteure machen Befragungen (Tonband).

Z. B.: Leute aus den umliegenden Orten werden zu Problemen der Wohngegend befragt; Gruppenleiter über ihre Aufgabe, die Köchin über Leben zu Hause usw.

- Aktuelle Themen der Freizeit werden in der Zeitung aufgegriffen und bearbeitet, z. B. Probleme der Mitbestimmung.
- Die Zeitung wird durch Fotografien ausgestaltet (Kamera mit Sofortentwickler).
- Es können Stempel oder Druckstöcke hergestellt werden.

Als »freie Mitarbeiter« können die Gruppenleiter anregen, daß Themen aufgegriffen werden, die dem Bewußtwerden der Abläufe in der Freizeit dienen:

- Was ist hier anders als zu Hause?
- Probleme der Mitbestimmung.
- Ist die Freizeit eine Insel?

Auch wenn in einer Freizeit keine eigene Zeitung entsteht, ist es sinnvoll, daß Tageszeitungen zur Verfügung stehen. Manche Kinder und Jugendliche bekommen vielleicht einen Zugang zum Zeitunglesen, wenn sie Gruppenleiter oder andere Freizeitteilnehmer dabei beobachten.

3.4.6 Die Umgebung kennenlernen

Es ist ein wichtiger Teil des ›Mündigseins‹, sich der Wirklichkeit, in der man lebt, bewußt zu sein. Zu dieser Wirklichkeit gehört bei der Freizeit auch die Umgebung, in der sie stattfindet. Die Freizeit soll ja keine Insel ohne Berührungspunkte mit der Außenwelt sein. Am Modell der Erforschung der Freizeit-Umgebung können Wege zum Kennenlernen der Alltags-Umgebung gezeigt werden.

Fragen und Themen, die interessant sind:
— Wie viele Menschen leben in dem Ort (in den Orten)?
— Wovon leben sie? Was/wo arbeiten sie?
— Welche Lebensgewohnheiten haben sie?
— Wie sieht es im Ort aus: Gibt es Kaufläden, Märkte, Wirtschaften, landwirtschaftliche Vereinigungen usw.?
  Hat sich der Ort in den letzten Jahren verändert, und welche Meinungen haben die Menschen dazu?
— Welche Sorgen und Probleme haben die Menschen im Blick auf die Zukunft?
— Gehören sie einer Kirche an? Was bedeutet das für sie?
— Wie ist die Altersstruktur?
  Welche Einrichtungen gibt es für Kinder, Jugendliche, Erwachsene, alte Menschen? (Welche Gruppen, Angebote?) Wie sind sie besucht?
— Wer im Ort ist besonders angesehen?
— Gibt es ein politisches Leben? Gruppen?
— Welche Feste werden gefeiert? Welche Traditionen und Bräuche gibt es?

Methodische Hinweise:
— *Projektgruppen:* In den ersten Tagen der Freizeit werden Gruppen gebildet, die Fragen und Themenkreise zusammenstellen, die für sie interessant sind. Sie überlegen sich Wege, wie sie an die Bearbeitung der Problemkreise gehen, z. B. Befragungen.

Jede Projektgruppe hat die Aufgabe, die anderen Gruppen über ihre Ergebnisse zu informieren.

– *Umgebungsspiele:*

a) Gruppen bekommen den Auftrag, miteinander einen Ort zu erforschen und alles herauszufinden, was sie interessiert.
b) Jede Gruppe erhält einige Briefe, die numeriert sind. Die Briefe müssen in der Reihenfolge der Nummern geöffnet werden. In jedem Brief steht eine Aufgabe. Der nächste Brief darf erst geöffnet werden, wenn eine Aufgabe erledigt ist.
c) An bestimmten Punkten sind Briefe oder Aufgaben hinterlegt. Die Gruppen müssen diese Briefe finden. Es sind jeweils Hinweise angegeben: »Geht jetzt...«
In den Briefen sind Aufgaben angegeben.

Mögliche Aufgaben:
– Aufsuchen eines bestimmten Ortes.
– Feststellen von Daten.
– Besuch einer bestimmten Person (die eventuell auf den Besuch vorbereitet sein muß).
– Zeichnen von wichtigen Gebäuden im Ort.
– Grundrisse machen.
– Ein Gebäude des Ortes mit einer ›Natur-Collage‹ darstellen: es dürfen nur Blätter, Steine, Gräser usw. verwendet werden.
– Jedem Gruppenmitglied ein Eis kaufen (Geld kann im Umschlag enthalten sein).
– Eine Sage oder einen Brauch aus dem Ort erfragen.
– Zwischen-Aufgaben: Rätsel, Geschichten erfinden usw.

Wenn Befragungen von Einwohnern geplant werden, sollte vorher mit der Gruppe über die Probleme gesprochen werden, die mit einer Befragung verbunden sind bzw. worauf geachtet werden sollte:
– Welche Fragen möchten wir stellen? Was könnten sie bei dem Befragten auslösen?
– Was müssen wir berücksichtigen? Wie müssen wir fragen?
– Was dürfen wir evtl. nicht fragen? Warum?
– Wie stellen wir uns selbst vor? Wie begründen wir unser Interesse?

Wenn die Gruppen von ihrem Ausflug zurückkommen, sollten sie noch genügend Zeit haben, ihre Informationen zusammenzustellen und für die Weitergabe an die anderen zu bearbeiten:

- Wandzeitungen
- Info-Wände
- Auf Tonband sprechen
- In ein Rollenspiel einarbeiten
- Interviews nachspielen
- Einen Bericht schreiben.

3.4.7 Alternative Lebensformen kennenlernen

Weil die Freizeit selbst eine ›alternative Lebensform‹ zum Alltag ist und Erfahrungen von ›anders leben‹ hier gemacht werden, ist in dieser Zeit das Interesse der Teilnehmer an alternativen Lebensmodellen wahrscheinlich groß.

Das ist eine gute Gelegenheit, auf Probleme unserer Zeit aufmerksam zu machen, denn diese Modelle sind ja Antwortversuche auf solche Probleme.

In den letzten Jahren gibt es deutliche Signale, die auf die Notwendigkeit des Umdenkens hinweisen:
- Die Warnungen des »Club of Rom« und einiger namhafter Wissenschaftler, die die Grenzen des Wachstums ankündigen und zur Verantwortung späterer Generationen gegenüber ermahnen.
- Die Bevölkerungsexplosion in den Ländern der Dritten Welt und die Art der Beziehung der Industrieländer zu ihnen.
- Die wachsenden Gefahren der Umweltverschmutzung: Ölkatastrophen in den Weltmeeren; giftige Industrieabwässer in Flüssen, Seen und Meeren; der Bau von Atomkraftwerken und die Gefährlichkeit des Atommülls; ›Unfälle‹ und Katastrophen in Industriekonzernen mit der Folge von Vererbungsschäden für die betroffene Bevölkerung.
- Wachsende Abhängigkeit des Menschen von der ständig fortschreitenden Technisierung – eine sich verselbständigende Technik: Zerstörung von Arbeitsplätzen, Monotonie der Arbeitsabläufe, Verbindungslosigkeit von Arbeitsvorgängen und dem Produkt bzw. dem Ziel.

Aus der Erfahrung bzw. der Erkenntnis heraus, daß auf diese Gesamtentwicklung kaum Einfluß zu nehmen ist, haben in vielen Ländern einzelne und Gruppen angefangen, aus der funktionierenden Welt ›auszusteigen‹, sich ihren Gesetzmäßigkeiten weitgehend zu entziehen und alternative Lebensformen aufzubauen. Die Ziele der verschiedenen Gruppierungen sind verschieden. Zum Teil geht es ihnen zunächst nur um sich selbst und den Wunsch, das eigene Leben und das ihrer Kinder anders zu gestalten. Aber immer mehr verstehen sich solche Projekte auch als Modelle, die Möglichkeiten eines anderen Lebensstiles versuchen, um dadurch Einfluß zu gewinnen auf die Veränderung der Welt.

Die grundsätzlichen Ziele aller Gruppierungen sind ähnlich:
- Dezentralisierung: Gewinnung von mehr Unabhängigkeit und Selbständigkeit.
- Gewaltlosigkeit.
- Selbstbegrenzung: Leben mit Notwendigem, Einfachem – Verantwortung dafür, daß die Güter der Welt gerechter verteilt werden.
- Weitgehende Selbstversorgung: eigene Landwirtschaft und Viehzucht, kleine Betriebe.
Dadurch soll weitgehende Unabhängigkeit von wirtschaftlichen Zwängen erreicht und ein Beitrag geleistet werden zur Entwicklung umweltfreundlicher Anbaumethoden. Außerdem geschieht eine bewußte Hinwendung zum organischen Leben.
- Ganzheitliche Arbeitsvollzüge: Technik wird benutzt, soweit sie überschaubar bleibt. Der einzelne erlebt nicht nur Ausschnitte einer Arbeit, sondern das Ganze.
- Verantwortliches Umgehen mit Energie: Bau eigener Sonnenenergie-Anlagen, Windmühlen usw.
- Menschlicher Lebensstil: andere Verteilung von Arbeit und Macht.

Einige dieser Projekte sind durch Zeitungsartikel und Fernsehsendungen bekannt geworden, z. B.:
- ›Die Farm‹ in USA, eine Dorfgemeinschaft mit einigen tausend Bewohnern (Sozialmagazin 12/1977),
- Taizé, eine evangelische Bruderschaft in Frankreich, Treffpunkt der Jugend der Welt;
- Longo-Mai, Höfe in Südfrankreich, deren Bewohner von Schafzucht und Wollspinnerei leben;
- Twind-Schulen in Dänemark, eine Verbindung von alternativer Bildungsarbeit und alternativen Organisationsmodellen für Zusammenleben und Arbeit.

Auch viele Versuche von Wohngemeinschaften sind in eine ähnliche Richtung einzuordnen.

Diese Projekte werden sehr verschieden beurteilt. Manche betrachten sie als Flucht und Rückzug, sich der Verantwortung zu entziehen. Sicher mag das mitspielen. Aber inzwischen sind diese Versuche mehr als Flucht: sie werden Symbol, Mahnung und vielleicht sogar Modell für die Realisierbarkeit anderer Lebensformen, auch wenn sie in diesen Projekten nicht so verwirklicht werden können, daß sie auf die ganze Menschheit übertragbar wären. Aber sie sind Zeichen und Anfang, und sie sind die persönlich gezogene Konsequenz aus Erkenntnissen und der Versuch, zu kollektiven Lösungen zu gelangen, auch wenn sie unvollkommen und vorläufig sind.

In der Freizeit können solche Modelle vorgestellt und Hintergründe ihrer Entstehung aufgezeigt werden. Es kann eine Auseinandersetzung angeregt werden über den Anspruch und die Wirkung solcher alternativen Lebensformen. Auf dem Hintergrund solcher Projekte kann auch über das eigene Leben und die eigene Zukunft gesprochen werden.

3.4.8 Ein Spiel zu Armut und Reichtum

*Wir spielen Welt**

Wenn die Situation von Armut und Reichtum in der Welt »unter die Haut« gehen soll, muß sie am eigenen Leib erlebt werden. Ein Spiel soll helfen, sie wenigstens erahnen zu können.

Für das Spiel werden außer den Stühlen, auf denen die Teilnehmer sitzen, keine zusätzlichen Materialien gebraucht. Das Spiel wirkt um so eindrucksvoller, je mehr Teilnehmer mitmachen, es kann aber schon mit ca. 15 Leuten durchgeführt werden.

Der Leiter fordert dazu auf, an die Situation der heutigen Welt zu denken und zu diesem Zweck »Welt« zu spielen. Die Stühle der Teilnehmer werden in der Mitte des Raumes gestapelt. Alle Teilnehmer stellen nun die gesamte Weltbevölkerung dar, d. h. jeder einzelne repräsentiert mehrere Millionen Menschen. Die Mitspieler

---

* Der Abdruck erfolgt mit freundlicher Erlaubnis des Bischöflichen Hilfswerkes Misereor e. V. Aachen. Aus: Arbeitsmappe zur Jugendaktion '77 ›Anders leben, damit andere überleben‹. Hrsg. von MISEREOR/BDKJ. Verfasser: Thomas Risse.

werden aufgefordert, sich so, wie ihrer Meinung nach die Menschen auf die einzelnen Kontinente verteilt sind, auf fünf Stellen des Raumes aufzuteilen, also nach Europa, Nordamerika, Afrika, Asien und Lateinamerika. (Australien fällt der Einfachheit wegen weg.) Dann korrigiert der Leiter anhand der wirklichen Verteilung der Weltbevölkerung das Ergebnis:

Weltbevölkerung

Europa (mit UdSSR)	720 Millionen =	18%
Nordamerika	240 Millionen =	6%
Afrika	320 Millionen =	8%
Asien	2400 Millionen =	60%
Lateinamerika	320 Millionen =	8%
	4000 Millionen =	100%

Auffallend ist, wie viele Menschen in Asien leben und daß Europa so gar nicht im Mittelpunkt der Welt liegt. Im 2. Teil des Spiels geht es darum, das gesamte Welteinkommen der Erde, also alles, was irgendwo auf der Welt zum Lebensinhalt verdient wird, zu verteilen. Das Welteinkommen wird repräsentiert durch die Stühle, die mitten im Raum aufgestapelt sind. Die Teilnehmer werden nun aufgefordert, wie am Anfang sich selbst jetzt auch die Stühle nach ihrer Einschätzung der Verteilung des Welteinkommens auf die einzelnen Kontinente aufzustellen und sie – das ist sehr wichtig – allesamt zu benutzen. Dann korrigiert der Leiter wieder nach den wirklichen Verhältnissen:

Welteinkommen:

Europa (mit UdSSR)	1600 Millionen =	32%
Nordamerika	2600 Millionen =	52%
Afrika	200 Millionen =	4%
Asien	350 Millionen =	7%
Lateinamerika	250 Millionen =	5%
	5000 Millionen =	100%

Wenn sich 15 »Asiaten« einige Minuten lang auf einen Stuhl gestapelt haben, während jeder »Amerikaner« auf mindestens 10 Stühlen liegt, wird die Weltlage wohl jedem einigermaßen klarwerden. Wenn man sich dann noch überlegt, daß es in Wirklichkeit ja um lebenswichtige Dinge geht, wird keinen mehr wundern, daß die Entwicklungsländer eine neue Weltwirtschaftsordnung fordern.

Wir verprassen ja den größten Teil des materiellen Reichtums, der von der gesamten Menschheit erarbeitet wird. Nach Spielende wird es gut sein, die gemachten Erfahrungen mit Informationen zu erhärten.

3.4.9 Vor- und Nachtreffen, Nacharbeit

Durch ein Vortreffen und Nachtreffen kann die Freizeit stärker in den Alltag der Teilnehmer hineingezogen werden.

Ein *Vortreffen* hat folgende Ziele:
- Die Teilnehmer lernen sich untereinander kennen und knüpfen erste Kontakte. Dadurch entsteht bei dem einzelnen mehr Sicherheit, und er kann sich leichter auf die Freizeit einlassen (vgl. Fremdheitsphase S. 51).
- Die Teilnehmer lernen die Leiter kennen (und umgekehrt). Auch dadurch kann Angst und Vorsicht abgebaut werden.
- Erwartungen und Wünsche können ausgetauscht werden.
- Es können Vorbereitungsaufgaben verteilt werden, so daß etwas vom Stil der Freizeit schon vorher deutlich wird.
  - Sammeln von Bastelvorschlägen. Eine bestimmte Technik kann von einem Teilnehmer vorbereitet werden.
  - Spiele vorbereiten und mitbringen.
  - Sich über Sternbilder der Jahreszeit informieren und einen ›Stern-Abend‹ vorbereiten.
  - Informationen über die Umgebung der Freizeit sammeln.
- Es kann über das Ziel der Freizeit, z. B. Mitbestimmung, gesprochen werden, und die Teilnehmer können sich mehr darauf einstellen.

Wenn die Teilnehmer einer Freizeit nahe beieinander wohnen oder sogar zu einer Gemeinde oder Gruppe gehören, kann vieles gemeinsam vorbereitet werden:
- Die Teilnehmer können zusammen mit Leitern Projektgruppen bilden und einen Bereich des Freizeitprogrammes vorbereiten.
- Sie können über Modelle der Mitbestimmung diskutieren und Beschlüsse zum Vorgehen in der Freizeit fassen.
- Es kann schon vor der Freizeit eingeübt werden: über sich sprechen, Gefühle äußern, zusammenarbeiten usw.

Beim Thema ›Entwicklung einer Gruppe‹ wurde das Ende der Freizeit beschrieben und von der Notwendigkeit gesprochen, das Heimgehen vorzubereiten (vgl. S. 79).

Aber auch mit der Abreise sollte die Freizeit noch nicht beendet sein. Auf die Kinder und Jugendlichen kommt ja nun eine schwierige Aufgabe zu: Sie müssen in ihren Alltag mit seinen Forderungen und Einschränkungen zurückkehren. Sie finden eine andere Realität vor:
- sie leben nicht mehr in der Gleichaltrigengruppe;
- es gelten wieder andere Werte und Regeln;
- Situationen und Verhalten werden nicht mehr gemeinsam reflektiert.

Auf diese Umstellung kann zwar in der Freizeit vorbereitet werden, aber sie muß nach der Freizeit vom einzelnen geleistet werden. Und dazu braucht er Hilfen.

Möglichkeiten:
- Wo ein Treffen aus räumlichen Gründen nicht möglich ist, können die Teilnehmer durch einen Brief angesprochen werden. Dadurch wird gezeigt, daß sie ›begleitet‹ werden, und es kann an einige Überlegungen in der Freizeit erinnert werden. Evtl. können auch die Leiter eigene Erfahrungen des Heimkommens mitteilen.
- Treffen der Teilnehmer (möglichst bald nach der Freizeit): Bei diesem Treffen spielt das gesellige Zusammensein eine Rolle, aber es sollten auch Gespräche (Methoden) versucht werden, um die Situation des Heimkommens aufzuarbeiten.
  Sonst wird das Nachtreffen leicht zu einem Schwelgen in Erinnerungen, und die Freizeit verliert den Kontakt zur Realität.
  Das Einbringen der Realität ist die Aufgabe der Gruppenleiter, denn es wird kaum von den Teilnehmern her geleistet werden. Die Leiter brauchen dazu einiges an Durchsetzungsvermögen. Denn es ist viel schöner, an Erinnerungen zu hängen, als die Gegenwart und Zukunft zu planen.
- Bei regional günstigen Voraussetzungen kann aus der Freizeitgruppe eine neue Gruppe entstehen, die sich regelmäßig trifft. Aber in diesem Fall gilt noch mehr, daß sich die Gruppe über ihre Situation und neue Ziele klarwerden muß.

3.5 Zusammenfassung

In diesem Kapitel ist vor allem *eine* Dimension politischen Lernens angesprochen: das Bewußtmachen der eigenen Situation und der Versuch ihrer aktiven Gestaltung im Hinblick auf das Zusammenleben in einem begrenzten, überschaubaren Raum, damit Einstellungen geändert und Verhaltensmöglichkeiten ausgeweitet werden und nach der Reflexion alltäglicher Lebensbedingungen außerhalb der Freizeit ein Transfer versucht werden kann. Freizeit ist ein Raum, in dem alternative Lebenserfahrungen gemacht und Fähigkeiten eingeübt werden, die dem einzelnen helfen, sich zu entscheiden und sein Leben zu beeinflussen.

Es müßte jedem klar sein, daß die Freizeit *tatsächlich* ein anderer Raum ist, in dem manches realisiert werden kann, was außerhalb wieder anders aussehen wird, z. B. Freiwilligkeit und Zwang. Um die anderen Lebensräume und ihre Bedingungen zu ändern, müßten andere politische Aktivitäten in Gang gebracht werden, die die Möglichkeit der Freizeit weit übersteigen. Es wäre naiv und gefährlich, Kindern und Jugendlichen oder sich selbst vorzumachen, mit den in der Freizeit entwickelten Fähigkeiten ließen sich Schulsystem, Leistungsgesellschaft, Konsumzwänge usw. verändern. Dazu braucht es andere Mittel, z. B. die Solidarisierung in Gruppen, Gewerkschaften oder Parteien. Es braucht jedoch *auch* die Veränderung der einzelnen bzw. die Einsicht, daß eine Veränderung nötig ist. Und dazu kann die Freizeit beitragen. Es können Fähigkeiten entwickelt werden, die mehr Selbständigkeit und Durchblick ermöglichen. Das kann für den einzelnen auch zu schwierigen und belastenden Gedanken und Situationen führen, denn er hat erfahren, daß ein Leben mit mehr Menschlichkeit und Solidarität möglich ist, aber an den konkreten Bedingungen des Alltags wieder zerbrechen kann. (Was kann ich mit Zärtlichkeit an Stelle von Brutalität in der Schule anfangen?) Diesen Widerspruch auszuhalten ist nicht zu umgehen, wenn man sich grundsätzlich für eine bestimmte Vorstellung vom Menschen (Menschenbild) entschieden hat.

3.6 ▶ Betr.: Leitungsteam

● *Brainstorming:*
›politisch leben‹
 Jeder nennt, was ihm dazu einfällt. Alles wird aufgeschrieben. Während der Gedankensammlung darf keine Beurteilung abgegeben und nicht über einzelne Dinge gesprochen werden. Zeit: ca. fünf Minuten.
 Auswertung:
 Was verstehen wir unter einem ›politischen Menschen‹?
 Welche Fähigkeiten muß er haben?
 Was/welche Bedingungen in unserer Zeit verhindern (erschweren) das ›politisch-werden‹?

● *Arbeitsgruppen:*
Durch welche Erfahrungen können Kinder und Jugendliche bei der Freizeit erkennen, daß sie wichtig sind?
Wie können solche Erfahrungen vermittelt werden?
Vgl. 3.3 Ansatzpunkt für politisches Lernen in der Freizeit.
Stimmen wir diesen Punkten zu?
Vorstellung und Diskussion der ›Formen der Mitbestimmung‹ vgl. 3.4.2.
Ausarbeiten von Programmen zum »Selbstverursacher-Training«, vgl. 3.4.1.
Ausarbeiten von Programmen zu »Umgebung kennenlernen«, »Zeitung machen« usw.

● *Hinweis:*
Eine sehr gute Methode für politisches Lernen ist das Planspiel. Es wurde hier nicht ausgeführt, weil zum einen eine sehr ausführliche Darstellung nötig wäre und zum andern das Planspiel als Teilnehmer erlebt sein sollte, bevor einer versucht, es anzuleiten.
 Ein Planspiel ist ein ›großes Rollenspiel‹. Es simuliert Wirklichkeit und möchte Prozesse in und zwischen Gruppen bewußtmachen. Es wird auf Literatur verwiesen.

Literatur

Zu Mitbestimmung (Ministerien):
Hermann, U.: Freizeiten mit Kindern.
 Ideen und Materialien zum Gebrauchen, Variieren, Weiterentwickeln.
 Reihe 8–13, Gelhausen/Freiburg 1977.

Hinweis: In diesem Buch sind mehrere Freizeitvorschläge unter bestimmten Schwerpunkten gesammelt und viele konkrete, inhaltliche und methodische Anregungen gegeben.

Zum Selbstverursacher-Training:

Weinert u. a. (Hrsg.): Pädagogische Psychologie, Funkkolleg. (Fischer-Taschenbuch 6115). Frankfurt: Fischer 1974.

Zu ›Alternativen Lebensformen‹:

Vgl. Literatur S. 45.

›Blauer Brief‹. Zeitschrift der Katholischen Landjugendbewegung, Oktober 1977.

8000 München 19, Kriemhildenstraße 14.

Hinweis: Es handelt sich hier um eine kurze und gute Zusammenstellung von Beiträgen, Fakten und Literatur zum Themenkreis ›neuer Lebensstil‹, ›Wachstum‹, ›Konsum‹, ›Zukunft‹.

›Nachrichten aus Wethen‹, Laurentiuskonvent e. V., Hausgemeinschaft Wethen, 3549 Wethen, Mittelstraße 4.

(Projekt alternativen Lebens).

Zu Planspiel:

Prim/Reckmann: Das Planspiel als gruppendynamische Methode außerschulischer politischer Bildung. Heidelberg 1975.

Zu aktuellen Fragen und Problemen:

Griesbeck, J.: Bausteine für die Jugendarbeit. Aktuelle Themen und Methoden. München: Don Bosco 1975.

Griesbeck, J.: Zusammenleben. Materialien für die Jugendarbeit. München: Don Bosco 1976.

Erfolg im Leben, Kontakte, Gruppenleben, Familie, Erziehung, Versöhnung, Persönlichkeit, Beliebtsein, Ich und Du, Liebe, Wer bin ich?, Urlaub mit 16.

Teil V

Spiel und Kreativität

1. Spielen

Spielen ist von Anfang an mit *Lernen* verbunden – Lernen im Sinn von *Erfahrungen machen:*
den eigenen Körper kennen- und mit ihm umgehen lernen, die Umgebung ertasten und erkunden, Formen erkennen und Begriffe gewinnen, Reaktionen anderer erfahren und sich selbst im Gegenüber mit anderen erleben.

Bei Freizeiten von Kindern und Jugendlichen ist Spiel ein wichtiges Gestaltungselement:
- zum einen, weil die meisten Teilnehmer sehr gerne spielen, wenn auch manchmal wegen mangelnder Erfahrungen oder negativer Erlebnisse erst eine Hemmschwelle überwunden werden muß;
- zum andern, weil im Spiel viele Erfahrungen ermöglicht werden können, die im Hinblick auf die Ziele der Freizeit, d. h. für die einzelnen Teilnehmer, wertvoll sind.

Im Spiel werden aber nicht nur gute Erfahrungen gewonnen. Es kann durch Spiel auch viel zerstört oder kaputtgemacht werden. Deshalb ist es wichtig, sich über die Wirkung von Spielen Gedanken zu machen.

1.1 Die Wirkung von Spielen

An einem Spielbeispiel soll gezeigt werden:
- Spiele haben eine Wirkung auf alle Beteiligten.
- Das gleiche Spiel hat nicht immer dieselbe Wirkung.
- Das Spiel hat Auswirkungen auf das gesamte Lebensgefühl und Selbstverständnis.

1.1.1 Spiele haben eine Wirkung auf alle Beteiligten

Spielbeispiel: »Armer schwarzer Kater«.
Die Teilnehmer sitzen im Kreis. Ein Teilnehmer beginnt das Spiel. Er ist der Kater, der mit seinem Miauen einen der andern Spieler zum Lachen bringen muß. Er kniet sich vor einen der Mitspieler im

Kreis und darf dreimal miauen. Er kann Stimme, Tonfall und Lautstärke gestalten wie er will, er darf auch Grimassen schneiden, den Partner erschrecken usw. Nach jedem Miau muß der Partner (also dreimal) ihn streicheln und ganz ernst sagen: Armer schwarzer Kater. Muß der Partner lachen, wird er selbst zum armen schwarzen Kater und versucht einen anderen zum Lachen zu bringen.

Dieses Spiel wird von Gabi in der Gruppe vorgeschlagen. Es handelt sich um eine Gruppe von ca. 14jährigen Mädchen. Die andern sind einverstanden, das Spiel mitzumachen, es spricht sich wenigstens niemand dagegen aus. Gabi will selbst als erstes den Kater spielen. Sie ist immer lustig und kann riesig viel Quatsch machen. Die anderen kichern schon, bevor sie beginnt, sie versprechen sich einen Spaß von ihr. Gabi verzieht ungeheuer das Gesicht und miaut. Nur mit Mühe können einige widerstehen. Bald platzt jemand mit Lachen heraus. Es ist Tina. Sie muß nun Kater spielen. Sie ist kein »guter Kater«. Es fällt ihr sehr schwer, sich so zu benehmen. Die andern Mitspieler erwarten das auch gar nicht von ihr. Als sie drankommt, sagen einige enttäuscht: »Gabi soll lieber noch weitermachen.« Tina ist auch nicht so beliebt wie Gabi. Sie ist in der Schule ziemlich fleißig und ehrgeizig und die andern lachen sie deshalb oft aus. Als Tina anfängt zu miauen, lacht keiner. Niemand fällt es schwer, ernst zu bleiben. Tina muß es immer wieder beim Nächsten versuchen. Je länger sie keinen Erfolg hat, desto schwerer fällt ihr das Weitermachen. Schließlich ruft Claudia: »So ein Quatsch, du bist aber auch eine Flasche. Jetzt hör mal auf, Iris soll weitermachen.« Die andern stimmen zu, und Iris macht weiter.

Was geschieht hier? Welche Wirkung könnte dieses Spiel auf die Beteiligten haben?

Gabi hat das Spiel vorgeschlagen, weil sie sich sicher fühlt und weiß, daß sie Erfolg haben wird. Mit ihrer Fähigkeit ›lustig-sein‹ kann sie der Gruppe immer wieder imponieren. Sie erfährt durch dieses Spiel Bestätigung, Anerkennung und Aufwertung. Durch das Lachen der Gruppe, durch die Art, wie sie auf den Spielvorschlag und auch auf Tina reagiert, wird Gabi signalisiert (ohne daß dies ausgesprochen wird): du bist gut, wir mögen dich, wir finden dich lustig. Dieses Erfolgserlebnis führt Gabi eigentlich selbst herbei.

Tina erlebt das gleiche Spiel ganz anders. Sie wählt sich nicht die Rolle, die ihr liegt. Sie wird in eine Rolle gedrängt, die ihr unangenehm ist, in der sie sich nicht wohl fühlt, weil sie sich in dieser Beziehung nichts zutraut. Sie muß mitspielen, wenn sie nicht als Spielverderber dastehen und damit ihre ohnehin schon schwache Position noch mehr erschweren will. Keiner von der Gruppe erwartet sich Spaß von ihr. Tinas Angst vor dem Spiel macht sie verkrampft und noch unfähiger. Sie bekommt von der Gruppe signalisiert: Du langweilst uns, mit dir kann man nichts anfangen, von dir erwarten wir nichts.

Diese Signale (die oft weder bewußt gegeben noch bewußt empfangen werden) verstärken das negative Selbstbild Tinas: ich bin nicht lustig, die anderen mögen mich nicht.

Vielleicht wird sie deshalb noch ehrgeiziger arbeiten, um wenigstens in der Schule gut zu sein. Dadurch wiederum kann die Abneigung der Gruppe verstärkt werden, denn sie erleben Tina wieder nur als ›Streber‹.

Auch auf die Zuschauer hat das Spiel Wirkungen, je nachdem, mit wem sich der einzelne identifiziert, welche Erfahrungen er selbst hat und wie er zu den anderen in der Gruppe steht. In manchen wird z. B. Angst geweckt, wenn sie sehen, wie es Tina geht. Gerade die Kinder schreien vielleicht besonders laut gegen Tina, um die Angst nicht wahrhaben zu müssen.

Zunächst kann festgestellt werden: Spiele haben eine Wirkung. Sie wird allerdings meist nicht bewußt wahrgenommen – weder Gabi noch Tina noch die andern Mitspieler ›wissen‹ um ihr Gefühl, um die Zusammenhänge, warum so gespielt wird, und um die Wirkung des Spiels auf die Beteiligten:

Spiel ist Spiel – deshalb wird es meist nicht reflektiert.
Spiel ist nicht Ernst – deshalb darf man nicht traurig sein.
Spiel ist einfach zum mitmachen – sonst ist man ein Spielverderber.
Spiel muß lustig sein – auch wenn ich mich gar nicht wohl dabei fühle.

Das sind gewaltige Zwänge im Spiel, die vielleicht dazu beitragen, daß viele das Spielen verlernt haben und nicht mehr spielen wollen. Es sind Zwänge, die erklären, warum zum Beispiel Jugendliche Angst vor dem Spielen haben.

1.1.2 Das gleiche Spiel hat nicht immer dieselbe Wirkung

Wenn Tina das Spiel »Armer schwarzer Kater« in einer anderen Gruppe erlebt, in der sie sich wohl fühlt und deren Teilnehmer sie

achten, gerade weil sie intelligent und fleißig ist, kann sie ganz andere Erfahrungen machen:
- Vielleicht kann sie lustiger miauen, weil sie keine Angst hat und sich sicher fühlt;
- vielleicht sagt sie: »Das ist nichts für mich, da komme ich mir dumm vor«, und jemand anderer macht für sie weiter, ohne daß sie als Spielverderber angesehen wird;
- oder ein anderer Teilnehmer sagt: »Das Spiel ist dumm, da muß immer einer weitermachen, auch wenn er gar keine Lust mehr hat. Ich finde, wir ändern die Spielregeln. Wir stellen einen Stuhl weniger in den Kreis. Und wenn der Kater genug hat, dann bellt er (Kater mit Sprachfehler), und alle müssen einen neuen Platz suchen. Wer dann keinen Stuhl erwischt, ist der Kater.«

Tina fühlt sich dann – obwohl sie vielleicht nicht lustiger sein konnte – akzeptiert und verstanden.

Auch Gabi kann in einer solchen Situation das Spiel anders erleben: Die Gruppe hat Freude an ihr, aber ihr Erfolg wird nicht noch größer durch das Versagen eines anderen. Gabi und die anderen Gruppenmitglieder können lernen, daß Menschen verschieden sind und daß, wie einer ist, nicht nur von ihm selbst abhängt, sondern auch von den Menschen, mit denen er zusammenlebt.

Viele Faktoren beeinflussen die Wirkung von Spielen:
- die Vorerfahrungen des einzelnen, seine Ängste, Fähigkeiten, Persönlichkeitsmerkmale;
- der Stand des einzelnen in der Gruppe – ist er akzeptiert oder wird er abgelehnt, hat er Freunde oder steht er allein;
- die Stärken und Schwächen des einzelnen;
- sein Selbstbewußtsein, seine Abhängigkeit von der Bewertung anderer, seine Sensibilität;
- die Situation der Gruppe: ihre Art, Konflikte zu lösen oder mit Schwierigkeiten umzugehen;
- die Normen, die in einer Gruppe herrschen, z. B. wird einer, der nicht gut abschneidet, ausgelacht;
- die äußeren Bedingungen: die Größe und Atmosphäre eines Raumes, ist der Raum vertraut oder neu; die Zeit, die zur Verfügung ist, usw.
- die Erlebnisse, die Stimmung, die einer mitbringt: Ärger über eine Note, Freude auf das Treffen usw.

Bei der Beurteilung von Spielen und der Planung von Spielstunden müssen diese Faktoren bedacht werden.

1.1.3 Spiele haben Auswirkungen auf das Lebensgefühl und Selbstverständnis

Die Wirkung eines Spieles hört nicht auf, wenn das Spiel beendet ist. z. B.: Das Spiel ›Armer schwarzer Kater‹:

- Die Gruppe hat Gabi wieder einmal toll erlebt, sie wird ihr wahrscheinlich weiterhin zujubeln.
 (Es könnte allerdings auch so kommen, daß einzelne Gruppenmitglieder Ärger empfinden, weil Gabi sich immer wieder in den Vordergrund spielt.)
- Die Gruppe hat Tina wieder langweilig erlebt. Diese Erfahrung wird unbewußt zu den bisherigen dazugesammelt, und das Bild von Tina verfestigt sich.
- Gabi hat sich gut erlebt (weil sie die Reaktion der Gruppe auf sich spürt). Wenn sie Erfolg braucht, wird sie ihn weiter auf diese Art beschaffen. Dabei übersieht sie, daß sie auch andere Fähigkeiten hat. Auch ihr Bild verfestigt sich.
- Tina ist wieder neu bestätigt worden, daß sie nicht anziehend ist für andere bzw. ›nicht spielen kann‹. Sie wird solchen Dingen vielleicht noch mehr aus dem Weg gehen als bisher. Dies kann – verbunden mit ähnlichen Erlebnissen – zu einer Angst vor Spielen führen.

Dies ist nur ein Beispiel, und es handelt sich nur um Vermutungen. Natürlich könnte alles ganz anders laufen. Es können andere Wirkungen eintreten, an die hier nicht gedacht ist. Die Wirkung von Spielen ist auch nicht beweisbar. Und *ein* Spiel allein hat keine so gewichtige Bedeutung. Aber Spiele sind ein Teil der Erfahrungen, die einer macht und deren Inhalt sich summiert und dadurch insgesamt ein großes Gewicht erhält für die Ausprägung des Selbstverständnisses und Lebensgefühls des einzelnen.

1.1.4 Zusammenfassung: Die Chance des Spiels

● Das Verhalten eines Menschen im Spiel hängt zusammen mit seinen bisherigen Lebenserfahrungen:

Beispiel:
Ein Kind, das vor allem gelernt hat, das zu tun, was andere ihm sagen, wird auch im Spiel wenig Eigeninitiative und Phantasie zeigen können.

Wir lernen sehr früh, daß es gut ist und anerkannt wird, wenn wir besser sind als die andern. Deshalb neigen wir auch dazu, Spielpartner als Konkurrenten zu sehen und Spiel vor allem unter dem Gesichtspunkt ›verlieren – gewinnen‹ zu betrachten.

● Im Spiel können aber auch neue Erfahrungen gemacht werden, die einen Einfluß haben auf das Verhalten und Handeln in späteren Situationen. Denn in Spielen begegnen uns Situationen, die ähnliche Anforderungen an uns stellen, wie wir sie im täglichen Leben erfahren:

> Ein Problem lösen, beobachten, Entscheidungen treffen, Regeln verstehen und einhalten, sich wehren und durchsetzen, mit jemand zusammenarbeiten, eine Situation voraussehen und beurteilen, gewinnen und verlieren, Erfolg teilen, mit Teilerfolg zufrieden sein, Strategien entwickeln, eigene Fähigkeiten einschätzen, Rollen übernehmen und ändern usw.

Durch die Konfrontation mit solchen Anforderungen im Spiel können Fähigkeiten entwickelt und eingeübt werden, die für die Bewältigung von Lebenssituationen wichtig sind.

Das bedeutet, daß bei der Auswahl von Spielen in der Freizeit berücksichtigt werden sollte, ob ihre möglichen Wirkungen mit den Zielen der Freizeit zu vereinbaren sind, welche Fähigkeiten sie fördern und welche Hilfen sie dem einzelnen für die Bewältigung seiner Probleme und Schwierigkeiten zu geben vermögen.

Am Beispiel »armer schwarzer Kater« wurde deutlich, daß dieses Spiel unter den hier beschriebenen Bedingungen (einzelne Kinder, Gruppensituation) den Zielen der Freizeit wenig entspricht:
Tina erlebt:
Demütigung Verstärkung ihres Unwertgefühles, Angst, Abgewiesen-Werden.
Gabis Erfahrungen sind schwieriger zu beurteilen. Sie erlebt:
Bestätigung, Anerkennung, Erfolg, Festigung ihrer Rolle in der Gruppe.
Aber: Sie wird in ihrer Rolle »lustigsein, Gruppenclown« bestärkt und vielleicht sogar festgelegt, was sie davon abhalten kann, auch andere Fähigkeiten und Qualitäten zu entwickeln.

Die Bedeutung und Wirkung von Spielen auf einzelne oder eine Gruppe ist sicher nicht eindeutig festzustellen oder vorherzusehen. Deshalb sollte man vorsichtig sein und schnelle Schlüsse vermeiden. Aber die hier ausgeführten Überlegungen sollen dazu ermutigen, sich

Gedanken über mögliche Wirkungen von Spielen in bestimmten Situationen und für bestimmte Personen und Gruppen zu machen, um sich für Spiele zu entscheiden, die *eher* positive Wirkungen haben, und um aufmerksamer zu werden für die Beobachtung von Spielen und Spielverhalten. Dann können evtl. Schwierigkeiten und Probleme durch andere Spiele oder Angebote ergänzt oder mit den Teilnehmern in Gesprächen aufgearbeitet werden.

Spiel soll in erster Linie Spaß und Freude machen. Zusätzlich *unterstützt* es Erfahrung und Lernen in verschiedensten Bereichen. Ich kann also nach einem bestimmten Spiel nicht sagen, welche Fähigkeiten erworben oder welches Ziel dadurch erreicht worden ist, aber ich kann sagen, welche Erfahrung evtl. ermöglicht wurde.

Im folgenden werden zunächst einige Spiele beispielhaft unter bestimmten Gesichtspunkten (Ziele) geordnet ausgeführt und zum Teil reflektiert. Im Anschluß daran werden einige Hinweise gegeben für die Vorbereitung und Planung von Spielstunden und das Spielleiterverhalten.

1.2 Spielsammlung und Reflexion ihrer Ziele

Die meisten Spiele fordern von den Mitspielern mehrere Fähigkeiten gleichzeitig. Gerade das macht Spiele so wertvoll, daß sie im Gegensatz zu anderen, oft einseitigen Anforderungen des täglichen Lebens den Menschen meist rational, emotional und motorisch gleichzeitig ansprechen.

Wenn Spiele im folgenden unter bestimmten Gesichtspunkten geordnet werden, so heißt das nicht, daß keine andern Bereiche berührt wären. Die Ordnung weist auf mögliche Schwerpunkte im Spiel hin und hilft dazu, einzelne Aspekte mehr in den Blick zu bekommen. Wir können nicht gleichzeitig alles beobachten und wahrnehmen.

Die gewählten Gesichtspunkte sind im Zusammenhang zu sehen mit der Situationsanalyse von Kindern und Jugendlichen, dem beschriebenen Menschenbild und den Zielen der Freizeit. Die Aufzählung von Spielen hier ist nur exemplarisch. Sie kann kein Spielbuch ersetzen.

1.2.1 Wahrnehmungs- und Beobachtungsfähigkeit, Aufmerksamkeit und Konzentration

Diese Fähigkeiten sind nötig, um die Umwelt verstehen und mit Menschen zusammenleben zu können und um im Blick auf Situationen und Beteiligte eigene Entscheidungen für Verhalten und Handlungen treffen zu können.

● *Gegenstände erinnern:* Es werden, je nach Alter und Übung der Gruppe, 8–15 Gegenstände unter einem Tuch versteckt. Alle Mitspieler sitzen im Kreis. Das Tuch wird nun für kurze Zeit aufgedeckt. Alle schauen sich die Gegenstände an und versuchen sie sich zu merken. Wenn das Tuch wieder zugedeckt ist, schreibt jeder für sich die Gegenstände auf einen Zettel, die er behalten konnte.

Variation: Wenn die Gruppe die Gegenstände zum ersten Mal gesehen hat, deckt der Spielleiter alles wieder zu und nimmt 1–3 Gegenstände unter dem Tuch weg (oder legt einige dazu). Nun wird wieder aufgedeckt, die Teilnehmer betrachten kurz die vorhandenen Gegenstände und schreiben dann auf, welche weggenommen bzw. dazugelegt worden sind.

Diese Spiele können sowohl im Einzel- wie im Gruppenwettbewerb gespielt werden. Im Gruppenwettbewerb kann die Anzahl der Gegenstände erhöht werden.

● *Wecker verstecken:* Ein Teilnehmer verläßt den Raum. Die anderen verstecken irgendwo im Raum einen Wecker, dessen Ticken aber nur schwach hörbar sein darf. Der Teilnehmer wird hereingerufen und soll möglichst schnell den versteckten Wecker finden.

● *Hund und Knochen:* Die Teilnehmer sitzen in einem weiten Kreis. Ein Teilnehmer sitzt in der Mitte des Kreises. Er ist der ›Hund‹. Vor ihm liegt ein ›Knochen‹ (Gegenstand). Der Hund hat die Augen verbunden. Er hat die Aufgabe, seinen Knochen zu bewachen. Der Spielleiter ruft durch ein Zeichen einen Mitspieler im Kreis auf, der sich leise an den Hund heranschleicht, um den Knochen zu stehlen. Wenn der Hund ein Geräusch hört, zeigt er mit der Hand in die Richtung des Geräusches. Der Dieb muß an seinen Platz zurückgehen, wenn er ›getroffen‹ ist. Ein neuer Spieler wird aufgefordert. Kann sich der Dieb anschleichen, ohne daß ihn der Hund erwischt, darf er den Knochen stehlen und nun selbst ›Hund‹ spielen.

● *Dieb und Wächter:* Alle Spieler sitzen in einem Kreis. Sie stellen eine alte Burgmauer dar. In der Mitte des Kreises liegt ein Gegenstand, das ist der Schatz, der in der Burg versteckt ist. Ein Spieler, der Dieb sein will, verläßt den Raum. Die anderen einigen sich auf einen Mitspieler im Kreis, der Wächter spielen darf. Der Dieb wird hereingerufen. Er erfährt nicht, wer Wächter ist. Der Dieb betritt zwischen zwei Mitspielern durchgehend die Burg. Er darf sich den Eingang wählen, muß die Burg aber an derselben Stelle wieder mit dem Schatz verlassen. Der Wächter darf sich erst dann auf den Dieb stürzen, um ihn zu packen, wenn dieser den Schatz berührt. Kann der Dieb den Kreis verlassen, bevor ihn der Wächter halten kann, hat er das Spiel gewonnen.

● *Ein Wort ertasten:* Alle Mitspieler sitzen in einem engen Kreis, die Hände sind auf dem Rücken. Der Spielleiter gibt der Reihe nach Gegenstände im Kreis herum, die tastend erkannt und deren Anfangsbuchstaben behalten werden sollen. Die Angangsbuchstaben aneinandergereiht ergeben das Wort, das erraten werden soll.

Z. B.: S – tein
P – apier
i – mmergrün
E – feuranke
L – ippenstift

● *Eine Person beschreiben:* Ein Mitspieler wird aus dem Raum geschickt. Die andern bekommen die Aufgabe (einzeln oder in Gruppen), den Mitspieler möglichst genau zu beschreiben: Größe, Haarfarbe, Schuhe.

● *Personen verändern:* Die Spieler stehen sich in zwei Reihen gegenüber, jeder Spieler hat einen Partner. Eine Minute lang versuchen alle, sich das Aussehen ihres Partners einzuprägen. Dann drehen sich die Spieler um (oder eine Reihe verläßt kurz den Raum) und jeder verändert etwas an sich. Die Spieler wenden sich wieder einander zu und versuchen, die Veränderung am Partner wahrzunehmen.

● *Personen verstecken:* Alle Spieler gehen vorsichtig mit geschlossenen Augen im Raum umher. Der Spielleiter führt einen Spieler in die Mitte, läßt ihn auf den Boden kauern und wirft ihm eine Decke über. Die andern öffnen auf ein Signal hin die Augen und versuchen zu erraten, wer fehlt.

1.2.2 Übung von Denkprozessen, Entscheidungen treffen, Strategien entwickeln

In allen Spielen, in denen etwas gestaltet wird und in denen Pläne und Strategien entworfen werden, müssen komplexe Denkleistungen bewältigt werden: es werden allein oder im Gespräch mit Partnern Abläufe vorhergesehen, Wenn-dann-Beziehungen durchdacht, Schlußfolgerungen aus der Beurteilung von Situationen gezogen, Reaktionen und Pläne anderer vorhergesehen und das eigene Handeln darauf abgestimmt usw. Dabei müssen sehr oft rasche Entscheidungen darüber getroffen werden, welches Vorgehen gewinnversprechend ist.

Beispiel:

- *Kartoffelstafette:* Es können mehrere Gruppen mit der gleichen Anzahl der Mitspieler am Wettkampf teilnehmen. Von jeder Gruppe steht ein Teilnehmer auf der Startlinie, die andern Teilnehmer stehen in einer Reihe jeweils hinter ihrem ersten Spieler. In einiger Entfernung hat jede Gruppe einen Zielpunkt. Die ersten beiden Spieler jeder Gruppe erhalten einen Löffel, der jeweils erste Spieler zusätzlich eine Kartoffel. Nach einem Startzeichen laufen alle ersten Spieler los, umkreisen ihren Zielpunkt und laufen zurück zur Gruppe. Dort kippen sie die Kartoffel von ihrem Löffel auf den des zweiten Spielers, die Kartoffel darf dabei nicht mit den Händen berührt werden. Der freie Löffel wird dem nächsten in der Reihe weitergegeben. Sobald der zweite Spieler die Kartoffel hat, läuft er los, usw. Gewinner ist die Gruppe, deren Spieler als erste alle den Zielpunkt erlaufen haben.
Fällt einem Mitspieler beim Laufen die Kartoffel vom Löffel, muß er noch einmal an den Start zurück und erneut loslaufen.

Folgende Denkprozesse können bei diesem Spiel ablaufen: Soll ich lieber langsamer gehen und jedes Risiko vermeiden, oder soll ich schnell laufen und lieber riskieren, einmal umkehren zu müssen? Welches ist das größere Risiko? Was werden die anderen tun? Halte ich meinen Entschluß durch, wenn sich die andern anders verhalten? Vorsicht oder Schnelligkeit beim Übergeben der Kartoffel? Was bedeutet für mich oder für die Gruppe mehr Erfolg: Schnelligkeit oder Nicht-Verlieren der Kartoffel?

Neben spontanem und reaktionsschnellem Handeln wird immer wieder auch Reflexion gefordert und Beurteilen der eigenen Fähigkeiten in einer gestellten Aufgabe. Zusätzlich ist es immer wieder nötig, umzudenken und das eigene Handeln einer neuen oder anders vorhergesehenen Situation anzupassen.

- *Menschenmühle:* Es werden neun Stühle aufgestellt, sechs Mitspieler können, in zwei Parteien geteilt, mitspielen. Beide Gruppen numerieren ihre Mitspieler von 1–3, in der Reihenfolge dieser Numerierung wird gegangen. Ziel jeder Gruppe ist es, durch ihre drei Mitspieler eine Mühle zu bilden. Eine Mühle ist erreicht, wenn die drei Spieler derselben Partei entweder nebeneinander oder hintereinander oder diagonal einen Platz besetzen konnten. Die Reihenfolge, einen Platz einzunehmen bzw. zu tauschen, ist:

			Spieler 1	Gruppe I
☐	☐	☐	Spieler 1	Gruppe II
☐	☐	☐	Spieler 2	Gruppe I
			usw.	
☐	☐	☐	Spieler 3	Gruppe II
			Spieler 1	Gruppe I

Die Teilnehmer dürfen während des Spieles nicht miteinander sprechen, also sich gegenseitig keine Entscheidungshilfen geben. Es empfiehlt sich allerdings, erst einige Durchgänge mit Absprachemöglichkeit auszuprobieren.

In diesem Spiel wird vorausschauendes Denken und Planen gefordert, und eine Strategie muß ständig weiterentwickelt werden: Was denkt der andere, wenn ich diesen Platz besetze? Welche Möglichkeit kann ich dem nächsten Spieler meiner eigenen Partei verschaffen? Wer muß nach mir und nach dem nächsten Spieler seinen Platz wechseln, weil er zahlenmäßig an der Reihe ist? Welcher Platz wird frei? War mein Vorausschauen richtig, oder muß ich meine Strategie ändern? usw.

● *Der leere Rechenkasten:* (minus – plus – mal – geteilt) Das ist ein Rechenspiel, das mit fünf Würfeln gespielt wird. Jeder Spieler hat vor sich den aufgezeichneten leeren Rechenkasten. Es wird fünfmal hintereinander gewürfelt, bei jedem Wurf wird ein Würfel ausgewählt und an einer beliebigen Stelle im Rechenkasten eingesetzt. Zum Schluß wird die entstandene Rechnung ausgerechnet und der Spieler mit dem höchsten (oder auch niedrigsten) Ergebnis ist Sieger.

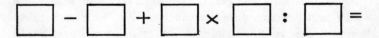

● *Die stumme Sechs:* Es wird mit einem Würfel gespielt. Man würfelt jeweils einmal pro Runde und notiert das Würfelergebnis so, daß zum Schluß die Zahlen eins bis sechs auf seinem Zettel stehen. Beim Aufschreiben der Zahlen muß aber die Folge der Zahlenreihe eingehalten werden, d. h., daß z. B. die drei erst geschrieben werden darf, wenn vorher schon die zwei da steht. Wer die eins gewürfelt und geschrieben hat, darf von da an nicht mehr sprechen. Spricht er doch, weil ihn die anderen provozieren, werden seine geschriebenen Zahlen wieder gestrichen und er beginnt von vorne. Sieger ist, wer zuerst fertig ist.

● *Die stumme Neun:* Das ist eine Variante der stummen Sechs. Es wird mit drei Würfeln gespielt. Man darf (wieder nur der Reihenfolge nach) die

Zahlen notieren, die man würfelt, aber auch die, die man durch Addition oder Subtraktion aus dem Wurf errechnen kann.

Beispiel: aus dem Wurf eins – drei – fünf können in einem Durchgang die Zahlen eins bis neun geschrieben werden: eins war gewürfelt, zwei ergibt sich aus drei minus eins usw.

Die Regel kann erschwert werden, indem die zu würfelnde Zahlenreihe auf 12 oder 15 erhöht wird.

● *Streichholzratespiele:* Ein Spieler gibt die Aufgaben, alle können mit Streichhölzern versuchen, die richtige Lösung zu suchen.

Z. B.:
– Aus neun Streichhölzern drei Vierecke legen!

– Diese Figur mit Hilfe von acht Streichhölzern in vier gleiche Teile teilen!

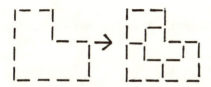

1.2.3 Kombinationsfähigkeit und Phantasie

In vielen Spielen werden Anreize zu phantasievollem Denken und Kombinieren gegeben Das sind z. B. Spiele, in denen der Spielverlauf frei gestaltet werden kann und keine bestimmte Lösung verlangt wird, oder auch solche, in denen durch Kombination von nicht zusammengehörenden Dingen eine Lösung gefunden werden muß.

Phantasie wird auch gefördert, wo Spielregeln geändert oder neue Spiele erfunden werden, wo aus Worten Geschichten entstehen und Einzelbilder in einen Zusammenhang gebracht werden (vgl. Sprache und Erzählen).

● *Wortassoziationen:* Dieses Spiel kann man überall, z. B. auch ganz spontan, unterwegs beginnen: Ein Mitspieler nennt ein Wort, z. B. Unterseeboot. Nun geht es reihum oder auch durcheinander; einer assoziiert dazu ein anderes Wort, z. B. Wasser, der nächste z. B. kalt – Nordpol – Eisbär – reiten... usw.

Dieses Spiel ist reizvoll und bringt Überraschungen. Einfälle und Gedanken überspringen sich; es ist lustig, wenn jemand anderer in eine ganz andere Richtung assoziiert, als ich selbst das tue. Die Vorstellungskraft wird erweitert, neue Beziehung zwischen Begriffen hergestellt und Gedankengänge anderer können verfolgt werden. Gleichzeitig ist das Spiel so leicht, so daß keine Furcht entstehen kann, ihm nicht gewachsen zu sein.

● *Verrückte Welt:* Einige Spieler werden aus dem Raum geschickt, damit der Spielleiter den Zurückbleibenden das Spiel erklären kann: Alle spielen verrückt, d. h. wenn sie nachher nacheinander von den anderen Spielern Fragen gestellt bekommen, beantwortet jeder nicht seine eigene, sondern die dem Spieler vor ihm gestellte Frage.

Dann werden die »Frager« hereingerufen. Sie stellen miteinander jedem Spieler eine Frage, hören sich die Antwort an und gehen zum Nächsten weiter. Sie sollen herausfinden, an welcher Verrücktheit die Gruppe leidet.

Bei diesem Spiel sollte nicht ein Spieler allein der ganzen Gruppe gegenüberstehen und das Rätsel lösen müssen. Diese exponierte Situation würde wahrscheinlich eher hemmen und die Kombinationsfähigkeit einschränken.

● *Ausdenken von Geschichten:* Jeder Teilnehmer bekommt fünf Tätigkeiten genannt, z. B. springe über einen Graben, sehe ein Tier, mache einen Handstand, kaufe ein Eis, mache einen Waldlauf.

Daraus soll eine Geschichte erfunden werden, die entweder erzählt oder aber auch pantomimisch gespielt werden kann, so daß die andern Teilnehmer, die die fünf Tätigkeiten nicht kennen, sie aus der pantomimischen Darstellung erraten können.

● Ein Teilnehmer greift in einen Sack oder eine Kiste, in der viele Gegenstände gesammelt sind. Er holt sich blind drei Gegenstände heraus – ertastet sie und nennt ihren Namen. Dann erfindet er damit eine Geschichte oder ein Spiel, bei dem alle mitspielen können.

Diese Aufgabe kann auch gut als Gruppe gelöst werden.

● Einer beginnt eine Geschichte zu erzählen. Er unterbricht sie dann nach einiger Zeit, greift in eine Kiste und holt sich einen Gegenstand heraus. Er reicht ihn einem anderen Mitspieler. Dieser muß versuchen, die Geschichte da weiterzuerzählen, wo sie unterbrochen wurde, und dabei seinen Gegenstand in die Geschichte einzubauen.

● *Sätze bilden:* Alle sitzen im Kreis. Einer beginnt mit einem Wort, der nächste hängt eines dran usw. Es sollen einigermaßen verständliche, aber verrückte Sätze werden.

● *Sätze bilden mit Wiederholung:* Der erste beginnt mit einem Wort, der nächste wiederholt dies Wort und hängt eines dran, der nächste wiederholt beide und hängt ein Wort dran, usw. – bis ein verrückter Satz entstanden ist oder eine bestimmte Zeit abgelaufen ist.

z. B.: Ich – Ich gehe – Ich gehe morgens – Ich gehe morgens nie – usw.

● *Wondraschek:* Der Spielleiter, der sich vorher mit jemand abgesprochen hat, fordert auf zu einer geheimnisvollen Sitzung: er könne Gedanken übertragen.

Evtl. kann der Raum abgedunkelt und eine Kerze aufgestellt werden. Der Spielleiter bittet alle, sich zu konzentrieren. Er spricht sein »Medium« (den Partner, mit dem er sich vorher abgesprochen hat) an: Wondraschek, Wondraschek, hör auf mein Wort und geh nicht fort, bis ich's dir sage und gib' dann dem die Hand, dem ich sie geben werde.

Dann schweigt er und auch alle im Kreis sind still.

Sobald einer im Kreis eine Bemerkung macht oder sich räuspert oder auch sich bewegt (die Zeichen müssen vorher zwischen dem Spielleiter und seinem Medium ausgemacht worden sein), fordert der Spielleiter ›Wondraschek‹ auf, den Raum zu verlassen. Er geht dann zu dem Spieler, der sich geäußert hat, und gibt ihm schweigend die Hand, dann setzt er sich wieder an seinen Platz und ruft ›Wondraschek‹ herein. Dieser mimt Konzentration und gibt dann dem betreffenden Mitspieler seine Hand.

Die andern Teilnehmer dürfen »Medium« sein, sobald sie meinen, das Rätsel lösen zu können.

● *Gedankenübertragung:* Wieder haben sich zwei Spieler abgesprochen. Einer verläßt als Medium den Raum, die anderen vereinbaren eine einstellige Zahl, die dem Medium übertragen werden soll. Das Medium kommt herein und der Partner legt mit Gabeln oder Stöcken eine Figur auf den Boden, die mit der Zahl insgesamt gar nichts zu tun hat. Wichtig sind nur die beiden ersten Gabeln: die erste wird als Uhrzeiger gelegt, der 12.00 Uhr zeigt, und die zweite wird der ausgemachten Zahl entsprechend gelegt. Die weiteren Gabeln dienen nur der Verwirrung. Wenn die ganze Figur gelegt ist, konzentriert sich das ›Medium‹ und nennt die Lösung.

Wenn zwei- oder dreistellige Zahlen vereinbart werden, gelten entsprechend auch die dritte und vierte Gabel. Die Zahl wird einfach in der Reihenfolge der Ziffern gelegt.

● *Spiele erfinden:*
  ● Eine Gruppe bekommt drei Gegenstände und erfindet ein Spiel, in dem diese Gegenstände gebraucht werden.
  ● Thematische Brett- oder Würfelspiele erfinden, z. B. ein ›Freizeit-Spiel‹. Es können Hindernisse, Aufgaben usw. eingearbeitet werden.
  ● Wettbewerb in der Freizeit: Spielideen und selbst erfundene Spiele.
  ● Freie Spiele: Spiele mit sich selbst, in der Natur, sammeln, bauen, entwerfen usw.

1.2.4 Sprache und Erzählen

Sprachliches Ausdrucksvermögen ist für den Menschen von großer Bedeutung: er wird vielfach nach seiner Sprachfähigkeit bewertet, er braucht Sprache als Mittel zu Problemlösung, Sprache schafft Zugang zu anderen Menschen und macht Metakommunikation (Reflexion über die Kommunikation zwischen Menschen) möglich. Sprachfähigkeit verhilft zu Erfahrungen, denn nur die in den Begriff oder Ausdruck gebrachten Erlebnisse werden zu Erfahrungen, die dem einzelnen verfügbar sind. Als Beispiel kann das Sprechen über Spielsituationen angeführt werden: Erst die Fähigkeit, etwas in Worte zu kleiden, ermöglicht Einsicht und Bewußtwerden über eigene Gefühle im Spiel, über vorgegangene Denkprozesse, über Spielstrategien und ihren Erfolg, über eigenes und fremdes Verhalten usw.

Spiele, die die Sprach- und Ausdrucksfähigkeit fördern, haben den Vorteil, daß – anders als in der Schule – Sprache hier nicht in erster Linie der Bewertung unterliegt. Deshalb geben Spiele eine ungezwungenere und unbefangenere Einübungsmöglichkeit. Sprache ist nicht das ›Ziel‹ des Spieles, sondern nur das Mittel, um sich spielend verständigen zu können und Spaß zu haben.

● *Löffelspiel:* Alle Mitspieler sitzen im Kreis oder knien auf dem Boden. Vor ihnen, in einem engeren Kreis, liegen Löffel, mit den Stielen nach außen. Es liegt ein Löffel weniger im Kreis, als Mitspieler vorhanden sind (Spielleiter eingerechnet). Der Spielleiter beginnt eine Geschichte, in dieser taucht irgendwann das Wort ›Löffel‹ auf. Auf dieses Stichwort hin müssen alle Mitspieler schnell einen Löffel greifen. Da auch der Spielleiter nach einem Löffel gegriffen hat, bekommt ein Mitspieler keinen mehr. Er erzählt die Geschichte weiter und bringt irgendwann wieder das Wort Löffel usw.

● *Geschichten erzählen:* Auf vielen Kärtchen steht jeweils ein Begriff, ein Eigenschaftswort oder eine Tätigkeit. Einer zieht eine Karte und darf mit seinem Begriff eine Geschichte beginnen. Nach spätestens drei Sätzen bricht er ab, zieht eine neue Karte und gibt sie, ohne sie anzusehen einem andern Spieler. Der muß an der Geschichte weitererzählen und sein gezogenes Wort unterbringen. Jeder Spieler hat vor sich einen Zettel und notiert, welches Wort er als vorgegeben vermutet. Zum Schluß werden die Vermutungen ausgetauscht.

Auf gleich große Karten werden verschiedene Bilder geklebt oder gemalt. Die Karten werden gemischt und verdeckt in die Mitte des Kreises gelegt. Einer zieht ein Bild und beginnt eine Geschichte zu erzählen, in der das Bild irgendwie verwendet wird. Er unterbricht dann, ein anderer Mit-

spieler zieht ein neues Bild und erzählt an der unterbrochenen Stelle weiter. Er bringt sein eigenes Bild in der Geschichte unter usw.
- *Reporterspiel:* Die Teilnehmer werden in kleine Gruppen aufgeteilt. Jede Gruppe erhält einige Bilder. Die Aufgabe besteht darin, sich in einer bestimmten Zeit eine Reportage auszudenken, bei der ein Teil der Bilder eingearbeitet werden soll.

Solche Reportagen können natürlich auch von einzelnen gemacht werden. Sie können entweder vorgetragen oder auch auf Papier ausgestaltet werden.
- *Einen Gegenstand erfragen:* Die Teilnehmer werden in kleine Gruppen (ca. fünf Personen) aufgeteilt. Jede Gruppe denkt sich einen Begriff aus. Es ist günstig, wenn zunächst mit leichten Begriffen begonnen wird, z. B. Baum, Garten, Tisch usw.

Jede Gruppe schickt einen Abgeordneten zu der Gruppe, die sich rechts von ihr befindet. Dem Abgeordneten wird das abgesprochene Wort genannt, er läuft in seine Gruppe zurück und läßt diese das Wort erfragen. Er darf auf die Fragen nur mit ja und nein antworten. Sobald eine Gruppe das Wort erraten hat, beginnt eine neue Spielrunde.
- *Unbekannt trifft Unbekannt:* Zwei freiwilligen Spielern wird der Name einer bekannten Persönlichkeit auf den Rücken geheftet. Jeder sieht also nur den Namen seines Partners, er kennt nicht seinen eigenen Namen. Diesen muß er im Gespräch mit dem Partner, bei dem er so tun soll, als wüßte er, wer er selbst ist, herausfinden. Den Partner kann er gut ansprechen, weil er ja seinen Namen kennt.

Dies ist ein verhältnismäßig schweres Spiel, wenigstens so lange, bis eine gewisse Spielroutine erreicht ist. Vom einzelnen wird verlangt, daß er ein Gespräch führt, obwohl er seine eigene Rolle nicht kennt. Er muß die Informationen über sich selbst aus den Worten des anderen heraushören und gleichzeitig dem anderen gezielte Informationen über dessen Rolle bzw. Person zukommen lassen, allerdings immer nur in einem ähnlichen Maß, als er sie selbst erhält. Das heißt, daß Informationen verschlüsselt, versteckt herausgehört und vermutet und anscheinend nicht zusammengehörende Aussagen verbunden werden müssen.

1.2.5 Kommunikationsfähigkeit

Fähigkeit für Kommunikation ist Voraussetzung, um miteinander zu spielen.

Oder anders ausgedrückt: in den meisten Spielen wird Kommunikationsfähigkeit gefordert, eingeübt und weiterentwickelt. Dazu gehören auch schon die bisher aufgezählten Spiele.

Hier soll dieser wichtige Bereich ›Kommunikationsfähigkeit‹ unter weiteren Gesichtspunkten betrachtet werden. Kommunikation schließt mehr ein als sich durch Worte miteinander verständigen. Es ist die Fähigkeit überhaupt, mit anderen in Beziehung zu treten und Beziehungen zu erhalten.

Das schließt viele Fähigkeiten ein:
- Zeichen und Symbole verstehen, Mitteilungen mit und ohne Sprache weitergeben und empfangen.
- Erwartungen und Bedürfnisse anderer wahrnehmen und aus der Gegenüberstellung mit eigenen, evtl. divergierenden Erwartungen, zu Entscheidungen und Handlungen gelangen, die beide berücksichtigen.
Toleranz für die nur partielle Befriedigung eigener Bedürfnisse zugunsten anderer oder eines Zieles aufbringen;
z. B. auch dann mitspielen können, wenn ich Erfolg teilen muß, wenn ich Mißerfolg riskiere, wenn mir eine Spielregel Einschränkungen auferlegt, wenn ein anderer eine von mir gewünschte Rolle übernommen hat usw.
Aushalten von ambivalenten Situationen: sich nicht konform anpassen und auch nicht nur sich selbst sehen.
- Sich in einen andern hineindenken und ihn verstehen, ohne selbst die gleichen Gefühle zu haben oder zu übernehmen (Empathie).

Das meint:
- damit leben lernen und es ertragen, daß der andere und ich verschieden sind;
- die eigene Sicht und die des anderen, das eigene Gefühl und das des anderen unterscheiden können;
- die Sprache und das Denken eines anderen verstehen können, auch wenn meine Sprache und mein Denken anders sind;
- Informationen auf einen Empfänger zuschneiden;
- sich mit Spielregeln auseinandersetzen, sich ihnen unterwerfen, sie auch in Frage stellen und ändern;
d. h. sich in einen Rahmen einfügen können, aber auch den Raum nützen, der Veränderungen möglich macht; vorgegebene Handlungsbedingungen ändern, aber auch sich angleichen um eines Zieles (Spiel) willen;
- sich auf Neues einlassen, neue Verhaltensweisen ausprobieren,

neue Normen erproben, neue ›Wirklichkeit‹ erfahren (z. B. verlieren ist nicht mit Anerkennungsverlust verbunden).

Dies alles sind sehr komplexe Fähigkeiten, die eng ineinander verflochten sind und sich gegenseitig bedingen. Sie werden uns im täglichen Leben ständig abverlangt, ohne daß wir dies direkt wahrnehmen. Und das Gelingen oder Mißlingen von Kommunikation und Beziehung hängt davon ab, wie wir diese Fähigkeiten beherrschen.

Deshalb sollen im folgenden einige Spiele beispielhaft dargestellt und reflektiert werden, um aufmerksam und sensibel dafür zu machen, wie im Spiel diese Fähigkeiten gefördert werden.

Exemplarische Spielreflexionen

● *Der unsichtbare Dirigent:* Die Spieler sitzen im Kreis. Ein Spieler geht aus dem Raum. Die Zurückbleibenden bilden ein Orchester. Sie einigen sich auf einen ›geheimen Dirigenten‹. Dieser fängt an, pantomimisch ein Instrument zu spielen, alle andern machen es ihm nach. Der Spieler wird von draußen hereingerufen und in die Mitte des Kreises gebeten. Der geheime Dirigent versucht ständig unauffällig sein Instrument zu wechseln, und alle machen es ihm jeweils nach. Der Spieler in der Mitte muß herausfinden, wer der Dirigent ist.

Fähigkeiten, die gefordert werden:

Dirigent:
- Aufmerksamkeit, Wahrnehmungsfähigkeit (den Beobachter beobachten, ohne daß dieser es merkt);
- sich die eigene Rolle nicht anmerken lassen, aber sie spielen;
- Voraussehen (sich einfühlen), an welchem Verhalten die eigene Rolle erkannt werden könnte;
- Situationen erkennen und ausnützen, in denen das Instrument gewechselt werden kann;
- Zeichen benützen, nonverbale Mitteilungen machen;
- Aushalten einer widersprüchlichen Rolle: Zeichen geben und nicht erkannt werden.

Orchester:
- Mehrere Dinge auf verschiedene Art gleichzeitig im Blick haben:
  - den Dirigenten und sein Tun (unauffällig);
  - den Beobachter und seine Strategie (offen);
  - den Wechsel des Instrumentes als Aufforderung für die eigene Reaktion;
- sich einfühlen, welches eigene Verhalten die Rolle des Dirigenten verraten kann;
- Mitteilungen ohne Sprache empfangen.

Beobachter:
- Die eigene Rolle in ihrer Wirkung auf die anderen ahnen und sie so spielen, daß die Strategie des Vorgehens verdeckt bleibt (Beispiel: nicht direkt den anschauen, den man im Verdacht hat, oder sich absichtlich umdrehen, um einen Instrumentenwechsel zu ermöglichen und einen Verdacht bestätigen zu lassen);
- sich nicht verwirren lassen von verschiedenen Signalen;
- widersprüchliche Signale aufnehmen und unterscheiden, interpretieren und deuten (Blicke, Lachen);
- Toleranz entwickeln gegenüber dem eigenen Erfolg/Mißerfolg;
- aushalten einer spannungsreichen Situation (evtl. belastenden Situation) und dennoch aufmerksam sein;
- eine Strategie entwickeln, verschiedene Verhaltensweisen ausprobieren;
- Die eigenen Kräfte mit denen aller andern messen.

Zum Spielablauf und zur Dynamik im Spiel:
Hier steht »einer gegen alle«. Er hat keine Möglichkeit/Macht, diese exponierte Stellung aufzugeben, wenn sie für ihn belastend wird. Denn nur das Finden der Lösung beendet den Spieldurchgang. Der Beobachter ist also in einer starken Abhängigkeit von den andern. Die Ziele der beiden sehr ungleichen Parteien sind einander entgegengesetzt:

Ein Spieler: Herausfinden des Dirigenten.
Alle anderen Spieler: Geheimhalten des Dirigenten.

Dies ist für viele eine sehr schwierige Situation, vor allem dann, wenn die Normen »gewinnen ist gut, verlieren ist schlecht« noch vorhanden sind.

Das Spiel braucht also auf alle Fälle eine gewisse Vertrautheit der Gruppe untereinander und die Sicherheit des einzelnen, daß er wegen eines Mißerfolgs nicht verlacht wird. Es braucht eine ziemlich große Risikobereitschaft und Spielfreude, ist also für ungeübte und spielunsichere Gruppen *nicht* geeignet.

Die Situation kann für einen einzelnen auch deshalb belastend sein, weil sein Mißerfolg ja gleichzeitig Erfolg für die Gruppe ist, z. B. falsche Vermutungen darüber, wer der Dirigent ist, werden mit Lachen und Freude beantwortet. Hier wird verständlich, wie unterschiedlich die Wirkung dieses Spiels auf einzelne sein muß, je nachdem ob er eine gute oder schlechte Position in der Gruppe hat:

- Weiß einer sich akzeptiert, wird er das Lachen und die Freude der Gruppe nicht als Abwertung seiner Person verstehen und wird es spannungslos hinnehmen können.
- Weiß einer sich abgelehnt, wird er die Gruppe als Gegner erfahren, der sich an seinem Mißerfolg freut.

Bei diesem Spiel sollte jede Rollenwahl freiwillig erfolgen. (Es sollte also auch nicht der Beobacher werden *müssen*, der vorher als Dirigent entdeckt worden ist.)

● *Ins Blaue blinzeln*

Die Spieler sitzen im Kreis. Auf kleine Zettel sind soviel Zahlen von eins bis... geschrieben worden, wie Mitspieler vorhanden sind. Die Zettel werden gemischt. Jeder Spieler zieht eine Zahl und hält sie vor den anderen geheim. Ein Spieler beginnt das Spiel: er geht in die Mitte des Kreises und nennt zwei der vorhandenen Zahlen, z. B. fünf und vierzehn. Die beiden Spieler mit diesen Nummern kennen sich bisher nicht. Sie versuchen nun, sich durch nonverbale Signale und Zeichen gegenseitig zu finden. Nachdem sie sich gefunden haben, müssen sie ihre beiden Plätze tauschen. Der Spieler in der Mitte versucht, die Signale aufzufangen. Seine Aufgabe ist es, im Augenblick des Platzwechsels der beiden Betroffenen, einen der beiden Plätze zu erwischen. Der übrig bleibende Spieler geht in die Mitte.

Die anderen Mitspieler dürfen keine Täuschungsmanöver versuchen. Sie sind schweigende Zuschauer.

Nach einigen Durchgängen können die Zahlen untereinander ausgetauscht werden, damit das Spiel attraktiv bleibt.

Spielregelerweiterung:

Es geht nicht um Gewinnen oder Verlieren, sondern um Ausprobieren und Sich-Messen.

Jeder, der Lust hat, einen Versuch zu machen, soll es tun. Er braucht nur eine Runde im Kreis zu bleiben, auch wenn er keinen Platz erreicht hat. Er darf es aber auch weiter versuchen.

Fähigkeiten, die gefordert werden:

Von den beiden Aufgerufenen:
- nicht-sprachliche Mitteilungen machen, aufnehmen und entschlüsseln, ohne daß der Beobachter dies merkt;
- günstige Situationen erkennen und ausnützen;
- spontanes Verhalten zugunsten reflexivem zurückstellen;
- Verhalten des Beobachters deuten und voraussehen und die eigene Strategie danach richten;
- Risikobereitschaft:
  – ohne Kenntnis des Partners in einen ›leeren‹ Raum Signale senden;
  – erkannt werden;
  – evtl. keinen Platz bekommen, wenn ich den eigenen aufgegeben habe. – Um allerdings einen neuen zu bekommen (also die Spielregel zu erfüllen), *muß* ich meinen Platz aufgeben;
- schnelle Reaktionen auf Signale des Partners hin.

Beobachter:
- Unterscheiden von zufälligen und ›echten‹ nonverbalen Mitteilungen;

- Aushalten der exponierten Rolle, hohe Möglichkeit von Mißlingen;
- sich auf diese risikoreiche Situation einlassen;
- Strategie des Beobachtens entwickeln, diese aber verdecken; Strategie entwickeln, wie ein Platz zu gewinnen ist.

Zum Spielablauf und zur Dynamik im Spiel:
Dieses Spiel hat deutlich zwei Phasen:

In der ersten sind sich alle unbekannt, alle sind auf der Suche und möchten Zeichen entdecken. Vor allem die beiden aufgerufenen Zahlen sind aktiv.

Diese Phase dauert so lange, bis die beiden Betroffenen sich erkannt haben.

In der zweiten Phase geht es um den Platzwechsel, hier spielt der Beobachter vor allem gegen zwei – wenn er keine Rolle erkannt hat, allerdings weiter gegen den ganzen Kreis. Die Nicht-Betroffenen sind nun Zuschauer.

Diese Anordnung macht das Spiel sehr reizvoll und vor allem für solche Gruppen außerordentlich attraktiv, die schon Freude am Spiel um des Spielens willen gewonnen haben. Denn hier können Kräfte gemessen, Strategien ausprobiert, Signale gegeben und empfangen werden; usw.

Es empfiehlt sich, die Zusatzregeln anzubieten. Dann kann der einzelne entspannter Spielversuche unternehmen.

● *Verschiedene Wahrnehmung*

Jeder Mitspieler stellt sich an irgendeinen Platz im Zimmer und hält seinen Blick in einer bestimmten Richtung fest, die er sich auswählt.

Nun wird an einer andern Stelle etwas gespielt, dargestellt oder getan (Geräusche).

Anschließend schreibt jeder für sich auf: Was habe ich von meinem Blickwinkel aus wahrgenommen, gesehen? Was war meiner Meinung nach los?

Die Ergebnisse werden vorgelesen und miteinander verglichen.

Auswertung:
- Wieso kommen wir zu verschiedenen Ergebnissen, Wahrnehmungen?
- Was alles beeinflußt unsere Wahrnehmung?
- Was ist objektiv, was subjektiv? Gibt es eine objektive Wahrnehmung?
- Welche Wahrnehmung hat zu welchem Schluß geführt?
- Wie war das bei den anderen Mitspielern?
- Weshalb ziehen verschiedene Menschen aus einer gleichen Wahrnehmung unterschiedliche Schlüsse?
- Was hat dies Spiel mit Entstehung und Verfestigung von Vorurteilen zu tun?

Zum Spiel:
Dies ist ein Spiel, das eigentlich von der Auswertung lebt. Es geht hier

darum, bestimmte Erkenntnisse aus der Erfahrung eines Spiels zu gewinnen, z. B.:
- daß Wahrnehmung subjektiv und sehr beeinflußbar ist;
- daß meine eigene Wahrnehmung anders als die anderer Menschen und von meiner ›Geschichte‹ geprägt ist;
- daß ich nur Ausschnitte wahrnehme und der andere evtl. andere Teile aufgenommen hat;

usw.

Das Spiel hat das Ziel, offener und kritischer zu machen: offener anderen Meinungen und Wahrnehmungen gegenüber und interessiert daran, wie andere sehen und denken; es soll auch kritischer machen gegenüber feststehenden Ansichten und Urteilen.

● *Zaubermusik*

Ein Spieler geht aus dem Raum. Die Zurückbleibenden einigen sich auf einen Gegenstand. Dann rufen sie den Spieler wieder zurück. Sie beginnen miteinander ein Lied zu summen, wobei sie durch leise und laut Singen den Spieler immer näher zum Gegenstand lenken (laut bedeutet Nähe zum Gegenstand). Der Spieler muß genau hinhören und allen Abstufungen der Lautstärke folgen, dann wird er den gemeinten Gegenstand bald finden. Bei fortgeschritteneren Gruppen kann zusätzlich vereinbart werden, was der Spieler mit dem gefundenen Gegenstand noch tun soll, z. B. mit der Kreide etwas an die Wand malen. Auch dieser ›Auftrag‹ wird durch leise und laut Summen gelenkt.

Fähigkeiten, die gefordert werden:

Von den ›Führern‹ (summen):
- sehr gut beobachten und ihre Stimme entsprechend der Nähe oder Entfernung laut oder leise gebrauchen;
- die eigene Einschätzung der Lautstärke (Nähe, Entfernung) mit der der anderen Mitspieler vergleichen und sich anpassen bzw. die eigene Auffassung mitteilen;
- zusammenarbeiten mit den anderen;

von dem ›Geführten‹:
- Lautstärke als Mitteilung über eine Nähe oder Entfernung übersetzen;
- Lautstärke als Anweisung für Handeln (in eine bestimmte Richtung gehen bzw. umkehren) verstehen, Verhalten korrigieren;
- sich einfühlen in das, was die anderen einem mitteilen, sie als vertrauenswürdig erleben bzw. als widersprüchlich;
- Strategie entwickeln, wie der gemeinte Gegenstand möglichst schnell herausgefunden werden kann;
(z. B. möglichst viel umhergehen, um erst die Richtung und dann auch den genauen Ort zu finden, mit den Händen über und an Gegenständen

vorbeistreifen, um die Änderung der Lautstärke genauer wahrnehmen zu können).

Zum Spielablauf und zur Dynamik im Spiel:

Im Grunde ›führen‹ in diesem Spiel beide ›Parteien‹: Derjenige, der den Gegenstand herausfinden muß, geht im Raum umher, und die Stimmen der anderen müssen seiner Bewegung folgen bzw. signalisieren, ob er sich auf den Gegenstand zu oder weg bewegt. Die Stimmen folgen den Bewegungen.

Derjenige, der sucht, folgt den Anweisungen der anderen, indem er sich nach der Lautstärke richtet.

Von allen Beteiligten wird eine hohe Einfühlung verlangt, für *beide* Parteien ist es ein *Erfolg*, wenn der Gegenstand gefunden ist. Im Grunde gibt es keine Verlierer.

● *Tierformen reißen*

Das Spiel wird in Gruppen zu zwei bis fünf Teilnehmern gespielt. Jede Gruppe erhält einen großen Bogen Papier oder Zeitungspapier.

Aufgabe: als Gesamtgruppe ein Tier ausreißen, ohne miteinander zu sprechen und sich auf ein bestimmtes Tier zu einigen. Ein Teilnehmer beginnt mit dem Reißen und denkt sich ein Tier aus. Er unterbricht nach kurzer Zeit, und der nächste Teilnehmer reißt ein Stück weiter. Es kann vorher vereinbart werden, wie groß das Tier etwa werden soll und wieviel jeder ungefähr reißen darf. Wenn alle dran waren und das Tier noch nicht fertig ist, fängt die Reihe wieder von vorne an.

Auswertung

– Welches Tier hatte sich jeder im Verlauf des Spiels vorgestellt? Hat sich die Auffassung während des Spiels verändert, an welcher Stelle, wodurch?
– Entstanden Konflikte während des Spiels? Wodurch?
– Hat sich der einzelne verstanden, mißverstanden gefühlt, akzeptiert, unterdrückt?

usw.

Fähigkeiten, die gefordert werden:

– Empathie (Einfühlung): was meint der andere, was möchte er darstellen?
– Entscheidungsfähigkeit;
– Anpassungs- und Durchsetzungsfähigkeit;
  sich klarwerden über eigene Ziele und andere respektieren.

Zum Spiel:

In diesem Spiel sind für den einzelnen einige Entscheidungen zu treffen: Was möchte ich gerne darstellen? Was wollen nach meiner Sicht die anderen darstellen? Wie werde ich mit der Unterschiedlichkeit der Vorstellungen fertig? Passe ich mich an – soll ich mich gegen die anderen durchsetzen? Mit wem kann ich mich zusammentun, wen soll ich unterstützen?

Es ist wichtig, über dieses Spiel zu sprechen, wenn daraus Erfahrungen gewonnen werden sollen.

1.2.6 Kooperationsfähigkeit

Um spielen zu können, braucht einer Vertrauen zu sich selbst und zu den anderen Mitspielern, daß er das Spiel spielen kann, daß er nicht allein gelassen oder ausgelacht wird, daß er mit den anderen gemeinsam spielen kann.

Oft scheitern Spiele in Gruppen, weil eben dieses Vertrauen zu sich selbst und untereinander noch nicht da ist; weil es dem einzelnen nur egoistisch um sich selbst geht und er sich nicht einlassen kann, weil er Angst vor Verlieren hat; weil zuwenig Selbstvertrauen vorhanden ist und damit auch die Fähigkeit zur Kooperation fehlt.

Gründe für die Unfähigkeit zu Zusammenspiel und -arbeit sind schon genug genannt worden. Ebenso wurde betont, daß Kooperation eine wichtige Fähigkeit ist. Durch bestimmte Spiele kann diese Fähigkeit gefördert werden:

– durch Spiele, die nur Spaß machen, wenn alle aufeinander eingehen und sich gegenseitig unterstützen: Tanzspiele, Rollen- und Theaterspiele;
– durch Gruppenspiele, bei denen *die* Gruppen bessere Erfolgsaussichten haben, die besser zusammenarbeiten, z. B. Gruppenwettläufe, bei denen ein Mitglied der eigenen Gruppe, das die Augen verbunden hat, durch Zurufe um einige Hindernisse herumgelenkt werden muß;
– durch Spiele, bei denen einzelne zusammenhalten oder sich helfen müssen, um zum Ziel zu kommen.

Einige Spiele werden als Beispiel vorgestellt.

● *Die veränderliche Glasplatte:*

Die Mitspieler werden aufgefordert, sich im Kreis auf den Boden zu hocken und aus einem dicken Seil vor ihnen ebenfalls einen Kreis zu bilden. (Anzahl der Mitspieler je nach Länge des Seils bis ca. 20.) Alle Mitspieler müssen das Seil anfassen. Nun werden Anweisungen gegeben: Stellt euch vor, dieser Kreis wäre eine Glasplatte, hebt sie 30 cm vom Boden hoch. Jetzt soll die Glasplatte zu einem Dreieck werden – und jetzt zu einem Quadrat usw. Bei diesem Spiel darf *nicht gesprochen* werden.

Fähigkeiten, die gefordert werden:
- mit anderen zusammenarbeiten, Signale anderer als Vorschlag für das Vorgehen verstehen;
- sich anpassen und einem Vorschlag folgen;
- sich durchsetzen und selbst Initiative übernehmen; Vorschläge machen;
- erkennen, was andere meinen;
- zu erkennen geben, was ich selbst will.

Auswertung
- Wie kamen die Formen zustande? Konnten manche gar nichts dazu tun, obwohl sie/er gerne wollten?
- Welche Schwierigkeiten/Probleme/Konflikte sind beim Formenbilden aufgetaucht? Wie wurden sie angegangen, gelöst?
- Gab es Momente, in denen niemand gerne Initiative übernehmen wollte? Warum? Was war die Folge? Was geschieht in Gruppen, in denen niemand initiativ wird?
- Wie war die Zusammenarbeit? Was hat sie gefördert, was eher behindert?

usw.

● *Der Familienspaziergang:*

Die Mitspieler werden in gleich große Gruppen aufgeteilt. Eine Gruppe kann ca. fünf bis zehn Mitglieder haben. Alle Mitglieder einer Gruppe stellen sich hinter einer Startlinie hintereinander auf. Sie bekommen alle Namen und stehen in einer bestimmten Reihenfolge: Großvater, Großmutter, Vater, Mutter, Tante... Es kann vorher überlegt werden, welche Familienmitglieder vorhanden sein sollen und welchen Namen sich die einzelnen Familien geben. Es können ruhig auch Haustiere mitspielen. In einiger Entfernung von jeder Familie steht ein Stuhl als Zielpunkt.

Bei einem Startzeichen beginnt der Familienspaziergang: erst laufen alle Großväter los, umrunden das Ziel, laufen zurück und nehmen nun die Großmütter mit, beide holen dann die Tante... usw. Der Familienspaziergang ist beendet, wenn eine Gruppe alle Familienmitglieder einmal um das Ziel herumgeführt hat.

● *Fangspiel:*

Zwei Kinder fassen sich an den Händen zu einem Kreis (A + B). Eines von beiden (A) soll von einem dritten gefangen werden. B hilft A, sich vor dem Fänger zu schützen, indem er ihn abdeckt, sich vor ihn dreht, sich mitbewegt.

Das Spiel kann mit wechselnden Rollen immer wiederholt werden. Es kann auch von drei Kindern (Kreis) gegen eines gespielt werden.

● *Dreibein-Lauf:*
Je zwei Kinder bilden eine Spielgruppe. Sie stellen sich dicht nebeneinander. Die nebeneinander stehenden Beine werden zusammengebunden, so daß jede Gruppe nur noch ›drei Beine‹ zur Verfügung hat. Die Gruppen treten zu einem Wettlauf gegeneinander an.

● *Maschine bauen:*
Ein Teilnehmer beginnt mit dem Maschinenbau, indem er sich in die Mitte des Kreises begibt und irgendeine Stellung einnimmt und eine Bewegung wiederholt. Der nächste Teilnehmer geht dazu und ergänzt die »Maschine« durch eine weitere Stellung/Bewegung usw. Zum Schluß sind alle Mitglieder in die Maschine integriert und alle Stellungen/Bewegungen hängen miteinander zusammen.

1.2.7 Spiele für besondere Gelegenheiten

1.2.7.1 Spiele im Freien – sportliche Spiele

● *Gruppen gegeneinander:*
Die Mitspieler werden in Mannschaften aufgeteilt und stehen in Reihen hinter einer Startlinie. Ca. 50 m entfernt ist für jede Gruppe ein Wendepunkt angegeben. Der Spielleiter kann verschiedene Anweisungen geben:
– Die ganze Gruppe läuft zusammen, wobei jeder Läufer den rechten Fuß des Vordermanns festhalten muß.
– Es laufen immer zwei zusammen, die sich an den Händen halten müssen.
– Die ganze Reihe läuft und faßt sich dabei um die Hüften usw.

● *Hindernislauf:*
Alle Spieler sind in Mannschaften aufgeteilt und stehen hintereinander auf der Startlinie. Es ist für jede Gruppe ein Wendepunkt angegeben.
Zwischen Startlinie und Wendepunkt sind verschiedene Hindernisse aufgestellt. Es wird angegeben, wie diese Hindernisse bewältigt werden müssen (unter dem Stuhl durch, über das Seil springen, mit diesem Seil fünf Sprünge machen usw.). Auf ein Startzeichen hin läuft von jeder Gruppe einer los, bewältigt die Hindernisse, läuft zur Gruppe zurück und schlägt den nächsten an. Auf den Schlag hin darf dieser die Runde weiterführen.

● *Ketten-Fänger:*
Drei bis sechs Spieler bilden eine Kette. Sie sind die Fänger – aber nur die beiden äußeren Fänger dürfen mit ihren freien Händen abschlagen.
Die anderen Spieler sind Läufer, die abgeschlagen werden. Das ganze Spiel wird in einem umgrenzten Spielfeld gespielt, das weder von Läufern noch von Fängern verlassen werden darf (ca. 15 × 15 m). Die Läufer dür-

fen auch unter der Kette durchschlüpfen. Wer gefangen ist, hängt sich an und fängt mit.

Wenn die Kette gerissen ist, darf sie nicht fangen.

● *Tag und Nacht:*

Die Spieler sind in zwei Parteien aufgeteilt und stehen sich in ca. 3 m Abstand auf einer Linie gegenüber. Eine Partei wird »weiß« genannt, die andere »schwarz«. Hinter jeder Gruppe ist in ca. 30 m Abstand eine Endlinie angegeben.

Der Spielleiter wirft eine Scheibe hoch, die auf der einen Seite schwarz, auf der anderen weiß ist. Wenn weiß oben liegt, muß diese Mannschaft weglaufen, die schwarzen werden Fänger. Die weiße Mannschaft rettet sich über ihre Ziellinie. Wer vorher abgeschlagen wird, geht zur gegnerischen Mannschaft über und nimmt deren Farbe an.

● *Fang-Ball:*

Ca. fünf bis acht Spieler stehen in einem Kreis. In der Mitte befindet sich ein Spieler. Die Spieler auf der Kreislinie werfen sich den Ball zu, der Spieler im Kreis muß versuchen, ihn abzufangen (oder zu berühren).

Das Spiel kann auch mit drei Spielern gespielt werden. Zwei befinden sich außen und werfen sich den Ball zu, der Spieler in der Mitte muß ihn abfangen.

● *Treib-Ball:*

Es kann ein beliebig langes Spielfeld vereinbart werden. Zwei Mannschaften (oder zwei einzelne Spieler) stehen sich in der Mitte des Spielfeldes auf ca. 10 m Abstand gegenüber. Eine Partei (Auslosen) beginnt mit einem Wurf. Es ist das Ziel, den Ball möglichst weit zu werfen, um den Gegner schließlich über die Grenzlinie des Spielfeldes hinauszutreiben.

Der Ball muß von der gegnerischen Mannschaft von dem Punkt aus geworfen werden, wo er aufgeprallt ist. Wenn ihn ein Spieler auffangen konnte, darf er drei große Sprünge nach vorn machen und wirft nun von da aus.

1.2.7.2 Spiele für unterwegs

Beim Spazierengehen oder Wandern, vor allem wenn viele schon müde werden, kann ein Spiel wieder munter machen und die Müdigkeit vergessen lassen. Dazu sind Spiele geeignet, für die man kein Material braucht und die im Gehen gespielt werden können. Manche Spiele können mit wenig Umwandlung dafür eingerichtet werden.

Einige Beispiele:

● *Eine Ente – zwei Beine:*

Der Satz: Eine Ente – zwei Beine – fallen ins Wasser – plumps! wandert in dieser Aufteilung der Reihe nach im Kreis herum (bzw. der Reihe der Spaziergänger entlang). An diesem ersten Durchgang sind also vier Spieler beteiligt. Der fünfte fängt wieder von vorne an, aber mit: Zwei Enten, der nächste: vier Beine, der nächste: fallen ins Wasser, der nächste: plumps, der nächst plumps usw.

In jeder Runde wird es eine Ente mehr, entsprechend mehr Beine und plumps. Jeder Mitspieler darf nur ein ›plumps‹ nennen, so daß bei steigender Zahl der Enten immer mehr Mitspieler an einem Satz beteiligt sind.

Wenn jemand einen Fehler macht, beginnt der nächste Spieler wieder mit: Eine Ente ...

● *Das kam dadurch, daß ...*

Der Spielleiter beginnt eine Geschichte zu erzählen. Er unterbricht sie bald, indem er als letzten Satz sagt: Das kam dadurch, daß ... Er fordert nun einen anderen auf, genau an dieser Stelle weiterzuerzählen. Jeder Erzähler hört mit diesem ›Aufforderungssatz‹ auf und fordert einen anderen Erzähler auf.

● *Anstrengende Gespräche:*

Die Gruppe einigt sich auf einen Buchstaben, den sie nicht benützen will, z. B. ›M‹. Nun wird ein Gespräch begonnen, bei dem sich die Spieler gegenseitig ansprechen oder fragen. Jeder muß so sprechen, daß er kein Wort mit dem verbotenen Buchstaben gebraucht.

● *Was-wäre-wenn-Spiel:*

Einer geht aus dem Raum, und die anderen einigen sich auf eine allen bekannte Person, das kann auch eine Person aus dem Kreis sein. Allerdings sollte diese Person damit einverstanden sein, bzw. es selbst wünschen, daß sie erraten werden soll. Der Rater fragt nun Verschiedenes:
Z. B.: Was wäre die Person als Tier, als Küchengerät, als Wetter usw. Einzelne oder alle zusammen versuchen, in ihrer Antwort etwas davon zu sagen, wie sie diese Person selbst erfahren. Es muß also wirklich nachgedacht werden.

● *Wortassoziationen* (vgl. S. 199)

1.2.7.3 Die Spielparty

Eine ›einfache‹ Spielparty kann mit ca. 15–40 Teilnehmern gespielt werden. Bei größeren Teilnehmerzahlen müssen entweder die Aufgaben variiert oder aber zwei Spielpartys parallel gespielt werden.

Die Gruppe wird in vier Untergruppen aufgeteilt. Es werden auch vier Spielräume gebraucht, die numeriert werden. In jedem Raum muß eine Aufgabe gelöst/erfüllt werden, die entweder schriftlich dort vorliegt oder aber von einem Leiter angegeben wird.

Jede Gruppe muß alle Räume durchlaufen, In jedem Raum steht eine begrenzte Zeit zur Verfügung. Raumwechsel wird durch Läuten oder »Krach« angezeigt und die Gruppen müssen dann den Raum verlassen und zum nächsten weitergehen, auch wenn sie die Aufgabe noch nicht erledigt haben. Zeitdruck ist günstig, weil das Spiel spannender wird. Zeit für jede Gruppe: ca. 10–15 Minuten.

Zu Beginn der Spielparty bekommen alle Gruppen die Reihenfolge mitgeteilt, in der sie die einzelnen Räume aufsuchen müssen.

Mögliche Aufgaben in den Räumen: (vgl. Methodensammlung)
– gemeinsam ein Bild malen zum Thema...
– ein Alphabet machen zum Thema...
– ein Lied dichten und singen
– einen Mohrenkopf essen und dabei ein Spiel für alle erfinden
– eine Zirkusnummer einstudieren
– ein Porträt vom Freizeitleiter malen
– mit verbundenen Augen verschiedene Speisen probieren und notieren lassen, welche richtig erraten wurden
– aus Zeitungs- und Kreppapier eine Uniform entwerfen:
  Der Freizeitleiter des Jahres 2000
  Der Freizeitteilnehmer im Jahr 2000
– einen Tanz lernen oder erfinden.

Jede Gruppe nimmt ihre erledigten Aufgaben mit in den nächsten Raum.

Die Spielparty kann in einem Fest ausgewertet werden. Durchführung und Auswertung dauert 2–3 Stunden. Die Spielparty kann natürlich auch ins Freie verlegt werden, dann können noch andere Aufgaben eingeplant werden. Wenn die Einzelgruppen sehr groß sind, können an einer Station auch mehrere Aufgaben gegeben werden. Wenn bei einer Freizeit ein Elternbesuchstag stattfindet, ist die Spielparty sehr zu empfehlen. Denn hier werden die Eltern einbezogen und sind nicht, wie sonst oft, nur Zuschauer. Sie spielen mit ihren Kindern, und Kinder und Eltern erleben sich einmal anders. Durch eine Spielparty können auch Elemente eines Festes vorbereitet werden, ohne daß die Teilnehmer das so sehr als »Vorbereitung« empfinden.

1.2.8 Zusammenfassung

Spiel ist ein sehr wichtiges Gestaltungselement für die Freizeit.

Es kann schon vorhandene Kompetenzen der Teilnehmer weiter fördern und entwickeln, weil spielen selbst viele Fähigkeiten herausfordert, die im spielerischen Einsatz geübt, vertieft und gefestigt werden können.

Spiel kann aber auch bewußt zum Ausgleich von Entwicklungsdefiziten oder Erfahrungsmängeln oder zur Korrektur einseitig gelernter Verhaltensweisen eingesetzt werden.

Für beide Fälle gilt aber, daß Spiel in erster Linie Freude und Spaß machen und nicht zu stark ›pädagogisiert‹ werden sollte. Aber es ist wichtig, seine Chance zu sehen und zu versuchen, solche Spielbedingungen zu schaffen, daß neue Erfahrungen mit sich und anderen möglich werden.

1.3 Überlegungen zur Auswertung von Spielen
– Grenzen und Gefahren –

Bei manchen Spielen (Übungen) im Teil IV (Partnerschaft, Glauben, Mitbestimmung) und in diesem Teil ist von einer Spielauswertung die Rede, und es wurde auch gesagt, daß manche Spiele nur in Zusammenhang mit einer Auswertung sinnvoll seien.

›Spielauswertung‹ meint, daß die Erfahrungen, die einer in einem Spiel gemacht hat, ausgetauscht und reflektiert werden, so daß der einzelne sich seiner Gefühle, Wahrnehmungen, Verhaltensweisen bewußt wird und auch die anderer kennenlernt. Die Spielerfahrungen können mit Erfahrungen außerhalb des Spiels konfrontiert und verglichen werden und geben Hinweise für notwendige oder für den einzelnen wünschenswerte Verhaltensänderungen.

Bei einer Spielauswertung handelt es sich also um sehr persönliche Aussagen und Mitteilungen. Sie werden nur möglich bzw. dürfen nur angeregt werden, wenn eine grundsätzliche Bereitschaft aller Beteiligten vorhanden ist, den anderen zu akzeptieren und zu achten. Es ist selbstverständlich, daß keinerlei Druck oder Zwang ausgeübt werden darf, d. h. auch, daß eine Auswertung nur dann erfolgen kann, wenn die Beteiligten durch ihr Mittun zeigen, daß sie sie wünschen und daß sie nur so lange dauern kann, wie Äußerungen gemacht werden. Der Gruppenleiter kann allerdings ermutigen und unterstützen und durch Fragen strukturieren sowie Anregungen zum Nachdenken geben.

Die Rolle des Gruppenleiters ist nicht leicht. Am ehesten kann sie negativ abgegrenzt werden: Er ist *auf keinen Fall* distanzierter Beobachter, der unbeteiligt ist und Verhalten anderer registriert und insgeheim oder offen analysiert. Das würde Spiel verhindern, Angst wecken und dem einzelnen die Bereitschaft nehmen, sich selbst wahrzunehmen. Es wäre auch unfair, weil der Leiter sich selbst aus der Beobachtung herausnimmt und sich ›über‹ die anderen stellt.

- Der Gruppenleiter ist also Spielbeteiligter, der mitmacht und auf seine eigenen Erfahrungen achtet, die er genauso wie die anderen Mitspieler mitteilt.
- Gleichzeitig ist er aber Spielleiter, der den Ablauf des Spieles im Blick haben und Mitspielern die evtl. nötige Unterstützung gewähren muß, das heißt z. B. jemanden einbeziehen, helfende Fragen stellen, einen Teilnehmer unterstützen, wenn er angegriffen wird, auf Gesprächsregeln verweisen usw.

Das sind widersprüchliche Rollen, mit denen ein Spielleiter sich immer wieder neu auseinandersetzen und deren Ausführung er reflektieren muß.

Bei der Auswertung von Spielen soll beachtet werden:

- Jeder kann nur von sich sprechen. Auch wenn ich eine Wahrnehmung über eine Situation oder einen Menschen mitteile, ist es eine persönliche, subjektive Aussage, die einer anderen Wahrnehmung oder Aussage nicht widerspricht, sondern die neben ihr steht und im Nebeneinander belassen werden kann (vgl. Feedback, S. 284).

1.4 Verschiedene Formen szenischen Spiels

1.4.1 Das Rollenspiel

1.4.1.1 Beschreibung

Das Rollenspiel ist eine beliebte, oft angewandte und vieldiskutierte Methode in der Kinder- und Jugendarbeit. Es kann – kurz zusammengefaßt – zwei unterschiedlichen Absichten und Zielen dienen:

a) Rollenspiel als Instrument der Einübung und Anpassung
Kindern, Jugendlichen und Erwachsenen werden durch Rollenspiele Wertvorstellungen und Verhaltensweisen vermittelt, die von einer bestimmten Institution, von bestimmten Mächten oder von der Gesellschaft erwünscht sind.

Z. B.:
- Ein Mädchen bekommt nur Puppen, Puppenstuben usw. als Geschenke, und es wird sehr ermuntert, nur mit solchem Spielzeug zu spielen. So wird Verhalten, das in unserer Gesellschaft als »weiblich« gilt, eingeübt und seine reibungslose Übernahme unterstützt.
- Im Kindergarten oder in der Schule werden Rollenspiele zu täglich notwendigem Verhalten eingeübt:
  - über eine verkehrsreiche Straße gehen
  - beim Einkaufen
  - Regeln der Höflichkeit.
- In einem Managerkurs werden Rollenspiele »der erfolgreiche Verkäufer/Abteilungsleiter« geübt, um bessere Verkaufsstrategien zu erlernen.

Diese Art des Rollenspiels hat Einübungs- und Anpassungscharakter. Es ist sicher unbestritten, daß bestimmte Verhaltensweisen eingeübt werden müssen (z. B. sicher über die Straße gehen), aber insgesamt ist diese Art des Rollenspiels sehr in Frage zu stellen, weil es um unkritische und unreflektierte Übernahme von Verhalten geht.

b) Rollenspiel als Bewußtmachungs- und Entscheidungstraining
Es will mit konkreten Problemen der eigenen Lebenssituation konfrontieren, Konflikte erfahrbar und durchschaubar machen, Zusammenhänge aufdecken, gesellschaftliche Abhängigkeiten bewußtmachen und Solidarität wecken.

Es möchte helfen, sich selbst besser zu verstehen und sich in Rolle, Verhalten und Denkweisen anderer hineinzuversetzen. Es möchte helfen, Gegebenheiten des täglichen Lebens wenigstens teilweise als veränderbar zu erfahren (durch die Solidarität mit anderen, das Bewußtwerden der eigenen Bedürfnisse, das Treffen eigener Entscheidungen).

Das Ziel des Rollenspiels ist ein sich ausweitendes Bewußtsein und die sich vergrößernde Fähigkeit, eigene Entscheidungen zu treffen. Es ist ein Probehandeln in konkreten, realitätsbezogenen, aber fiktiven Situationen.

In der Rückkoppelung auf die Ziele der Freizeit wird deutlich, daß es vor allem um das zweite Verständnis von Rollenspiel gehen muß, wenn es als Gestaltungselement in die Freizeit einbezogen wird.

Das Rollenspiel ist eine »Nicht-ganz-Ernstsituation«. Kinder und Jugendliche können verschiedene Rollen spielen und mit Verhaltensweisen experimentieren, ohne Angst vor Folgen haben zu müssen. Die Wirkungen und Folgen unterschiedlichen Verhaltens können diskutiert und gegeneinander abgewogen werden. So werden Kriterien für eigene Entscheidungen und für die Beurteilung eigenen und fremden Verhaltens gewonnen.

Die Voraussetzung für Rollenspiele mit dieser Zielsetzung ist eine offene und angstfreie Atmosphäre in der Gruppe. Deshalb sollte mit Rollenspielen nicht in der Anfangsphase begonnen werden. Die Kinder und Jugendlichen müssen wissen, daß sie keine Sanktionen zu erwarten haben oder negativ beurteilt werden, wenn sie unangemessene Verhaltensweisen ausprobieren. Sanktionen könnten sein: Ablehnung durch den Gruppenleiter oder einzelne Gruppenmitglieder, Spott, diskriminierende Bemerkungen usw.

Das Rollenspiel hat drei Phasen:

a) Motivationsphase: Das Problem wird vorgestellt, die Teilnehmer werden motiviert, sich damit auseinanderzusetzen. Der Spielinhalt muß also aktuell und interessant sein und eine Identifikationsmöglichkeit für die Mitspieler anbieten. Die Angaben zum Spielinhalt müssen eindeutig und detailliert sein.

b) Aktionsphase: Die Spieler übernehmen ihre Rollen und reagieren auf die Mitspieler so, wie sich ihrer Ansicht nach Menschen in diesen Rollen verhalten oder verhalten sollten.
Das Spiel besteht also aus einer Übernahme vorgegebener Erfahrungen und aus der eigenen Rolleninterpretation und Rollengestaltung.

c) Reflexionsphase: Die Erfahrungen der Spieler und die Beobachtungen der Zuschauer werden reflektiert, die Problemlösungen durchsichtig gemacht und Vergleiche mit eigenen Erfahrungen gezogen. Die Gründe für das Entstehen bestimmter Verhaltensweisen werden miteinander analysiert und mögliche Wirkung von Verhalten reflektiert.
Aus der Reflexionsphase können neue Anregungen für Variationen zum selben Thema kommen.

Es ist auch möglich, durch Rollenwechsel wieder eine neue Spielphase zu initiieren.

Neben vorgegebenen Rollenspielsituationen, in denen ein bestimmtes Problem bewußt aufgegriffen wird (z. B. Konfliktlösungen bei Meinungsverschiedenheit), gibt es das freie Rollenspiel, das die Teilnehmer selbst erfinden. Vor allem in Kindergruppen wird gerne frei gespielt. Ideen werden aus der eigenen Lebenssituation entnommen und Eindrücke aus der sozialen Umgebung aufgegriffen, angespielt und bearbeitet. Rollen werden umgedreht (z. B. ganz autoritäre Kinder und sehr folgsame Eltern oder Lehrer), Macht ausprobiert, Frustration abreagiert. Es wird nicht immer möglich sein, über solche Spiele zu sprechen, weil eben die Darstellung im Spiel nicht unbedingt ein bewußtes Agieren ist und das Bewußtmachen evtl. stark abgewehrt wird. Man sollte jedoch versuchen, die Spielinhalte aufzugreifen, evtl. erst einige Zeit später. Außerdem könnten die frei gewählten Spielthemen der Kinder Hinweise geben, welche Probleme durch weitere Spiele aufgegriffen oder auch in anderer Weise angegangen werden können.

Neben den Zielen, die das Rollenspiel direkt anstrebt, werden auch andere wichtige Erfahrungen ermöglicht. Kinder und Jugendliche lernen sich frei zu bewegen; sie verlieren die Angst davor, sich darzustellen und auszudrücken; sie werden initiativ und gewinnen Selbstvertrauen. Sie können eigene Schwierigkeiten und Probleme verfremdet artikulieren und mit Hilfe der Gruppe und des Gruppenleiters bearbeiten.

1.4.1.2 Das Rollenspiel in der Freizeit

Es gibt verschiedene Möglichkeiten, das Rollenspiel als Gestaltungselement in die Freizeit einzubeziehen. Es kommt auf Alter und Interesse der Teilnehmer an, welche Form praktiziert werden kann.
– Eine Rollenspielgruppe: Eine feste Gruppe trifft sich jeden Tag (langfristige Interessengruppe) zu Rollenspielen. Den Anreiz und Rahmen für dieses Projekt könnte ein geplanter Theaterabend am Ende der Freizeit sein.
– Teilnehmer treffen sich regelmäßig in einer festen Gruppe mit dem bewußten Interesse, sich selbst und die eigene Situation durch die Mitarbeit in einer Rollenspielgruppe besser kennenzulernen.

- Rollenspiele werden als Einstieg in bestimmte Themenbereiche oder Probleme angeboten.

  z. B.: In den bisherigen Besprechungen haben immer die gleichen Teilnehmer bestimmt, was am nächsten Tag geschehen soll. Bevor die nächste Besprechung stattfindet, werden verschiedene Szenen gespielt, in denen dieses Problem mit verschiedenen Lösungsmöglichkeiten dargestellt ist. Das Spiel dient als Gesprächseinstieg für die Gruppe.
  Als Tagesthema wird »Frieden« problematisiert. In verschiedenen Gruppen werden Szenen ausgedacht und gespielt, was Frieden und Unfrieden für die einzelnen bedeutet.

- Rollenspielgruppen werden mit wechselnden Teilnehmern angeboten. Hier kann es um freies Spiel oder um die Bearbeitung vorbereiteter Themen gehen.

Im folgenden werden Vorschläge aneinandergereiht, die nur einige Anregungen geben können. Beim Durchführen von Rollenspielen in einer Freizeit ist zu berücksichtigen, daß viele Teilnehmer Vorbereitung und Anlaufzeit brauchen, bevor sie sich darauf einlassen können. Rollenspiele sollten also mit anderen Formen szenischen Spiels (z. B. Pantomimen) oder mit Gruppenspielen verbunden werden.

Alltagsszenen:

- An der Straßenbahnhaltestelle.
- Im Aufzug.
- Ein weniger beliebtes Kind will mitspielen.
- Ein Lehrer kündigt eine Arbeit an.
- Beim Einkaufen drängt sich jemand vor.
- Ich werde für etwas ausgeschimpft, was ich nicht getan habe.
- Jemand telefoniert in einer Telefonzelle. Es bildet sich eine Schlange davor.

Probleme des Zusammenlebens:

- Weil es regnet, müssen alle im Tagesraum sein. Manche wollen laute Musik hören, andere wollen lieber Ruhe haben.
- Gruppenleiter in verschiedenen Situationen und mit unterschiedlichen Reaktionen.
- ›Wir wollen dieses Programm nicht machen‹ (Verschiedene Verhaltensweisen).
- Verschiedene Konfliktlösungen: Manche Teilnehmer wollen nicht

Geschirr waschen, sie sagen es aber nicht. Sie stehlen sich nur leise davon.

Probleme aus der eigenen Erfahrung:
- Außenseiterproblematik in der Schulklasse.
- Gastarbeiter: In der Schulklasse ist einem etwas weggenommen worden. Der italienische Mitschüler wird verdächtigt.
- In der Familie wird über das Sonntagsprogramm gesprochen.
- Ein Lehrer kommt neu in die Schulklasse. Es kennt ihn noch niemand.
- Gespräche unter Freunden zu ...
  Gespräche zwischen Eltern und Kindern
  Gespräche unter den Eltern
- Mädchen spielen auf der Straße Fußball. Passanten kommen dazu.

Beispiele stärker vorformulierter Rollenspiele:
- Ausgangssituation: Vor einem Jugendzentrum kommt es zu Schwierigkeiten. Einige Jugendliche haben beim Heimgehen (ca. 22.00 Uhr) einige Runden auf ihren Mofas gedreht. Anwohner haben die Polizei alarmiert. Ein Polizist und die betroffenen Bürger stellen die Jugendlichen zur Rede.
- Ausgangssituation: Es handelt sich um eine Freizeit von Jugendlichen (25 Teilnehmer und fünf Gruppenleiter). Zwei der Gruppenleiter sind miteinander befreundet. Sie setzen sich dauernd von der Gruppe ab und nehmen sich wenig Zeit für die Jugendlichen. Als sie an einem Tag wieder verschwunden sind, bricht der unterschwellig schon lange vorhandene Ärger aus, und die Jugendlichen beschließen ohne Wissen der anderen Gruppenleiter, das Problem nach dem Abendessen anzusprechen.

Alle Szenen können mit mehrmaligem Rollenwechsel gespielt werden. Es ist nicht Ziel eines Rollenspiels, vorschnell oder überhaupt zu *einer* richtigen Lösung eines Problems oder Konfliktes zu kommen. Es geht mehr darum, verschiedene Möglichkeiten kennenzulernen, durchzudenken, auszuprobieren und auf ihre Wirkung hin zu befragen. Das Rollenspiel braucht keine Einigung, es kann offen bleiben, d. h. es können zum Schluß mehrere Möglichkeiten oder Meinungen stehen bleiben.

Die Einrichtung einer Beobachtungsgruppe erleichtert oft die Auswertung von Rollenspielen. Während die Spieler einzeln oder in Gruppen eine Szene vorüberlegen, kann in der Beobachtergruppe darüber gesprochen werden, worauf geachtet werden soll, wer wen beobachtet usw.

In der Auswertung stehen dann Selbstwahrnehmung und Fremdwahrnehmung einander gegenüber, und es wird gelernt, beide zu unterscheiden.

1.4.1.3 Fragen zum Aufbau und zur Auswertung eines Rollenspiels (vgl. E. Achtnich, H. E. Opdenhoff, S. 22/23)

Fragen zur Spielsituation:
- War die Ausgangslage in ihrer Konflikthaftigkeit allen Spielern deutlich?
- War genügend Spielraum für Interpretation und Spiel?
- Entsprachen die Rollen der Realität?

Fragen zum Spielverlauf und zur Konfliktlösung:
- Wann, wodurch und wie hat sich der Verlauf des Spiels bzw. der Konfliktlösungsprozeß verändert, wie läßt sich dies auf die soziale Realität übertragen?
- Welche Lösung wurde angesprochen, welche Wirkung hatte sie?
- Welche Verhaltensweisen und Argumente waren ausschlaggebende Entscheidungshilfen? Wie sind sie zu bewerten im Blick auf die Realität?
- Wie sind die Spieler gegenseitig auf ihre Rollen eingegangen? Entspricht das realen Situationen? Welche Rollen haben viel (wenig) miteinander kooperiert?
- Wie haben die einzelnen Spieler ihre eigenen Rollen spielen wollen – tatsächlich gespielt – wahrgenommen? Wie haben sie die Rollen der anderen wahrgenommen?
- Welche gesellschaftlichen Normen, Wertvorstellungen, Interessen und Zwänge wurden im Spiel direkt oder indirekt angesprochen?
- Welche Konsequenzen ergeben sich aus dem Spiel für den einzelnen und die Gruppe?

1.4.2 Pantomime und Scharade
– pantomimische Spiele –

Sich ausdrücken ist ein Grundanliegen des Menschen. Es ist sein Mittel, mit anderen in Beziehung zu treten. Das geschieht nicht nur durch die Sprache, sondern auch durch Mimik und Gestik – also in nonverbaler Weise.

Sich ausdrücken ist auch ein Zugang zu sich selbst. Denn wenn ich etwas zum Ausdruck bringe, wird es mir selbst mehr bewußt bzw. wird es mir zu eigen.

Eine Erweiterung der Ausdrucksfähigkeit bedeutet also eine Ausweitung der Beziehungsfähigkeit und eine intensivere Begegnung mit sich selbst.

Noch schwerer als die sprachliche Äußerung fällt vielen Menschen der Ausdruck durch Gestik und Mimik. Wir sind es nicht gewohnt, uns durch ›Körpersprache‹ auszusagen.

Pantomimische Spiele können einen Zugang dazu ermöglichen. Die Pantomime ist eine Darstellung ohne Worte, meist auch ohne andere Hilfsmittel (Gegenstände, Kostüme). Worte, Tätigkeiten und Szenen werden nur mit Hilfe des eigenen Körpers dargestellt. Um das zu können, braucht es – wie beim Rollenspiel – einen sicheren und vertrauten Raum und eine unbefangene Atmosphäre. Denn wenn unser Spiel nicht gefällt, empfinden wir das – gerade weil die nonverbale Ausdrucksweise so ungewohnt für uns ist –, als ob wir selbst nicht gefallen.

Einen leichten Einstieg in die Pantomime und Körpersprache geben pantomimische Spiele und kleine Übungen, die, unter andere Spiele eingestreut, den Spielcharakter betonen. Im folgenden wird eine Reihe von Spielen und Übungen aneinandergereiht und beschrieben. Sie eignen sich als Vorübung für freie Pantomimen, Rollenspiele oder Theater, weil sie durch die Spielregel dem Mitspieler einen festen Rahmen geben, in dem er sich sicherer bewegen kann. Durch die Schnelligkeit des Spielablaufs wird die Aufmerksamkeit nicht zu stark auf den einzelnen gerichtet. Allerdings muß darauf geachtet werden, daß die darzustellenden Aufgaben nicht zu schwer sind.

● *Mimische Kette:*

Mehrere freiwillige Teilnehmer gehen vor die Tür. Es wird ihnen gesagt, was sie nachher zu tun haben.

Die Spieler im Raum überlegen sich nun zusammen eine Spielhandlung, z. B. Kochen einer Gemüsesuppe. Ein Teilnehmer erklärt sich bereit, die Szene pantomimisch darzustellen. Der erste Spieler wird von draußen hereingerufen und schaut der Darstellung genau zu (Tisch richten, Messer prüfen, Zwiebeln schneiden, Tränen abwischen usw.). Er bekommt das Thema nicht genannt. Wenn die Szene vorgespielt ist, wird der nächste Teilnehmer dazugebeten, und der bisherige Zuschauer spielt vor, was er selbst gesehen und behalten hat usw.

Die mimische Kette besteht also darin, daß jeder der hinausgeschickten Personen die Szene einmal vorgespielt bekommt und sie dann dem nächsten weitergibt. Natürlich kommt es dabei zu großen Abweichungen der ursprünglichen Spielszene.

Nachdem der letzte die Szene noch einmal gespielt hat, können alle Spie-

ler in rückläufiger Reihenfolge befragt werden, was sie glauben, dargestellt bzw. gesehen zu haben.
Zum Abschluß kann die Orginalfassung noch einmal vorgeführt werden.

● *Die Schatztruhe:*
Alle Spieler sitzen im Kreis. Sie werden gebeten, sich eine große, schwere Truhe in der Mitte des Kreises vorzustellen. Der Spielleiter öffnet pantomimisch den Deckel der Truhe. Er holt einen Gegenstand heraus und gebraucht ihn (pantomimisch), z. B. einen Kamm. Wer errät, welcher Gegenstand gemeint ist, ruft laut in den Raum. Wer den Gegenstand erraten hat, darf als nächster etwas aus der Truhe holen.

● *Pantomimische Stafetten:*
Mehrere gleich große Gruppen verteilen sich in verschiedene Ecken des Raumes. Von jeder Gruppe kommt ein Spieler zum Spielleiter, der sich verschiedene Berufe aufgeschrieben hat. Der erste Beruf wird den Abgeordneten leise genannt. Sie laufen in ihre jeweiligen Gruppen zurück und stellen den Beruf pantomimisch dar. Die Gruppe darf den Beruf erraten. Der Darsteller darf nur ja oder nein sagen. Wer den Beruf erraten hat, läuft zum Spielleiter, nennt ihm die Lösung und holt sich den neuen Beruf ab.
Die Gruppe, die als erste alle Berufe dargestellt und erraten hat, ist Gewinner.
Das gleiche Spiel läßt sich mit der Darstellung von Liedern oder auch Begriffen spielen.

● *Kreis-Pantomimen:*
Berufe, Lieder und Begriffe können in der gleichen Weise wie bei der ›Schatztruhe‹ von einem Spieler in der Mitte des Kreises dargestellt werden.

● *Sprichwörter raten:*
Mehrere Gruppen spielen ›gegeneinander‹. Jede Gruppe überlegt sich einige Sprichwörter und wie sie diese darstellen kann. Dann beginnt eine Gruppe mit der Darstellung eines Sprichwortes. Die andern Gruppen raten. Für gefundene Lösungen werden (wenn nötig) Punkte verteilt. Reihum führen alle Gruppen ihre Sprichwörter vor.

● *Begriffe raten:*
Es spielen wieder Gruppen gegeneinander. Jede Gruppe zieht einen Zettel mit vorbereiteten Begriffen und spielt ohne (oder mit) Beratung ihren Begriff vor. Die anderen versuchen ihn zu erraten.

● *Fortsetzungsgeschichte:*
Ein Teilnehmer (oder eine Gruppe) spielt pantomimisch eine Geschichte vor. Die Geschichte wird bald abgebrochen, und ein anderer (oder eine andere

Gruppe) spielt ohne Zwischenabsprache mit der ersten Gruppe die Geschichte weiter. Zum Schluß wird die Geschichte in Sprache übersetzt.

● *Einige Ideen und Übungen:* (Pantomimische Darstellungen)
- sich einen Ball zuwerfen
- einen Tisch wegtragen
- Seilziehen machen
- Apfel essen, Banane schälen, Pfirsich essen, Kirschen ...
- Tätigkeiten und Gefühle spielen: Gewalt, Bedrohung, sich begrüßen, Angst
- Begriffe spielen: eine Krone

usw.

Scharaden:

Die Scharade ist eine besondere Form der Pantomime. Eine Gruppe denkt sich ein zusammengesetztes Hauptwort aus. Z. B. »Spiegelei«

Sie spielt: 1. Jedes Hauptwort – Spiegel
– Ei
2. Das ganze Wort: – Spiegelei

Jedes Wort wird *in eine Handlung eingebettet* dargestellt. Die Zuschauer müssen aus der Handlung heraus erkennen, um welches Wort es wohl gehen kann.

Beispiel:
Spiegel: Zwei Spieler stellen durch ihre Körperhaltung einen Spiegel dar, ein Spieler ›setzt‹ sich davor und beginnt sich zu schminken (oder macht den Spiegel sauber).

Eine zweite Form der Scharade benützt einfache Wörter. Das Wort wird in Buchstaben auseinandergenommen. Aus jedem Buchstaben wird ein neues Wort gebildet. Diese Worte werden gespielt. Durch das Zusammensetzen der Anfangsbuchstaben kann man das Wort herausbekommen.

Beispiel:
K – och
R – aus
A – rbeiter
N – ase
Z – eitung

Zum Schluß wird das richtige Wort dargestellt. Scharaden können natürlich auch mit Sprache gespielt werden.

1.4.3 Das Menschenschattenspiel

Das Spielen mit dem eigenen Schatten kennen wir alle von Fingerspielen an der Wand: Tiere, Blumen usw. Mit dem ganzen Körper Schattenspiele machen ist eine schwierige, aber sehr reizvolle Sache. Das Material ist einfach zu beschaffen und herzustellen, die Wirkung des Schattentheaters ist für Spieler und Zuschauer groß. Obwohl viel Konzentration und Körperbeherrschung nötig ist, können schon kleinere Kinder Menschenschattenspiele machen.

Material:
Ein Raum, der sich ganz abdunkeln läßt.
Eine Schattenwand (Schirm): In Lattenrahmen werden weiße Leintücher straff gespannt oder eingeklemmt (mindestens zwei auf drei Meter). Wenn vorhanden, kann auch eine doppelt breite Türfüllung ausgespannt werden.
Eine Lichtquelle wird hinter der Leinwand etwa in Schulterhöhe aufgestellt (Diaprojektor ohne Linsenvorsatz, Stehlampe ohne Schirm, Scheinwerfer).

Die Darsteller spielen zwischen Lichtquelle und Leinwand und werfen dadurch Schatten auf die Leinwand. Mit Seidenpapier kann die Lichtquelle gefärbt werden. (In Kartonrahmen wird Seidenpapier eingeklebt und vor die Lichtquelle gehalten.) Auch Kulissen können aus Karton geschnitten und angebracht werden. Bei Szenen- und Kulissenwechsel wird die Lichtquelle abgedunkelt.

Schwierig ist das Spiel deshalb, weil sich überschneidende Körperteile nicht sichtbar werden, z. B. sieht man einen Arm nicht, der vor oder hinter dem Körper gehalten wird. Deshalb sind ganz fremde – auf Fläche angelegte Bewegungen nötig. Man muß versuchen, gezielt einen Schatten zu werfen. Alle Bewegungen müssen ganz langsam ausgeführt werden. Es wird dicht an der Leinwand gespielt, damit die Schatten scharf sind. Requisiten (auch Kleidung) müssen in übertriebenen Umrißformen gezeigt werden; Zöpfe können z. B. mit Draht verstärkt und abstehend gemacht werden.

Es sollte mit kleinen Übungen begonnen werden, um die fremde Darstellungsweise langsam kennenzulernen und Spaß daran zu gewinnen.

Z. B.: – in die Mitte gehen, einem anderen winken;
– wie ein alter Mann gehen;
– ein Storch geht über die Leinwand;
– ein Baum bewegt sich im Wind;

- ein Kind weint;
- ein Mensch freut sich.

Diese Übungen können mit Ratespielen verbunden werden. Zwei Spieler dürfen sich überlegen, was sie darstellen wollen, die Zuschauer erraten das Spiel.

Die Zuschauer bzw. diejenigen, die gerade nicht spielen, haben auch bei der Einübung des Schattenspiels eine wichtige Funktion. Sie kontrollieren ständig, was gesehen wird bzw. was man nicht sieht.

Die Kontrollfrage an die Spieler kann heißen: Was glaubst du, was wir jetzt von dir sehen? (Arm, Finger, Profil).

Märchen und kurze Geschichten können sehr gut als Menschenschattenspiel inszeniert werden. Die Spieler sprechen nie selbst. Ein Leser spricht den Text, der auf das Schattenspiel abgestimmt sein muß. Während längerer Textstellen kann ein Schattenbild an der Leinwand ›stehenbleiben‹. Längere Handlungen, die im Text nur ein Wort oder einen Satz ausmachen, werden auf der Schattenwand dargestellt, während der Leser eine Pause macht.

Schattenspiele können auch mit ausgeschnittenen Pappfiguren gemacht werden. Der Schattenschirm kann aus einem Kartonrahmen, der mit Seidenpapier bespannt wird, hergestellt werden.

Ein weiteres wichtiges Gestaltungselement ist das Puppenspiel mit selbstgemachten Kasperlepuppen (vgl. Literaturangaben).

1.5 Schwierigkeiten beim Spielen – Spielhemmungen

Es geschieht nicht selten, daß es nicht gelingt, miteinander zu spielen, bzw. daß sich einzelne Kinder und Jugendliche immer wieder aus Spielen ausschließen.

Es kommen keine Interaktionen im Spiel in Gang, weil die Kinder und Jugendlichen die dafür nötigen Fähigkeiten auf Grund ihrer bisherigen Sozialisationserfahrungen noch ungenügend oder gar nicht beherrschen (z. B. Regeln beachten, mit anderen zusammenarbeiten, jemandem vertrauen usw.).

Manche der Spielbarrieren sind durch gute Planung der Spielstunden zu beheben. Zum Beispiel können leichte Einstiegsspiele helfen, Hemmungen abzubauen. Es gibt auch Spiele, in denen der einzelne eine Zeitlang Zuschauer sein kann, bevor er gefordert wird. Durch langsames Hinführen und Einbeziehen können manche Defizite aufgearbeitet und neue Fähigkeiten vermittelt werden. Dazu ist ein ermutigendes und angstfreies Klima während der ganzen Freizeit nötig, nicht nur während der Spielstunden.

Manchmal sind auch einzelne Kinder und Jugendliche in der Freizeitgruppe, die so tiefe Ängste oder Störungen haben, daß sie sich nicht einbeziehen lassen. Zwang wäre hier falsch. Zum einen würde sich das Kind noch mehr gegen das Spiel stemmen und vielleicht größere Ängste entwickeln, zum anderen könnte zusätzlich das Vertrauen in den Gruppenleiter verlorengehen, das aber als Voraussetzung für Spielen lernen unbedingt gegeben sein muß.

Es scheint auch nicht sinnvoll, einem Teilnehmer zuviel gut zuzureden. Das bringt die Gefahr mit sich, ein unerwünschtes Verhalten zu verstärken: Das Kind oder der Jugendliche erfährt durch das sich Verweigern Zuwendung und Aufmerksamkeit. Er empfindet das als wertvoller als das Risiko des Spiels. So bleibt er bei diesem Verhalten, um wenigstens etwas zu gewinnen.

Es besteht wohl nur die Möglichkeit, dem einzelnen so lange Zeit zu lassen, als er braucht, und ihm die Zuschauerrolle zu erlauben. Gleichzeitig kann ihm signalisiert werden, daß man sein Mitmachen erwartet und sich darüber freuen wird.

Zusätzlich zu diesen Signalen können immer wieder Möglichkeiten zum ›Einsteigen‹ geboten werden, ohne daß dies der Gruppe auffallen muß. Außerdem wird Spiel auch durch andere Aktivitäten und Gestaltungselemente ergänzt, bei denen ein Teilnehmer Bestätigung und Selbstvertrauen gewinnen kann.

1.6 Hinweise und Vorschläge für Spielleiterverhalten

Auf den Spielleiter kommt eine ganze Reihe von Erwartungen zu. Er hat viele Möglichkeiten, wie er Spielverhalten und Gruppenbeziehungen unterstützen kann, so daß positive Erfahrungen für die Spielgruppe möglich werden.

Die Erwartungen und Möglichkeiten müssen von jedem Spielleiter auf dem Hintergrund seiner eigenen Person und seiner Voraussetzungen reflektiert werden. Denn der Spielleiter ist Beteiligter am Prozeß: seine Fähigkeiten, Einstellungen, Gestimmtheiten, Vorlieben und Abneigungen beeinflussen sein Verhalten und damit das Spielgeschehen.

Der Spielleiter sollte sich bewußt sein,

- daß auch er Orientierungsprobleme, Ängste und Schwierigkeiten hat, z. B. Unsicherheiten über seine Beziehung zu einzelnen Mitgliedern und zur Gruppe, über die eigenen Fähigkeiten, die Art seines Auftretens usw.;
- daß er sich selbst – trotz seiner Aufgabe, das Spielgeschehen wahrzunehmen und zu beobachten – als ganzer Mensch am Spielgeschehen beteiligen sollte (auch als Erwachsener). Denn wenn er sich distanziert und heraushält, verweigert er sich eigenen Erfahrungen, wird für die Gruppe unangreifbar und taugt nicht mehr als Partner und Identifikationsmodell;
- daß sein Verhalten sich motivationsfördernd oder -hemmend auf die Mitspieler auswirken kann;
Angeregtheit und Engagiertheit von seiten der Leiter wirken motivationsfördernd;
- welchen Spielen und Spielrollen gegenüber er selbst Ängste entwickelt, wie diese sich begründen und wie er damit umgehen kann;
- daß die Anleitung und Begleitung von Spielstunden von ihm ein Ausbalancieren zwischen notwendiger Lenkung *und* Freien-Lauf-Lassen verlangt.

Der Spielleiter sollte:

- Spiele anregen, aber nicht verletzt sein, wenn seine Vorschläge abgelehnt werden. Spielanregungen immer mehr von den Teilnehmern fordern;
- ein reichhaltiges und vielfältiges, an den Bedürfnissen und Defiziten der Teilnehmer orientiertes Angebot an Spielmöglichkeiten bereithalten;
- eine Atmosphäre schaffen, die es allen Mitgliedern erlaubt, am Spiel teilzunehmen; niemals zur Teilnahme zwingen;
- darauf hinzielen, daß die Spielenden Vergnügen am Spiel haben können, ohne unter Leistungsdruck zu stehen;
- eine Gruppe soweit als möglich eigene Erfahrungen machen lassen, ohne zu stark einzugreifen; aber mithelfen, wenn die Mitspieler eine verfahrene Situation nicht mehr überblicken und bewältigen können;
- versuchen, einzelnen in der Gruppe zu helfen, ohne sie zu stark an sich zu binden;

– den Mitgliedern unmerklich dabei helfen, auch anders als bisher miteinander umzugehen.

1.7 Planung und Reflexion von Spielstunden

Es ist schon gesagt worden, daß sich Spiele und ihre Wirkung letztlich der Kontrolle entziehen, und das ist gut, weil das Spiel dadurch eben offen, überraschend und zweckfrei bleibt.

Das heißt jedoch nicht, daß Spielstunden nicht geplant und reflektiert werden könnten oder sollten. Das Fördern hilfreicher Bedingungen, das Schaffen einer offenen Atmosphäre und die Entscheidung für oder gegen ein Spiel in einer bestimmten Situation brauchen Überlegung, Planung und Vorbereitung und die nachträgliche Reflexion über das Spielgeschehen, die wiederum in neue Überlegungen eingeht.

Der folgende Fragenkatalog soll helfen, Spielrunden vorzubereiten und auszuwerten.

Fragen vor der Spielstunde:

● Äußerer Rahmen und Zusammensetzung der Gruppe

– Wo spielen wir? Ist genügend Platz zur Verfügung?
 Ist der Raum bekannt oder fremd?
 Welche Hilfsmittel stehen zur Verfügung?
 Wie ist das Wetter?
– Wie ist die Zusammensetzung der Gruppe? Anzahl? Alter?
 Hat die Gruppe Spielerfahrung?
 Welche aktuelle Situation liegt in der Gruppe vor (Konflikte, Erfahrungen)?
 Welche Beziehungen bestehen zwischen den Gruppenmitgliedern und zwischen Leitern und Mitgliedern?
 Gibt es besondere Schwächen oder Stärken bei einzelnen Mitgliedern und beim Spielleiter?
 Welche Spielerfahrungen hat der Spielleiter?

● Das Spiel

– Welches Spiel spielen wir?
 Ist es denkbar im Blick auf die Voraussetzungen des Raumes und der Gruppe?
 Welche Ziele könnte das Spiel haben?
 Auf welche Aspekte der Situation will ich eingehen und warum?

Wovon ›lebt‹ das Spiel (Spieldynamik)? (einer spielt gegen alle, Gruppen gegeneinander, hat der einzelne Auslöse- und Rückzugsmöglichkeiten, Wettkampf usw.).
Welche Wirkungen auf einzelne sind möglich?
Braucht das Spiel eine besondere Gelegenheit oder ist es im voraus planbar?
Wie müssen die Regeln im Blick auf die Gruppe, den Raum und die Ziele geändert werden?
Ist Verlieren oder Gewinnen möglich? Wie?
Welcher Bezug zur Erfahrungswelt der Teilnehmer steckt in diesem Spiel?

● Die Durchführung, Methode
- Welche Vorbereitungen sind nötig? Können die Teilnehmer einbezogen werden?
Welche Materialien brauche ich?
- Welche Rolle spielt der Spielleiter bei Ansage und Durchführung des Spiels? Wie kann das Spiel erklärt werden? (auf einmal, in Schritten, durch Zeigen, in eine Geschichte Einkleiden usw.).
- Wann ist dieses Spiel geeignet – am Anfang oder am Ende einer Spielstunde?
Auf was muß ich bei diesem Spiel besonders achten?

● Der einzelne im Spiel
- Welche Fähigkeiten werden vom einzelnen verlangt?
Muß er mit anderen zusammenarbeiten, auf andere achten, sich produzieren?
Für wen ist dieses Spiel geeignet, für wen wahrscheinlich schwierig? Für wen wären diese Fähigkeiten sehr wichtig?
- Können einzelne in schwierige Situationen geraten: sich nicht zurückziehen können, sich isolieren, ausgelacht werden?
- Welche ›Macht‹ hat jede Spielrolle? Kann jemand überfordert werden? Wie sind die Machtverhältnisse zueinander?

● *Fragen nach der Spielstunde:*
- Hatte das Spiel die von mir angenommene Wirkung?
Warum ja oder nein?
- War mein Verhalten der Zielsetzung entsprechend?
- Traten unvorhergesehene Probleme auf? Wie unterschied sich die Durchführung des Spiels (der Spielstunde) von der Planung? Wodurch traten die Probleme auf?
- War ich offen gegenüber Momenten, die eine Änderung verlangten? Warum ja oder nein?
- Welche Punkte würde ich bei einer Wiederholung anders angehen? Warum?

- Wie habe ich mich während der Spielstunde gefühlt, wie die Gruppenmitglieder? Konnte darüber gesprochen werden oder wodurch wurde das für mich spürbar?
- Wie lief die gesamte Kommunikation ab? Wer war stark beteiligt, wer eher distanziert?
- Wie kamen die Spielrollen zustande? Wer hat bestimmt, gewählt, wurde gewählt usw.?
- Welche Ursachen habe ich als Auslöser für Vergnügen oder Unlust erkannt?
- Wer ist mir aufgefallen, wen habe ich gar nicht bemerkt? Was bedeutet das für mich?
- War ich als Spielleiter mehr Spielbeteiligter oder »Anleiter« – warum? Wie beurteile ich das? Wie hat sich das evtl. ausgewirkt?

1.8 ▶ Betr.: Leitungsteam

● Jeder füllt für sich einen *Impuls-Fragebogen* aus: Wenn ich mit anderen spiele, dann
- fühle ich mich manchmal...
- habe ich Angst vor...
- wünsche ich mir von den anderen...
- möchte ich gerne...
- habe ich schon erlebt...
- erwarte ich vom Spielleiter...
- würde ich am liebsten aufhören, wenn...
usw.

Dieser Fragebogen muß so auf einem Blatt angeordnet sein, daß jeder genügend Platz hat, alles dazwischen zu schreiben, was ihm einfällt.

Der ausgefüllte Bogen wird dann ausgetauscht, so daß niemand seine eigenen Antworten vorlesen muß.

In einer Art ›Meditation‹, weil Eindenken, Einfühlen und Verstehenwollen nötig sind, werden nun reihum zu jeder einzelnen Frage die Antworten vorgelesen. Die Teilnehmer sollen, wenn möglich, Stichworte mitschreiben. Das hat zum einen den Vorteil, daß langsam gelesen werden muß, und zum anderen, daß Aussagen stärker in Erinnerung bleiben und nachher leichter weiterbearbeitet werden können.

Nun können zuerst im Plenum Eindrücke über das Gehörte ausgetauscht werden: was habe ich beim Hören empfunden, was ist mir besonders aufgefallen, was hat mich am meisten betroffen, was habe ich nicht vermutet, was hat mich überrascht usw.?

In Arbeitsgruppen kann das Gespräch dann weitergeführt werden, evtl. mit Hilfe von gezielten Fragen, z. B.:
- Welche Spiele, Spielrollen sind dem einzelnen als schwierig und belastend in Erinnerung?
- An welche Spiele, Spielrollen erinnert sich der einzelne sehr gerne?
- Warum sind Eindrücke und Wirkungen bei Spielen auf verschiedene Mitspieler verschieden? Was alles spielt mit, wie ich ein Spiel empfinde?
- Was sollten Spiele für den einzelnen sein? Welche Erfahrungen sollen ermöglicht, welche eher verhindert, vermieden werden?

In einem weiteren Teil sollten dann mehrere Spiele gespielt und besprochen werden (vgl. weitere Vorschläge).

● Spiele *miteinander spielen* und die Erfahrungen austauschen (darüber sprechen oder anonyme, schriftliche Auswertung):
- Was habe ich erlebt?
- Wie habe ich mich im Verlauf des Spiels gefühlt?
- Wie habe ich meine Rolle empfunden, wie die der anderen?
- Welche Stellen haben mir besonders Spaß gemacht, welche sind mir besonders schwergefallen? Warum? (Vergleiche Fragen zur Spielanalyse.)

● In *Arbeitsgruppen* werden verschiedene Spiele mit Hilfe der Fragen »Planung und Auswertung von Spielstunden« analysiert und besprochen.

● Nach dem Spielen und Besprechen verschiedener Spiele werden in *Arbeitsgruppen* Regeln für das Spielleiterverhalten gesammelt.

● Das Spielbeispiel »Armer schwarzer Kater« (s. S. 188) wird in *Arbeitsgruppen* besprochen. Einige Fragen können zur Bearbeitung mitgegeben werden, z. B.:
- Wie würdest du dich an Stelle der einzelnen Personen fühlen?
- Welche positiven/negativen Auswirkungen könnte diese Spielerfahrung auf alle Beteiligten haben?

● *Erfahrungsaustausch* im Leitungsteam:
- Welche Spiele mag ich selbst sehr gerne und spiele sie immer wieder? Warum? Was gefällt mir daran?
- Welche Spiele mag ich gar nicht oder ängstigen mich? Warum? Was macht mir Angst?

● Ein *Wortbild* machen zum Thema »Spiel«
● Eine *Wortleiter* konstruieren.

● *Fälle* konstruieren zu ›Spielschwierigkeiten‹ und sie in Arbeitsgruppen besprechen.
● *Schreibkommunikation:*
Was erlebe ich beim Spielen?

Literatur

Daublebski, B.: Spielen in der Schule,
  Vorschläge und Begründungen für ein Spielcurriculum.
  Stuttgart: Klett 1973.
  Hinweise: Dieses Buch beschreibt zunächst ca. 150 Spiele, die mit Kindern durchgeführt wurden. Es werden nicht nur die Spielregeln beschrieben, sondern auch der dynamische Verlauf der Spiele mit einer konkreten Kindergruppe und die Gefühle und das Verhalten des Spielleiters.
  Von diesem Buch kann man sehr viel über die Gestaltung von Spielstunden und die dabei auftauchenden Probleme lernen.
  Im zweiten Teil des Buches sind einige Aufsätze zusammengestellt über das Spiel als soziales und kognitives Lernen, die motivationale Bedeutung des Spiels, die Planung von Spielstunden, Hilfen zur Analyse von Spielen und Richtlinien für den Spielleiter.
  Alle theoretischen Überlegungen beziehen sich immer wieder auf vorher beschriebene Spiele.
Höper, C. J. u. a.: Die spielende Gruppe.
  115 Vorschläge für soziales Lernen in Gruppen.
  München/Wuppertal: Pfeiffer/Jugenddienst 1974.
Schwalbacher Spielkartei. Karteikartensammlung von Spielen.
  Haus Schwalbach Wiesbaden.
Spielebuch 77 des Student für Europa. Student für Berlin e. V.
  6232 Bad Soden im Taunus, Postfach 1427.
Frör, H.: Spielend bei der Sache.
  München: Kaiser 1972.
Frör, H.: Spiel und Wechselspiel.
  München: Kaiser 1974.
Cratty, B. J.: Aktive Spiele und soziales Lernen.
  Ravensburg: 1977.
Barth, F. K. u. a.: Malen – Spielen – Musik machen.
  Gelnhausen/Freiburg 1974.
Löscher, A.: Kleine Spiele für viele.
  Berlin 1974.
  (Sportliche Spiele)

Zu Rollenspiel/Schattenspiel
Achtnich/Opdenhoff: Rollenspielkarten.
Gelnhausen/Freiburg 1974.
Hinweise: Außer einem sehr guten, kurz gefaßten und sprachlich verständlich formulierten Heft über Theorie, Ziele und Grenzen des Rollenspiels liegt ein Methodenheft bei, in dem der Umgang mit den Rollenspielkarten beschrieben wird und eine Vielfalt von Vorschlägen gemacht wird. Der Mappe liegen 50 Rollenspielkarten bei, d. h. Fotos und Personenbeschreibungen, welche die Identifizierung mit einer Rolle erleichtern.
Meyer/Seidel: Szene. Spielen und Darstellen II.
Hamburg 1975
Morgenstern, B.: Schattenspiel.
Basteln mit Kindern.
Ravensburger Hobbybücher (Heft).
Ravensburg 1975.

2. Kreativität

2.1 Kreativität in der Freizeit

Kreativität hat zu tun mit schöpferischer Phantasie, Eigenständigkeit, Unabhängigkeit, Selbständigkeit, Beweglichkeit, Einfallsreichtum, Erfindungsgabe, produktivem Denken, Problemlösung und Anders-sein-Können. Kreativität ist der Gegensatz zu Konformität, Härte, Festgefahrensein und Konsum.

Erziehung zu Kreativität will Phantasie und Gestaltungsfähigkeit in allen Bereichen wecken und von einseitigen, intellektuellen und reproduktiven Leistungszwängen befreien (vgl. *Erl/Beer* S. 10). Deshalb gehören Gestaltungselemente, die in diese Richtung befähigen, in die Freizeit.

Im täglichen Leben der Kinder und Jugendlichen ist Kreativität nicht sehr gefragt (vgl. Situation der Kinder und Jugendlichen). Sie sind es eher gewohnt, genaue Anweisungen zu bekommen, nur *eine* Lösung für ein Problem zu suchen, einen engen Rahmen zu haben, in den sie sich auch nur begrenzt einzubringen brauchen.

Deshalb wird von ihnen die Forderung, etwas Eigenes zu machen, gestalterisch tätig zu sein, den Rahmen des Gewohnten zu verlassen, Fragen zu stellen, Probleme eigenständig zu lösen und sich selbst zu beurteilen, eher als bedrohlich empfunden und abgewehrt.

Es gilt also bestimmte Voraussetzungen zu schaffen, wenn wir kreative Prozesse bei uns und anderen ermöglichen wollen. Folgende Bedingungen sind nach *Rogers* kreativitätsfördernd (vgl. *E. Landau* S. 87):

– Der einzelne muß sich sicher fühlen. Das wird erreicht, wenn er akzeptiert wird und wenn man ihm volles Vertrauen schenkt für das, was er tut. Nur dann kann er spontan werden und sich selbst äußern.
– Es muß eine Atmosphäre geschaffen werden, in der äußere Bewertung wegfällt, denn die kritische Beurteilung anderer kann unsicher machen und verhindert die Bewertung nach eigenen Maßstäben.
– Dem einzelnen muß einfühlendes Verständnis gezeigt werden und Interesse für sein Denken, Fühlen und Gestalten. Erst dann wird er bereit sein, sein wirkliches Selbst zu offenbaren.
– Es muß ihm psychologische Freiheit geschenkt werden, das meint: eine gewährende Haltung, die dem einzelnen die spontane Freiheit des Ausdrucks ermöglicht.

An dieser Stelle wird deutlich, wie eng alle ausgeführten Bereiche zusammenhängen. Entfaltung des Menschen in Richtung von mehr Freiheit und Eigenständigkeit braucht dieselben Bedingungen, ganz gleich in welchem Bereich (Spiel, Kommunikation, Religion, politische Aktivität) sie sich entwickeln sollen.

Es ging also schon in den bisherigen Ausführungen um Kreativität. Im folgenden werden einige weitere Möglichkeiten der Förderung beispielhaft aufgezeigt, die nun mehr im Bereich des Gestaltens, Malens und Werkens liegen. Es wird die Darstellung ganz ›einfacher‹ Methoden vorgezogen. Auf gute Anregungen in der Literatur wird verwiesen.

2.2 Programme und Anregungen

2.2.1 Spielen mit Worten und Gedanken

● *Nonsens-Gespräche:*
Das sind ›sinnlose‹ Gespräche. Spielerisch wird eine Diskussion über ein Problem geführt, das es in der Realität nicht gibt, über ein ›unmögliches Thema‹. Z. B.: Was wäre, wenn die Milch rot wäre; was wäre, wenn es ab heute nur noch regnen würde; über die neumodische Tendenz der Menschen des 21. Jahrhunderts, sich als Einsiedler in die Wüste zurückzuziehen; usw.

Je nach Thema können für solche Gespräche (die keinen andern Sinn haben, als Spaß zu machen und verrückte Ideen ohne Zensur zu produzieren) Parteien oder Rollen verteilt werden, oder alle suchen sich ihre Rollen im Verlauf des Gesprächs selbst.

● *Brainstorming:*
Das Brainstorming ist ein ›Gehirnsturm‹ oder ›Ideensturm‹. Es möchte die Phantasie und das Ideenpotential der Mitglieder mobilisieren, eben den freien Fluß von Gedanken ermöglichen. Teilnehmer werden zu Ideensitzungen eingeladen (freiwillig). In jeder Ideengruppe sollten nicht mehr als 6–10 Teilnehmer sein. Die Gruppe braucht Zeit und Ruhe und die Bereitschaft, sich einem Problem zu stellen.

Das Brainstorming hat Spielregeln:
- Es wird in einer begrenzten Zeit durchgeführt; (je nach Geübtheit der Gruppe 15–30 Minuten).
- Alle Gedanken werden aufgeschrieben oder auf Band aufgenommen.
- Während des Brainstormings werden nur themenbezogene Gedanken genannt, Seitengespräche sind nicht erlaubt.
- Jeder darf alles sagen, was ihm zum Thema einfällt, alles ist ›richtig‹ und kann weiterhelfen.
- Aussagen dürfen in keiner Weise bewertet werden, auch nicht durch nonverbale Zeichen.

Der Gruppe wird für ihre Ideensitzung ein Problem vorgelegt.
Mögliche Probleme für Brainstorming-Gruppen in der Freizeit:
- Gestaltung eines bestimmten Programmpunktes, z. B. letzter Tag, Elternbesuchstag, demokratische Gremien.

- Lösung eines anstehenden Problems, z. B.: Das Haus ist schmutzig, und niemand fühlt sich verantwortlich; unüberbrückbare Interessengegensätze; niemand geht gerne heim.
- Lösungen für das private Problem eines Teilnehmers, mit dem er nicht fertig zu werden glaubt, z. B. Zusammenleben mit der Familie; Leistungsschwierigkeiten in der Schule usw.

Das Problem wird der Gruppe in Form einer Frage genannt, in vielen Fällen muß noch einiges Hintergrundmaterial geliefert werden, bevor der Ideensturm beginnt.

Alle Teilnehmer nennen jetzt nacheinander alles, was ihnen einfällt. Jeder läßt sich auch wieder von dem anregen, was ein anderer gesagt hat. Es sind Sätze, Worte, Fragen, Wiederholungen erlaubt. Alles muß aufgeschrieben werden. Wenn die abgesprochene Zeit vorbei ist, wird die Ideensitzung abgebrochen. Nun gibt es mehrere Möglichkeiten der Weiterarbeit:

- Die Gruppe bleibt zusammen und wertet die Ideen aus. Sie versucht auszusortieren, einzelnes zu besprechen und zu Entschlüssen zu kommen.
- Das Ideenmaterial wird in eine andere Gruppe gegeben, die es auswertet.

● *Hörspiel*

Eine Frage oder ein Problem aus der Freizeit oder der Erfahrungswelt des Alltags wird aufgegriffen und zu einem Hörspiel (oder Theater) verarbeitet.

Mittel der Darstellung beim Hörspiel: Gesprochene Texte, Gespräche, Geräusche, Musik.

Mögliches Vorgehen:
- miteinander über das Thema sprechen, sich über eigene Meinungen und die der anderen klarwerden;
- ein Ziel bestimmen: was wollen wir aussagen, worum geht es uns in der Darstellung;
- Ideen sammeln, wie das ausgedrückt, umgesetzt werden kann;
- ausprobieren der Technik (Tonband, Recorder) und der Wirkung verschiedener Aufnahmen: Gehen, Musik, Klopfen usw.
- Entwickeln des Textes usw.

Statt eines Hörspiels kann auch ein *Tonbild* hergestellt werden. Die Bilder können auf Dias gemalt werden, oder sie werden aus vorhandenen Dia-Reihen ausgesucht.

● *Wortleiter:*

Ein Wort, über das nachgedacht werden soll, wird auf einen großen Papierbogen gemalt (geschrieben). Es werden nun andere Worte, die mit dem Grund-Wort zu tun haben, darum gruppiert, wobei jeweils schon vorhandene Buchstaben eingebaut werden müssen. Wegen der Übersichtlichkeit kann mit verschiedenen Farben gearbeitet werden.

Bsp.: Gruppe

● *A – B – C:*

Zu einem bestimmten Thema kann ein ABC ausgefüllt werden. Für jeden Buchstaben des Alphabets wird ein Wort gesucht, das mit dem gestellten Thema zu tun hat.

Beispiel:
Alphabet der Liebe:
A – akzeptieren, antworten, Angst
B – Bindung, Blick usw.

2.2.2 Spielen mit Farben

● *Freies Malen:*

Es geht hier nur um den Umgang mit Farben. Es wird kein bestimmtes Thema vorgegeben. Diese Freiheit kann einen guten Zugang zum Malen verschaffen, denn viele haben wegen schwieriger Erfahrungen in der Schule große Malhemmungen. Die Spielregeln beim freien Malen liegen nur im Material begründet.

Farben: Fingerfarben, Plakafarben oder Dispersionsfarben. Es wird mit großen Pinseln gemalt.

Um den einzelnen zu ermutigen, sich auszubreiten, sollen große Flächen zur Verfügung stehen. Niemand wird zum Mitmachen gezwungen. Zuschauer sind erlaubt, sie dürfen schauen und fragen – aber nicht bewerten.

Alles, was hergestellt wird, wird aufgehängt.

Ein praktischer Hinweis: Es ist sinnvoll, den Malplatz und die Tische abzudecken, damit man beim Malen nicht darauf aufpassen muß. Alte Kleider und Kittel können die Kleidung schützen.

Es braucht manchmal einige Zeit, bis sich die Teilnehmer auf eine solche Art des Malens einlassen. Oft wird zunächst viel Quatsch gemacht, Karikaturen werden gemalt oder begonnene Bilder wieder verschmiert.

Das sind Anfangsschwierigkeiten, die von selbst aufhören, wenn der einzelne es wagt, sich auszudrücken und Zutrauen zur eigenen Bewertung zu bekommen. Manchmal hilft es, wenn einzelne Gruppenleiter oder Teilnehmer durch ihr Malen ›zeigen‹, was alles an Gestaltung möglich ist bzw. daß es nicht um bestimmte Darstellungen oder ›Kunstwerke‹ geht.

Diese Hemmung oder ›Norm-Unsicherheit‹ kann auch abgebaut werden, wenn ein Gruppenleiter schon vorher irgendwann beim freien Malen beobachtet werden konnte.

Beispiel:
In einer Mittagspause setzt sich ein Gruppenleiter mit Papier und Malgeräten ins Gras und beginnt, ohne Thema zu malen. Einige Teilnehmer kommen dazu und schauen eine Zeitlang zu. Schließlich nimmt einer ein Blatt und malt auch. Andere bekommen Interesse daran usw.

Freies Malen kann einer allein versuchen. Es können aber auch mehrere zusammen ein großes Papier bemalen.

● *Malen zu einem Thema:*

Zum Einstieg in ein Thema oder als Abschluß der Beschäftigung mit einem Thema kann versucht werden, es in Farbe auszudrücken.

Es können abstrakte Themen sein, z. B. ›Freude, Glück‹ oder auch Erfahrungen wie ›blind sein und sehen‹. Jeder versucht, in Farben auszudrücken, was das Wort in ihm auslöst.

Es wird also ein *Ein*druck ausgedrückt, eine Empfindung wird in Farbe umgesetzt.

Dieser Prozeß ist häufig der Einstieg für offene Gespräche über das Thema.

● *Gruppen-Malen:*

Mehrere Teilnehmer malen zusammen ein Bild. Während des Malens wird nicht miteinander gesprochen. Jeder beginnt irgendwo. Das Bild ist fertig, wenn alles ausgemalt ist oder wenn die Gruppe aufhört.

Es kann zu einem Thema, das vorher vereinbart wird, gemalt werden.

Wenn das Bild fertig ist, werden Erfahrungen ausgetauscht:

– Was hat der einzelne erlebt?
– Wie hat er sich selbst erlebt und wie die anderen?
– Gab es verschiedene Phasen/Abschnitte während des Malens?

● *Naß-in-Naß-Malen:*

Sehr holzhaltige Malblätter werden kräftig angefeuchtet. Es wird mit Wasserfarben darauf gemalt. Die Farben verlaufen unkontrolliert, und es ergeben sich immer neue und überraschende Effekte. Bei dieser Methode geht es nicht darum, etwas Bestimmtes zu malen, sondern mit den Farben zu spielen.

Solche Bilder wirken oft sehr gut hinter Glas.

● *Zu Geschichten malen – eine Bildergeschichte malen:*

Dazu gibt es zwei Möglichkeiten:

– Eine Geschichte wird vorgelesen. Währenddessen oder danach wird dazu ein Bild gemalt.
– Zu einem Wort/Gedanken wird eine Bildergeschichte gemacht, d. h. mehrere Bilder werden hintereinandergereiht, die eine gemeinsame Aussage machen.

● *Wortbild:*

Ein Wort, das eine Bedeutung für einen einzelnen oder die Gruppe gewonnen hat, wird geschrieben/dargestellt, so daß die Schreib-Darstellungsweise etwas ausdrückt vom Inhalt des Wortes oder von dem, was *mir* das Wort bedeutet. Beispiel: Streit.

● *Dia-malen:*

Malen auf Glas-Dias: Dia-Gläser (5 × 5, 100 Stück ca. 5,– DM) werden mit dünnen Pinseln bemalt: gute Wasserfarben, Filzstifte, transparente Tuschen, transparente Glasfarben. Die kleinen bemalten Glasplättchen geben überraschende Farbeffekte, wenn sie mit dem Projektor an Wände projiziert werden. Man kann damit Partyräume ›dekorieren‹, sie zu Musik meditieren oder sie einfach anschauen.

Jeder, der Dias malt, wird selbst viele interessante Entdeckungen machen: wenn er zwei Plättchen noch naß zusammenklebt oder sie kurz zusammenpreßt und wieder trennt, wenn Uhu mitverwendet wird oder ein Stück Negativ-Film, verschiedene Farbarten usw. Während der Herstellung der Dias läuft der Projektor, so daß jeder das Bild anschauen kann, das er gerade in Arbeit hat. Wann ein Dia fertig ist, kann man nur entscheiden, wenn man es auf eine große Fläche projiziert sieht.

● *Dia-Kratzen:*

Diagläser werden über einer brennenden Kerze angeschwärzt. Nun wird mit einer Nadel oder anderen spitzen Gegenständen ein Bild herausgekratzt. Wenn das Dia fertig ist, muß es mit einem anderen Glas abgedeckt und verklebt werden (Tesafilm), weil die schwarze Fläche sonst sehr schnell verschmiert.

Auf diese Weise kann man Bildergeschichten herstellen, schöne Formen auskratzen und Phantasieblumen machen.

● *Pergament-Dia:*

Dazu braucht man ganz feines und glattes Zeichenpergament und glaslose Diarähmchen. Das Pergament wird in ganz kleine Rechtecke geschnitten, so daß es nachher als Dia in das Rähmchen eingepaßt werden kann. Mit Wasserfarben, dünnen Pinseln oder mit dünnen Filzstiften können nun Worte geschrieben, Geschichten illustriert, einzelne Bilder mit einer bestimmten Aussage hergestellt werden. Die Wirkung ist verblüffend. Es braucht keine Zeichenfähigkeiten, weil sowieso jeder Strich schon große Ausmaße bekommt. Menschen z. B. können als Strichmännchen dargestellt werden. Solche Dias eignen sich sehr gut für die Illustration von Tonbildern.

● *Schallplatten hören – Dia malen:*

Die Gruppe hört eine thematische Schallplatte, z. B.
Der kleine Prinz von Saint-Exupéry
Peter und der Wolf,
Die kleine Flöte.

Während des Hörens malt jeder Pergamentdias. Die Themen entnimmt er dem gehörten Text.

Nach dem Hören der Platte werden die gemalten Dias sortiert und in Rähmchen gesteckt. Nun wird die Platte noch einmal angehört und die Dias dazu angeschaut.

Geschichten können auch mit geschwärzten Dias illustriert werden.

● *Postkarten drucken:*

Auf einen Karton werden Gräser aufgeklebt. Dann wird Seidenpapier darüber gelegt und mit einer eingefärbten Walze leicht darübergewalzt. Die Gräser bilden sich auf dem Seidenpapier ab. Es können mehrere Abdrucke gemacht werden. Die Drucke werden dann auf Postkarten aufgeklebt.

● *Profil-Malen:*

Ein leeres Blatt Papier wird an der Wand befestigt und mit einem Diaprojektor angestrahlt. Ein Teilnehmer setzt sich so, daß die Lichtquelle sein Profil als Schatten auf das Blatt wirft. (Er muß dicht vor dem Papier sitzen, weil der Schatten sonst verzerrt wird.) Mit Bleistift wird der Schattenumriß nachgezeichnet. Das Papier wird nun abgenommen. Der Schatten kann mit schwarzer Plakafarbe ausgemalt werden. So entsteht eine Art Scherenschnitt.

Die Profile aller Teilnehmer werden im Raum aufgehängt. Diese sichtbare Dokumentation von ›Anwesenheit‹ kann das Gruppenbewußtsein und die Freude aneinander verstärken.

● *Gläser und Flaschen bemalen:*

Die Gläser müssen vor dem Bemalen gut gereinigt werden, am besten mit Benzin oder Spiritus. Zum Malen kann man einfache Wasserfarbenpinsel mit Haaren oder Borsten nehmen. Als Farben eignen sich Plakafarben (die überlackt werden müssen) und Deka-Color Lackfarben.

Sollen Gläser ganz bemalt werden, empfiehlt es sich, das ganze Glas zunächst einfarbig zu grundieren. Die später aufgetragenen Farben decken dann besser.

Viele Anregungen sind in dem Heft ›Gläser und Flaschen bunt bemalt‹, Brunnen-Reihe 36, zu finden.

● *Das Hinter-Glas-Bild:*

Material: Glasplatten in allen Größen
          Plakafarben zum Grundieren

Plakafarben, Wasserfarben, Wachskreide, Filzschreiber usw. zum Malen
Farbige Papiere zum Hinterlegen
Tesafilm oder Klebebänder zum Rahmen.

- Kratzbilder: Die Glasplatte wird mit Spülmitteln oder Spiritus gereinigt und mit wasserverdünnter Plakafarbe grundiert. Bei Kratzbildern wirkt eine schwarze Grundierung am besten. Es kann mit verschiedenen Kratzwerkzeugen gearbeitet werden, je nachdem welche Wirkung erzielt werden soll. Es werden nun Bilder ausgekratzt: Pflanzen, Flechten, Nägel, Schrauben, Mauerwerk, Bäume, Vogelfedern, Sternenhimmel usw.
- Das farbige Bild: Konturen werden mit Plakafarben gemalt (Wasserfarben lösen sich beim Übermalen), und die entstandenen Flächen werden koloriert. Gemalt wird erst alles Vordergründige und erst zum Schluß der Hintergrund. Z. B. bei einem Kopf werden erst die Augen, Nase und Mund gemalt – dann erst Gesicht, Haare usw.
Anregungen: Das Hinterglasbild, Don Bosco Verlag.

● *Kartoffelstempel:*

Material: gewaschene Kartoffeln
Küchenmesser
alle Arten von Farben
saugfähiges Papier oder Stoffe.

Die Kartoffeln werden zu Stempeln zugeschnitten. Man muß sie gut in der Hand halten können. Mit einem in Farbe getauchten Pinsel wird die Stempeloberfläche eingefärbt und der Stempel wird dann auf Papier/Stoff aufgedruckt.

So können Ornamente, Tapetenideen und Bilder gedruckt werden. (Bucheinband, Postkarten, Ostereier, Servietten, Briefpapier usw.)
Anregungen: Kartoffelstempel, Don Bosco Verlag.

● *Wandbehang:*

Die Kinder und Jugendlichen bringen Stoff- und Wollreste mit. Ein einfarbiges Stück Stoff bildet den Hintergrund für den Wandbehang. Aus den Rest-Stoffen werden Figuren ausgeschnitten und aufgeklebt.

Die Motive werden von den Teilnehmern selbst erfunden. Der Wandbehang kann mit Reißnägeln an der Wand festgemacht oder an einem quergelegten Stock befestigt und aufgehängt werden.

2.2.3 Spielen mit Formen

● *Tonarbeiten*, Töpfern ohne Brennofen:

Ton kann mit bloßen Händen in jede gewünschte Form gebracht werden, ohne daß man ein Werkzeug braucht. Fast allen macht das Arbeiten mit Ton viel Freude. Ton bekommt man in Töpfereien oder Bastelgeschäften. Er wird mit nassen Lappen umwickelt und in Plastiktüten verpackt aufbewahrt.

Bei der Bearbeitung von Ton braucht man Wasser. Die Hände müssen immer naß sein und auch der Ton muß immer wieder angefeuchtet werden.

Einige Gestaltungsvorschläge:
- Kneten und Entdecken der Gestaltbarkeit von Ton;
- zu zweit an einem Tonklumpen arbeiten, ohne miteinander zu sprechen;
- eine Erfahrung ausdrücken
  z. B.: Bei einer Nachbesprechung wird ein Eindruck aus der Freizeit in Ton ausgedrückt.
- Figuren und Formen gestalten: Schalen, Tiere usw.

Anregungen: Ton in meiner Hand, Brunnen-Reihe 41, Christophorus-Verlag.

● *Steine*:

a) Figuren aus Stein:
Bei jeder Baufirma kann der Ytong-Stein gekauft werden. Er läßt sich sehr leicht schneiden, kratzen und feilen, weil er sehr weich ist. Aus Ytong kann man Reliefs und Figuren bilden. Es empfiehlt sich allerdings, im Freien zu arbeiten, denn bei der Bearbeitung von Ytong entsteht viel Staub-Abfall. Auch aus Natursteinen können Figuren zusammengestellt werden: Tiere, Menschen, Formen. Steine werden mit Pattex aneinandergeklebt.

b) Bemalte Steine:
Zunächst werden viele Steine gesucht. Sie werden mit Plaka-Farben bemalt und anschließend lackiert. Die Form des Steines sollte die Anregung zum Malen geben – d. h., Steine müssen sehr genau betrachtet werden, damit man erkennt, wofür sie sich eignen. Z. B. Fisch, Käfer, Apfel.

Sehr schöne Anregungen enthalten die Hefte:
Bemalte Steine, Brunnen-Reihe 92
Stein an Stein, Brunnen-Reihe 126

Figuren aus Stein, Brunnen-Reihe 91
Christophorus-Verlag.

● *Astholz und Wurzeln:*

Beides kostet kein Geld und ist überall im Wald und der Natur zu finden. Deshalb eignet sich das ›Spiel‹ mit Wurzeln und Holz besonders für die Freizeit.

Man braucht dazu: Schnitzmesser, Bohrer, kleine Sägen, Baumschere.

Das Material wird gesucht. Um Äste zu finden, die sich für die Bearbeitung eignen, muß man sehr genau schauen und sich in die Stücke ›hineindenken‹!

Es können Tiere, Schachfiguren, Züge, Menschen, Spielzeug usw. geschnitzt werden.

Besonders gut eignet sich das Holz von Haselnuß, Ahorn, Holunder und das ›Putzholz‹ von Obstbäumen.

Anregungen: Wurzel und Schwemmholz, Brunnen-Reihe 123
Spielzeug aus Astholz, Brunnen-Reihe 59
Christophorus-Verlag.

● *Kasperle-Figuren:*

Ganz einfache Kasperlefiguren können aus Kochlöffeln hergestellt werden. An den Flächen der Holzlöffel werden Gesichter aufgemalt. Haare und Kopftücher usw. werden angeklebt, Kleider angezogen. Die Puppe wird am Stiel geführt.

Die Kasperle-Bühne: Eine Holzlatte wird über zwei Stühle gelegt und eine Decke darübergeworfen.

2.2.4 Spielen mit Ton – Musik – Licht

● *Licht-Spiele:*

In einem dunklen Raum werden mit Taschenlampen Lichter an eine Wand geworfen. Das Licht kann auch von hinten auf eine Pergamentwand bzw. ein Leintuch projiziert werden. So können Geschichten erfunden, Märchen in Licht umgesetzt oder einfache Schatten-Spiele gespielt werden.

● *Geräusche erraten:*

Eine Gruppe nimmt auf Tonband verschiedene Geräusche auf: Papier rascheln, gehen, Tür schließen, Kaffeemühle usw.

Eine andere Gruppe errät die aufgenommenen Geräusche.

Nun kann auch versucht werden, mit Hilfe von Geräuschen eine Geschichte zu erzählen, die eine andere Gruppe erraten soll.

● *Mit Geräuschen sprechen/Musikalisch sprechen:*
Jeder Teilnehmer sucht sich ein Geräusch-Instrument (oder ein Musikinstrument – einfache Rhythmus-Instrumente können selbst angefertigt werden). Es wird kein Thema vereinbart. Alle sollen miteinander spielen und versuchen, im Spiel aufeinander einzugehen.

Anschließend werden Eindrücke ausgetauscht: Was wollte jeder darstellen? Was hat der einzelne gehört, verstanden?

Es können auch Themen vertont werden, z. B. Freizeit. Bei diesen ›Spielen‹ müssen die Teilnehmer intensiv aufeinander hören, zusammenarbeiten und selbst initiativ werden. Deshalb können die Erfahrungen mit diesen Spielereien auch Aufhänger für Gespräche über das Zusammenleben sein.

Anregungen zu »Musik mit Jugendlichen« in:
M. Pluskwa u. a., Jugend Frei Zeit S. 71

● *Lampions:* (für ein Sommerfest)
Seidenpapier wird in kleine Stücke geteilt (5 × 5). Jedes Stückchen wird mit angerührtem Tapetenkleister befeuchtet und auf einen aufgeblasenen Luftballon geklebt. Es müssen mehrere Schichten Seidenpapier aufgetragen werden (insgesamt ca. 7 Schichten). Es empfiehlt sich, den Ballon nach 4 Schichten eine Nacht trocknen zu lassen und erst dann den Rest aufzutragen. Es können verschiedene Farben von Seidenpapier gleichzeitig genommen werden.

Der Luftballon bleibt dann liegen, bis das Papier ganz trocken ist. Das dauert sicher einen Tag. Dann wird die Luft vorsichtig herausgelassen und die Seidenpapierhülle bildet den Ballon. Oben wird ein Teil abgeschnitten, so daß der Rand glatt wird. Mit Blumendraht kann der Ballon aufgehängt werden. Ein Teelicht wird in den Lampion gestellt.

Literatur

Aus der Brunnen-Reihe (jedes Heft 4,50 DM), Christophorus-Verlag Freiburg:

a) hier kurz beschriebene Bastelvorschläge

Heft 123 Wurzeln und Schwemmholz
Heft 59 Spielzeug aus Astholz
Heft 91 Figuren aus Stein
Heft 126 Stein an Stein
Heft 92 Bemalte Steine
Heft 41 Ton in meiner Hand
Heft 55 Kleiner Töpferkurs
Heft 36 Gläser und Flaschen bunt bemalt

b) ebenfalls sehr zu empfehlen für die Freizeit, Vorschläge mit billigem Material:

Heft 85 Korkbüchlein
Heft 102 Applikationen
Heft 90 Stofftiere zum Spielen, Sitzen und Kuscheln
Heft 15 Stoff, Fell, Filz und Fäden, ein Puppenbastelheft
Heft 98 Batiken auf Holz und Papier
Heft 10 Kasperle
Heft 5 Mobile
Heft 86 Knüpftechnik Makramee

Bastelhefte aus dem Don Bosco Verlag, München:

Kartoffelstempel
Das Hinterglasbild, gemalt, gekratzt.

Kuhn, M. (Col-Team): Aktionsbuch für Freizeit, Fortbildung, Therapie und Alltag.
Kreative Kommunikation in der Gruppe.
Ravensburg 1975.
– Gemeinsam malen, zeichnen, drucken, Musik improvisieren, Theater machen, sich bewegen, sticken, essen, abwaschen..., nichts tun...
Erlebnismöglichkeiten mit Sand, Glas, Steinen, Schnüren, Spiegeln, Ton, Stoffen, der Zeitung, dem Fernsehen, im Garten, beim Einkaufen...
Angst – Hemmungen – Ohnmacht – Spaß – Genuß – Phantasie – Freiheit – Strukturen – Gefühle...

Nieto, R.: Basteln mit Krimskrams.
Hamburg: Tessloff Verlag 1974.

Barth/Rohrer/Fischer: Malen, Spielen, Musik machen.
Gelnhausen/Freiburg 1974.

Landau, E.: Psychologie der Kreativität.
München/Basel: Reinhardt 1974³.
Beer, U. und *W. Erl:* Entfaltung der Kreativität.
Tübingen: Katzmann 1972.
Grom, B.: Methoden für Religionsunterricht, Jugendarbeit und Erwachsenenbildung.
Düsseldorf: Patmos 1976.
Hinweis: Dieses Buch enthält eine Sammlung vieler Methoden, die für die Arbeit mit Gruppen sehr hilfreich sind. Die Methoden sind nach möglichen Einsatzbereichen geordnet, z. B. für Anfangsphasen, Themenfindung usw. Den jeweiligen Abschnitten sind theoretische Überlegungen beigegeben.
TIP 11, Bundesleitung KJG, Hrsg.
Hinweis: Dieses Werkbuch ist eine Sammlung von Methoden, die ohne Kommentare aneinandergereiht sind. Im ersten Teil sind einige Hinweise für den Umgang mit Methoden dargestellt.
Kreiter/Klein: Fallbeispiele.
Gelnhausen/Freiburg 1975.
Hinweis: Diese Werkmappe enthält ein Theorie- und Methodenheft, das die Arbeit mit Fällen beschreibt und begründet und Anleitung gibt, wie man Fälle selbst konstruieren kann.
Es sind ca. 50 Fälle aus verschiedenen Bereichen der Gruppenarbeit auf Karten gesammelt. Auf jeder Karte steht ein Fall, Hintergrundmaterial und methodische Vorschläge für die Bearbeitung des Falls.
Nickell/Achtnich: Geschichten und was man damit machen kann.
Vorlesen, Erzählen, Spielen, Basteln, Malen, Diskutieren.
Reihe 8–13, Gelnhausen/Freiburg 1976.
Wölfel, U.: Siebenundzwanzig Suppengeschichten.
Düsseldorf: Hoch 1968.
Wölfel, U.: Achtundzwanzig Lachgeschichten.
Düsseldorf: Hoch 1968.
Wölfel, U.: Sechzehn Warum-Geschichten von den Menschen.
Düsseldorf: Hoch 1973.

Teil VI

Leiterverhalten und Leitungsteam

In fast allen bisher angesprochenen Bereichen sind schon Überlegungen zum Leiterverhalten und Leitungsteam eingearbeitet. Die hier fast am Ende stehenden Ausführungen zum Leiterverhalten möchten einiges zusätzlich aufgreifen und verdeutlichen, Zusammenhänge herstellen und vertiefen.

In allem, was bei der Freizeit geschieht, spielt das Leitungsteam bzw. das Verhalten der einzelnen Gruppenleiter eine große Rolle: Verhalten sie sich eingreifend oder zusehend, akzeptierend oder ablehnend, engagiert oder lustlos – es hat einen Einfluß auf das Verhalten der Teilnehmer und auf die Entwicklung ihres Selbstbewußtseins und Selbstbildes.

Diese Behauptung mag sich zunächst übertrieben anhören. Denn schließlich ist die Freizeit ja nur ein Ausschnitt aus dem Leben – und zwar ein verhältnismäßig kleiner. Außerdem kommen die Kinder und Jugendlichen als gewordene und geprägte Persönlichkeiten mit vielen Lebenserfahrungen, so daß die Erfahrung bei der Freizeit keine so große Rolle spielen kann.

Vielleicht gilt dennoch: Es gibt Erlebnisse und Erfahrungen im Leben, die so bedeutsam sind, daß man sich durch sie verändert – nicht durch ihre Zeitdauer, sondern durch die Intensität des Erlebens, durch den Durchbruch, den sie in einem bewirken, durch das ›Licht‹, das einem aufgegangen ist: so ist das – so will ich sein – so möchte ich mein Leben. Es ist eine neue Stufe im Selbstbewußtsein, im Verständnis von sich selbst.

In einer Zeit, in der Menschen durch Reizüberflutung und Überlastung eher oberflächlich und empfindungsarm werden, kommt Erfahrungen, in denen Tiefe und Berührtwerden möglich wird, besondere Bedeutung zu. Das ist die Chance einer Freizeit. Und dabei spielen die Gruppenleiter eine wichtige Rolle. Denn Selbstwerden (hier von Kindern und Jugendlichen) vollzieht sich in der Begegnung mit anderen – also auch wesentlich mit denen, die durch ihr Ältersein und ihre Leitungsfunktion besonders im Blickfeld sind.

Im folgenden wird zuerst eine Art des Lernens dargestellt, die für die Freizeit besonders relevant ist und um die Gruppenleiter wissen sollten: das Beobachtungslernen. Einige Beispiele konkretisieren, welche Einstellungen und Verhaltensweisen von Gruppenleitern für eine Freizeitgruppe hilfreich sein können. Weiterhin wird das Problem der Strafe in der Freizeit reflektiert. Den Abschluß dieses Kapitels bilden Überlegungen zu Zusammenarbeit im Leitungsteam.

1. Beobachtungslernen oder Lernen am Modell

Viele Verhaltensweisen lernen wir, indem wir sie bei jemandem beobachten und sie nachahmen. Dies gilt nicht nur für das Lernen der Kinder. Auch Erwachsene lernen ständig auf diese Weise weiter.

Z. B.: Ich bin in einer fremden Stadt. Ich möchte U-Bahn fahren. Ich schaue bei dem Fahrgast vor mir ab, wie er einen Schein löst und was er dann damit tut.

Ich war in den Ferien in Frankreich und habe immer wieder Menschen beobachtet, die mit silbernen Kugeln im Sand spielten. Ich habe einige Regeln dieses Spiels gelernt, ohne daß sie mir jemand erklärt hat.

Ich habe mich bei der Volkshochschule zu einem Kurs angemeldet. Es sind 15 Teilnehmer. Alle stehen herum. Einer der Teilnehmer beginnt, einen anderen zu begrüßen und sich vorzustellen. Plötzlich tun andere dasselbe, schließlich sprechen wir alle miteinander.

Unter Beobachtungslernen versteht man, daß sich das Verhalten einer Person auf Grund ihrer Wahrnehmung oder Beobachtung einer anderen Person ändert, und zwar in Richtung auf das beobachtete Verhalten hin. Das Lernen kann erleichtert und verstärkt werden, wenn das beobachtete Verhalten zusätzlich erklärt wird, z. B.: »Sie müssen Ihren Fahrschein so lösen...«

Diese Art des Lernens hat große Vorteile. Denn durch Beobachtung können auch schwierige und komplexe Verhaltensweisen und ganze Verhaltensketten sehr schnell gelernt werden:

Z. B.: Die Kinder erleben, daß der Vater abends, wenn er heimkommt und die Mutter besonders müde ist, den Tisch deckt und sie aufzumuntern versucht.

Inge ist seit einiger Zeit in einer neuen Gruppe. Seither spricht sie ganz anders: sie gebraucht neue Ausdrücke und geht viel mehr auf andere ein.

Hier wird deutlich: Es geht nicht nur um bewußte Nachahmung (U-Bahn-Schein). Wir übernehmen auch Verhalten, ohne daß wir uns dessen bewußt sind, einfach weil wir es wahrgenommen und verinnerlicht haben. In einer späteren Situation wenden wir es an, wahrscheinlich ohne zu wissen, wo wir es gelernt haben. Das beobachtete Verhalten kann auch erst längere Zeit nach der Beobachtung in Erscheinung treten. Untersuchungen zeigen deutlich, daß z. B. unsoziales und aggressives Verhalten bei Menschen zunimmt, wenn unsoziale und aggressive Modelle beobachtet werden (in Filmen, auf dem Spielplatz, beim Fußball usw.).

Aber nicht nur Verhalten, sondern auch Einstellungen, Werte, Interessen und emotionale Reaktionen werden auf diese Weise gelernt:

Z. B.: Eltern sprechen schlecht über andere Rassen und Volksgruppen. Die Kinder zeigen einem ausländischen Mitschüler gegenüber die gleichen Vorurteile.
Der Vater interessiert sich für Sport. Der vierjährige Sohn nimmt vor dem Fernseher die gleichen Verhaltensweisen an und macht dieselben Sprüche.

Warum wird diese Art des Lernens hier dargestellt:
Das Beobachtungslernen hat für die Freizeit eine sehr große Bedeutung. Denn die Gruppenleiter sind – ohne daß sie es wissen oder wollen – bevorzugte Modelle, an denen Kinder und Jugendliche lernen. Dieses Lernen soll nun, wenn irgend möglich, in Richtung der Ziele der Freizeit laufen. Wir können als Gruppenleiter nicht Ziele für die Freizeit setzen, z. B. ›auf Bedürfnisse anderer Rücksicht nehmen‹, wenn wir selbst ein Modell dafür bieten, wie rücksichtslos über Bedürfnisse anderer hinweggegangen wird. Wir können nicht das Ziel setzen ›den andern akzeptieren lernen‹, wenn wir selbst Modell für abwertendes und diskriminierendes Verhalten bieten.

Das Wissen um ›Beobachtungslernen‹ fordert also von den Gruppenleitern einer Freizeit, das eigene Verhalten in den Blick zu bekommen, um erst einmal festzustellen, wofür sie – unbewußt – Modell sind (vgl. Wirkung von Verhalten).

Lernen am Modell geschieht auf jeden Fall. Es liegt mit in der Entscheidung der Gruppenleiter, *was* durch Beobachtung gelernt wird.

2. Konkrete Aspekte des Leiterverhaltens

Leiterverhalten meint keine Sonderform eines Verhaltens, d. h. wenn ein Gruppenleiter Erklärungen abgibt, sondern es meint das *Gesamt-*

verhalten eines Menschen, der gerade die Rolle eines Leiters innehat.
Deshalb werden im folgenden ganz selbstverständliche und alltägliche Verhaltensweisen reflektiert und auf ihre zugrunde liegenden Einstellungen hinterfragt.

2.1 Miteinander sprechen – Gespräche führen

Miteinander sprechen und sich zuhören sind die wesentlichsten Kommunikationsformen bei der Freizeit. Fast bei allem, was wir tun, sprechen wir auch miteinander.

Wir wissen aus eigener Erfahrung, daß wir Gespräche sehr unterschiedlich empfinden. Es kommt auf die Art und Weise an, wie jemand spricht und reagiert, ob wir ein Gespräch angenehm, hilfreich oder enttäuschend erleben.

Um sich die eigene Erfahrung mit Gesprächen bewußtzumachen, kann die folgende Aufgabe bearbeitet werden:

Aufgabe:
Sie haben eben in den Abendnachrichten gehört, daß sich die Zahl der Selbstmorde von Kindern und Jugendlichen in den letzten Jahren vervielfacht hat.

Sie kommen kurz danach mit einer Bekannten zusammen. Sie sind noch betroffen von der Nachricht, die in Ihnen ein Gefühl der Ohnmacht und Hilflosigkeit hervorgerufen hat, und sagen zu ihr: ›Ich bin richtig fertig. Vorhin habe ich gehört, daß sich immer mehr Kinder und Jugendliche das Leben nehmen. Ich habe eine richtige Wut auf die, die dafür verantwortlich sind.‹

(Es wird hier eine Reihe von möglichen Erwiderungen von seiten der Bekannten aufgeführt. Versuchen Sie, diese Reaktionen in sich aufzunehmen und die Gefühle wahrzunehmen, die sie wachrufen. Schreiben Sie diese nach jeder Reaktion auf.)

Mögliche Erwiderungen:
1. Nun ja, das ist heute halt so. Damit muß man sich abfinden.
2. Es hat doch keinen Sinn, daß du das so schwer nimmst, schließlich kannst du ja doch nichts ändern.
3. Du fühlst dich mutlos und hilflos.
4. Du kannst doch nicht eine Wut auf andere haben – wer soll das denn überhaupt sein? Schließlich tust du ja selbst auch nichts.
5. Denk einfach nicht mehr daran!

6. Weißt du, wenn du nur einfach zu denen nett bist, die dir begegnen, dann ist das gut. Du kannst das andere doch nicht beeinflussen.
7. Du siehst gar keine Möglichkeit, wie du selbst da eingreifen könntest, und das macht dich fertig.
8. Du bist zu sensibel und empfindlich.
9. Geht dir das immer so, wenn du so etwas hörst?
10. Ich kann dein Gejammer gar nicht mehr hören.
11. Du, so geht's mir auch oft. Z. B. gestern kam ein Bericht von einem Hausbrand in ...
12. Weißt du was, jetzt gehen wir ins Kino.
13. So brauchst du das nicht zu empfinden! Es sind ja im Vergleich gar nicht so viele.

Welche Gefühle sind entstanden? Gibt es Erwiderungen, die Ihnen ›angenehm‹ (verständnisvoll) erschienen? Welche Reaktionen sind (warum) helfend, welche eher hindernd? Versuchen Sie sich den Fortlauf des Gesprächs nach jeder Reaktion vorzustellen. Wenn Sie die Möglichkeit haben, spielen Sie es mit anderen durch.

Es scheint, daß Menschen oft aufeinander reagieren, indem sie
- dem anderen Unverständnis signalisieren
- ihn eher zurückweisen als akzeptieren
- eine Mitteilung, die er gefühlsmäßig meint, nur ›objektiv – sachlich‹ aufnehmen und mit logischen Argumenten Gefühle beantworten
- ihm Vorhaltungen machen und ihn belehren
- ihm Lösungen vorgeben und oberflächliche Vorschläge machen
- ihn beurteilen, kritisieren, beschuldigen
- ihn beschwichtigen, sein Gefühl abschwächen, trösten
- ihn analysieren
- ihn ablenken
- ihm zureden, moralisieren

usw.
(Vgl. *Th. Gordon* S. 48)

Diese Arten der Reaktion helfen wenig. Denn sie können dem Gesprächspartner (vgl. Beispiel) folgendes signalisieren: Was du denkst, ist nicht ganz ernst zu nehmen; du bist ein Spinner; ich habe jetzt keine Lust darüber zu sprechen; dein Problem ist mir nicht wichtig; deine Gefühle sind falsch; ich weiß eine Lösung für dich; ich verstehe dich nicht usw.

Das sind eher abwertende Reaktionen, die den einzelnen auf sich selbst zurückwerfen und ihn mit seinen Gefühlen und Problemen allein lassen.

Es waren aber im genannten Beispiel auch einige Antworten dabei, die Verständnis und Bereitschaft signalisieren, sich auf das Problem des anderen einzulassen. Das sind Reaktionen, die Gefühle aufgreifen, sie als berechtigt annehmen und damit die Person akzeptieren. Solche Reaktionen ermöglichen die Fortsetzung des Gesprächs und ermutigen dadurch denjenigen, der das Problem hat, daran weiterzuarbeiten und selbst eine Lösung zu suchen.

Andere ›Türöffner‹ in Gesprächen und für die Bearbeitung von Problemen sind z. B.

– akzeptierend schweigen, damit der andere weitersprechen kann
– anschauen, warten, Zeit lassen
– ähnliche Erfahrungen bestätigen, ohne gleich mit einer eigenen Geschichte zu kommen
– eigene Gefühle oder Gedanken dazu mitteilen, ohne dem anderen seine abzusprechen
– nachfragen, ob ich ihn richtig verstanden habe
– die ausgedrückten Gefühle aufgreifen
usw.

Warum reagieren wir oft ungeschickt auf die Ansprache eines andern?

Es hängt wohl mit dem Unwillen und der Unfähigkeit zusammen, einem anderen echt und tief zuzuhören, ihn wirklich ernst zu nehmen. Wenn einer etwas sagt, denken wir gleich: ›Wie geht das mir? Wie stehe ich dazu?‹ Wir sind *bei uns* und nicht beim anderen. Wir reden eher mit uns selbst: unser eigenes Gefühl, unsere Gedanken, unser Widerstand sind uns wichtig, so daß wir Gedanken und Gefühle des anderen gar nicht an uns heranlassen können.

An einigen Situationen aus der Freizeit können diese Überlegungen vertieft werden.

Fragen zur Bearbeitung der folgenden Situationen:

● Welche Reaktionen sind hilfreich? Welche Reaktionen wären noch denkbar? Welche Wirkung könnten sie haben?

● Was möchte derjenige eigentlich sagen, der hier ein Problem anspricht? Was könnte hinter seiner Aussage stehen? Welchen Inhalt könnte sein Signal haben?

1. Situation:

Nachtwanderung: Die Kinder gehen in kleinen Gruppen jeweils mit einem Leiter zusammen. Gerdi sagt: ›Abends im Zimmer erzählen manche immer so blöde Witze. Wenn ich das daheim sagen würde, würden meine Eltern schimpfen.‹

Mögliche Reaktionen des Leiters:

- Du sollst nicht immer petzen.
- Sag ihnen halt, sie sollen aufhören.
- Du brauchst das ja daheim nicht zu erzählen.
- Wer tut das denn? Mit dem werde ich mal reden.
- Ärgerst du dich darüber?
- Du würdest vielleicht lieber einmal anders über solche Themen sprechen.
- Du möchtest vielleicht gerne zuhören, aber du denkst, es wäre deinen Eltern nicht recht.

Versuch einer Reflexion:

Das ist eine Aussage, die ganz leicht abgewehrt werden und untergehen kann, weil sie anscheinend so belanglos ist. Sie kann auch mißverstanden werden, wenn der Gruppenleiter annimmt, Gerdi wolle nur petzen und sich selbst in ein gutes Licht rücken.

Wenn ich überlege, was Gerdi eigentlich sagen will, was also hinter ihrer Bemerkung steht, kann ich mir folgendes vorstellen: es geht wohl um Witze mit sexuellem Inhalt. Gerdi könnte verunsichert sein, weil ihre Freundinnen über Dinge reden, die ihr zu Hause verboten werden. Ihre eigene Wertauffassung von ›richtig‹ und ›falsch‹ ist in Frage gestellt. Dazu kommt wohl, daß sie selbst ein Interesse und Bedürfnis hat, mitreden oder mitlachen, bzw. mehr zu erfahren und Fragen stellen zu können. Die Bemerkung dem Gruppenleiter gegenüber kann unbewußt eine neue Instanz für Werturteile anrufen: Gerdi selbst fühlt sich überfordert, zu ihrem Interesse zu stehen, vom Gruppenleiter erwartet sie, daß er vielleicht sagt: ›Ja, darüber sollte man keine Witze machen‹ oder ›aber da kannst du ruhig mitlachen‹. Mit beiden Reaktionen wäre Gerdi kaum geholfen, denn sie hätte nur wieder eine neue Instanz, die ihr sagt, was richtig oder falsch ist. Sie hätte ihr Problem nicht gelöst. Deshalb sollte der Gruppenleiter durch seine Art der Reaktion helfen, daß Gerdi über ihr Problem sprechen kann, daß sie ihre Unsicherheiten artikuliert und selbst zu einer Lösung kommt.

2. Situation:

In der abendlichen Teambesprechung sagt ein Gruppenleiter: ›So wie das bei uns zugeht, hat das einfach keinen Sinn mehr. Jeder schafft für sich. Ich mache jetzt auch nur noch, was ich will.‹

Mögliche Reaktionen der anderen Leiter:
- Du bist doch immer der, der nicht da ist, wenn mal was besprochen wird.
- Ich habe auch ziemliche Schwierigkeiten, mit einigen Problemen zurechtzukommen. Mir würde es helfen, wenn wir mehr austauschen würden.
- Du denkst, wir gehen zu wenig aufeinander ein?
- Was willst du eigentlich, das kann dir doch nur recht sein, du hast doch genug Erfolg bei den Kindern.
- Jetzt mach mal einen Punkt. Schließlich haben wir nie Zeit dazu.
- Wieso kommst du zu dieser Behauptung?

3. Situation:

Vor dem Spielabend sagt Klaus, der 15 Jahre alt ist, zu einem Gruppenleiter: ›Ich schaue nachher nur zu. Dieses Rumrennen und Kichern finde ich blöde. Das ist nur was für Mädchen.‹

Mögliche Reaktionen des Gruppenleiters:
- Du denkst, es paßt nicht zu Jungen, daß sie spielen.
- Hab dich mal nicht so, schließlich bist du auch noch nicht so alt.
- Ich spiele doch auch mit und bin älter als du.
- Dann werden die Mädchen dich spießig finden.
- Dann laß es halt bleiben, das ist deine Sache.
- Möchtest du lieber etwas anderes machen?
- Hast du früher mal gerne gespielt?

Das Durchdenken und Besprechen solcher Gesprächsabläufe und der helfenden oder hindernden Reaktionen von seiten der Gruppenleiter erwecken leicht den Eindruck, als solle der Leiter krampfhaft jede Sekunde überlegen, was er sagen darf, und als solle er dem anderen etwas vormachen oder ihn ›behandeln‹.

Das ist nicht gemeint.

Aber:

Wir können durch diese Überlegungen auch feststellen, daß *wir nicht so sind*, wie wir es eigentlich gerne möchten.

Vielleicht haben wir gemerkt,
- daß wir den anderen nicht ernst genug nehmen,

– daß wir uns fast nur für uns selbst interessieren,
– daß wir Reaktionen haben, die un- oder mißverständlich sind.

Sich ändern heißt also nicht nur, Worte oder Reaktionen zu ändern, sondern die Einstellungen und Haltungen neu zu überdenken. Dann werden wir auch andere Worte gebrauchen und dem anderen unser Verstehen-Wollen mitteilen können. Dann *sind wir* anders.

Es ist sicher nicht in jedem Gespräch in gleichem Maß möglich, sich auf einen anderen einzustellen. Sich einlassen und Zuhören ist vor allem wichtig, wenn uns jemand ein Problem mitteilt oder deutlich macht, daß er sich mit einer Frage auseinandersetzt.

2.2 Erwartungen haben
– die sich selbst erfüllende Prophezeiung –

Erwartungen können die Kraft einer sich selbst erfüllenden Prophezeiung haben. Diese Erfahrung, die wahrscheinlich alle schon einmal gemacht haben, wurde durch wissenschaftliche Untersuchungen bestätigt. »Die Art der Erwartungseinstellungen von Erziehern, Eltern und Lehrern, z. B. darüber, daß Kinder und Schüler verantwortungsbewußt, einsatzbereit und kooperativ seien oder daß sie über ›schlechte Anlagen‹ verfügten, strikt geführt werden müßten, kein Vertrauen verdienten usw., bewirkt mit hoher Wahrscheinlichkeit, daß sich Jugendliche stärker in Richtung der spezifischen Erwartungen ihrer erziehenden Erwachsenen verhalten.« *(Tausch R. u. A. S. 128)*

Unsere Erwartung ist also ein Faktor, der das Verhalten eines anderen mitbestimmt.

Beispiel:
Wenn ich erwarte, gleich einem netten Menschen zu begegnen, verhalte ich mich selbst so, daß sich ihm diese Erwartung mitteilt. Ich gebe ihm dadurch zumindest eine große Chance, tatsächlich ›nett‹ zu sein (weil ich es auch bin) und bin zum anderen auch eher bereit, sein Verhalten als ›nett‹ aufzufassen, usw.
Einem Jungen wird von seinen Eltern ständig gesagt: »Aus dir wird nichts, du schaffst das doch nicht.« Nicht nur die Worte der Eltern teilen dem Jungen diese Erwartung mit, sondern auch ihr gesamtes Verhalten: Gleichgültigkeit, auf Gespräche nicht eingehen usw.

Ich komme zu einer Tagung. Der Leiter begrüßt alle und sagt, daß es mit dem Vorwissen und den Vorerfahrungen aller Teilnehmer sicher zu einer guten Arbeit komme. Der Erfahrungsaustausch könne die Inhalte der Tagung bestimmen. Ich werde wahrscheinlich fähig sein, meine Erfahrungen mitzuteilen.

Der Grund für die Wirkung der Erwartungen ist vielschichtig:

- In unserem gesamten Verhalten teilen wir einem Menschen mit, welches Bild wir von ihm haben: durch den Gesichtsausdruck, das Hin- oder Wegwenden, Zuhören, das Lachen, die Art, wie wir eine Antwort geben, usw.
  Das geschieht auch, wenn wir uns weder der Erwartung selbst noch der Signale der Mitteilung bewußt sind.
- Menschen neigen dazu, diese ›Bilder von anderen‹ verhältnismäßig stabil zu halten. Denn wir wissen gerne, was auf uns zukommt, wie wir uns verhalten müssen (weil der andere so ist!), wir stellen uns ungern ständig um: deshalb sehen wir im anderen das, was wir zu sehen erwarten (sehen wollen), und das bestätigt uns erneut in unserer Sicht und in unserem Verhalten.
- Das Selbstbild eines Menschen wird mitbestimmt durch das Bild, das andere sich von ihm machen. Ist das Bild gut, wird er sich selbst auch eher ›gut‹ empfinden können. Wie ich selbst ›bin‹, kläre ich in einem ständigen Prozeß in der Begegnung mit anderen, entnehme ich auch den Reaktionen anderer auf mich.
- Das Selbstbild (Selbstvertrauen oder Sich-nichts-Zutrauen) hat einen Einfluß auf die Fähigkeiten des einzelnen: Wenn ich mir z. B. in einem Kreis nicht zutraue, etwas ›Vernünftiges‹ zu sagen, kann das meine Ausdrucksfähigkeit blockieren.

Aus dieser Beschreibung wird deutlich, wie leicht Erwartungen einen Kreislauf auslösen können, aus dem keiner mehr aussteigen kann (die sich selbst erfüllende Prophezeiung). Denn jede ›Stufe‹ im Kreislauf bestätigt dem anderen seine Sicht und die ›Richtigkeit‹ seines Verhaltens. Das geschieht um so mehr, als es sich meist nicht um bewußte Prozesse handelt.

Natürlich ist die Wirkung der Erwartungen auf verschiedene Menschen unterschiedlich. Sie hängt z. B. davon ab:

- wie selbstbewußt und selbständig ich bin;
- welche Erfahrung ich gerade hinter mir habe;
- wie abhängig ich von dem betreffenden Menschen bin;

- welche anderen Erwartungen gleichzeitig an mich gerichtet werden; (wenn viele Menschen positive Erwartungen an mich haben, kann eine negative Erfahrung keine so starke Auswirkung haben.)
- wie sehr ich darauf angewiesen bin, in einer bestimmten Gruppe oder einem Menschen gegenüber Anerkennung zu gewinnen;

usw.

Was bedeutet das für die Gruppenleiter der Freizeit?

Eine Entscheidung zwischen zwei Alternativen:
1. Den einzelnen Teilnehmern gegenüber positive Erwartungen haben, daran glauben, daß sie liebenswert, kooperativ und offen sein können, daß sie Fähigkeiten entfalten können.
2. Eher negative Erwartungen haben und riskieren, daß sie bestätigt werden und der andere meine ›Hoffnungslosigkeit‹ ihm gegenüber übernimmt.

Wenn die Entscheidung so gefragt wird, kann es nicht schwer sein, sie zu treffen. Aber die Praxis, das Umsetzen sieht schwieriger aus,
- denn ich kann nicht von jedem Kind dasselbe erwarten, ich muß die Erwartung am einzelnen festmachen, sonst geschieht Über- oder Unterforderung.
- Ich kann nicht nur so tun als ob – verbale Beteuerungen haben wenig Wirkung. Denn wir haben ja festgestellt, daß gerade die untergründigen, einem selbst nicht bewußten Reaktionen die tatsächliche Erwartung vermitteln. Es geht also darum, sich immer wieder neu zu bemühen, den Menschen so zu akzeptieren, wie er ist, *und* an seine positive Entwicklung zu glauben, auch wenn er sich anders verhält, als wir uns das vorstellen.

Durch freundliches und zugewandtes Verhalten und durch das Vertrauen in einen Menschen kann in ihm die Fähigkeit verstärkt werden, sich zu akzeptieren und verändern zu wollen, weil ein anderer ihm das zutraut.

2.3 Zum Leitungsstil

Zum Leitungsstil gehören alle Verhaltensweisen von Leitern einzelnen oder einer Gruppe gegenüber. Der Leitungsstil ist das sichtbare Ergebnis einer inneren Einstellung.

Reinhard und *Anne-Marie Tausch* beschreiben drei Hauptdimensionen, in denen sich ›Leitungsstil‹ realisiert. Sie werden hier kurz beschrieben als Zusammenfassung des bisher Gesagten und als Hintergrund für die Reflexion des eigenen Verhaltens *(R. u. A. Tausch Erziehungspsychologie)*.

a) Die emotionale Dimension:
Leiterverhalten bewegt sich zwischen den beiden Polen:

Wertschätzung	⟷	Geringschätzung
emotionale Wärme		Kälte
Zuwendung		Abneigung
(freundlich, höflich, optimistisch, erfreut)		(verständnislos, unfreundlich, erregt, pessimistisch, verärgert)

Bei größerem Ausmaß an Wertschätzung, emotionaler Wärme und Zuwendung entsteht bei den Kindern und Jugendlichen:
▶ emotionale Sicherheit; wenig Angst; sie fühlen sich selbst wertvoll; sie sind eher bereit, andere anzuerkennen und gelten zu lassen.

Bei mehr Geringschätzung, Kälte und Abneigung
▶ treten die umgekehrten Effekte auf.

Zusammengefaßt heißt das: Verminderung der Selbstachtung.

b) Die Lenkungsdimension:
Leiterverhalten bewegt sich zwischen den beiden Polen:

maximale, starke Lenkung	⟷	*minimale Lenkung*
autoritäre Kontrolle,		Autonomie gewähren,
Restriktion		minimale Kontrolle
(befehlen, anordnen,		(bitten, vorschlagen,
geringe Selbstkontrolle)		Selbstkontrolle)

Bei größerem Ausmaß an Lenkung, Dirigierung und Kontrolle treten folgende Wirkungen bei Kindern und Jugendlichen auf:
▶ wenig Fähigkeit, eigene Handlungen zu durchdenken und auszuführen; wenig spontanes Verhalten; Opposition; Spannung in der Beziehung der Gruppe untereinander und zum Leiter; wenig Gefühl von Freiheit; in manchen Bereichen gute Leistung.

Bei geringer Lenkung und größerer Autonomie treten folgende Wirkungen auf:
▶ Neigung zu selbständigem Denken und Handeln und zu verantwortlicher Selbstbestimmung; mehr kreatives und spontanes Verhalten; Entwickeln von Fähigkeiten, Konflikte zu lösen und

mit andern zusammenzuarbeiten; die Möglichkeit geringerer Leistung in manchen Bereichen – es sei denn, es werden durch Modellpersonen Eigeninitiative und Arbeitsfreude angeregt (vgl. Dimension c).

c) Die nicht-dirigierende Aktivität:

Hohes Ausmaß an Wertschätzung und geringe dirigierend-kontrollierende Lenkung genügen noch nicht. Diese Merkmale kann ein Leiter praktizieren und gleichzeitig passiv bleiben: gewähren, zuschauen, sich heraushalten, abwarten usw. Die Kinder und Jugendlichen hätten kein Modell, keine Anregung, in welche Richtung sich ihr eigenes Verhalten entwickeln könnte. Deshalb gehört als dritte Dimension die der Aktivität des Leiters dazu.

Leiterverhalten bewegt sich zwischen den beiden Polen:

dynamisch, stimulierend, enthusiastisch	schwunglos, einschläfernd, lustlos
entschlußfreudig engagiert	zögernd gleichgültig
zielstrebig systematisch interessant	planlos, unsystematisch, langweilig

Bei mehr aktivem Verhalten, verbunden mit Wertschätzung und geringer Lenkung, entwickeln Kinder und Jugendliche ähnliche Fähigkeiten. Das gilt sowohl, wenn sie dieses Verhalten in der Zusammenarbeit der Leiter untereinander beobachten wie auch in ihrem Kontakt mit den Teilnehmern.

Hier wird die Forderung noch einmal bestätigt, daß sich Ziele in einer Freizeit nur dann verwirklichen lassen, wenn sie auch zu Zielen der Gruppenleiter werden bzw. wenn diese Ziele im Verhalten der Leiter selbst sichtbar werden.

Alle genannten Verhaltensmerkmale sind nicht statisch zu verstehen. Das Ausmaß von notwendiger Lenkung, von richtiger und fördernder Aktivität und von Wertschätzung hängt ab von den beteiligten Personen, den Fähigkeiten und Vorerfahrungen der Leiter und der Teilnehmer.

Deshalb können für diese Merkmale nur Richtungen angegeben werden: ›mehr Wertschätzung‹ ... In einer konkreten Freizeit kann versucht werden, das eigene Verhalten in diesen Dimensionen wahrzunehmen und zu reflektieren.

Bei alldem geht es nicht darum, daß Gruppenleiter vollkommene Menschen sein sollten oder könnten oder sich diesen Ansprüchen gegenüber ständig minderwertig empfinden und zuwenig fähig fühlen müßten.

Sie sollten aber – positiv ausgedrückt – ein Interesse bewahren, sich selbst weiterzuentwickeln und zu verändern, Neues aufzunehmen, sich und das eigene Verhalten zu reflektieren und in Frage zu stellen, um so offen zu bleiben für das Angesprochen-Werden durch Menschen, Situationen und Erfahrungen. Sie sollten mit dem Interesse leben, weiterlernen zu wollen.

Diese Forderung gilt auch für den erwachsenen Leiter. Das bedeutet dann nicht nur Gewinn für die Gruppe, mit der er es zu tun hat, sondern vor allem für den Leiter selbst.

2.4 Strafe
– Umgang mit normabweichendem Verhalten –

Strafe ist eines der umstrittensten und schwierigsten Probleme in der Erziehung – auch in der Freizeit. Die folgenden Überlegungen stehen in Zusammenhang mit allen bisherigen, denn auch ›Strafe‹ kann nur auf dem Hintergrund eines Menschenbildes reflektiert werden.

2.4.1 Ziel von Strafe

Strafe hat etwas mit Normen zu tun bzw. mit Werten, auf die sich bestimmte Normen beziehen: Die Verletzung einer in der Gemeinschaft (Gesellschaft) gültigen Norm oder eines hinter ihr stehenden Wertes verlangt eine Reaktion zum zukünftigen Schutz des Wertes.

Beispiel:
- Es wurde den Kindern verboten, allein vom Freizeitgelände wegzugehen. (Norm)
- Die Begründung für dieses Verbot ist der Schutz des Lebens jedes Teilnehmers. (Wert)
- Wenn ein Teilnehmer dennoch das Gelände allein verläßt, hat er gegen die Norm und den Wert verstoßen. Damit der Teilnehmer dies nicht noch einmal tut, wird er von den Gruppenleitern bestraft.

Eine Strafe ist also eine Reaktion auf ein als falsch beurteiltes (= unerwünschtes) Verhalten mit dem Ziel, dieses Verhalten zu ändern.

Aber es geht nicht nur um Verhaltensänderung. Denn Verhaltensänderung kann auch nur oberflächlich und kurzfristig sein, z. B., wenn sie auf Angst vor Strafe gründet.

Beispiel:
Weil Irmgard weiß, daß sie bestraft wird, wenn sie in Gegenwart der Mutter den kleinen Bruder schlägt, unterläßt sie es so lange, wie die Mutter im Zimmer ist. Wenn die Mutter den Raum verläßt, schlägt sie den kleinen Bruder.

Eine Strafe muß also, wenn sie Sinn haben soll, nicht nur das unerwünschte Verhalten ändern, sondern auch Einsicht wecken, welcher Wert verletzt wurde, bzw. sie muß eine positive Einstellung zu diesem Wert schaffen, damit der Betreffende ihn von sich aus nicht mehr verletzen will.

Beispiel:
Ein Jugendlicher, der bei einer Freizeit nie Geschirr waschen will und sich tagelang drückt, wird nicht deshalb die Notwendigkeit seines Einsatzes begreifen, weil er zur Strafe drei Tage nacheinander Geschirr waschen muß.

2.4.2 *Wirkung von Strafe*

Jede Strafe hat einen Inhaltsaspekt, das ist die Sache, der Wert oder die Norm, um die es geht und auf die sich die Strafe bezieht (z. B. das Verbot, das Freizeitgelände zu verlassen).

Strafe hat aber auch einen emotionalen Aspekt, der die Beziehung zwischen dem Strafenden und dem Bestraften berührt:

- Wer strafen kann, hat die Macht, das zu tun. Er ist der ›Stärkere‹, der einen Spruch fällen oder eine Anordnung geben kann – auch wenn er das nicht ausnützt oder hervorhebt.
- Wer bestraft wird, fühlt sich oft untergeordnet, ausgeliefert, gedemütigt und beschämt, auch dann, wenn er selbst sein Verhalten als falsch beurteilt. Er kann sich nicht mit denselben Mitteln wehren. Strafe betont das Negative an einem Menschen. Deshalb kann sie mutlos, einsam und trotzig machen, Feindseligkeit und Rachegedanken wecken und das Selbstvertrauen vermindern.

Dieser emotionale Aspekt der Strafe bewirkt leicht eine Entfremdung zwischen dem Strafenden und dem Bestraften und – wenn die Strafe in Anwesenheit anderer ausgesprochen wird – auch zwischen dem Bestraften und den ›Zuschauern‹.

Es ist also fraglich, ob Strafe überhaupt eine positive Wirkung haben kann. Denn allein das kurzfristig geänderte Verhalten eines Bestraften sagt ja nichts darüber, ob er sein Verhalten aus Einsicht geändert hat.

Es scheint eher, daß Strafe Einsicht verhindert, weil Bestraftwerden mit demütigenden Erfahrungen verbunden ist.

▶ Deshalb sollte es bei einer Freizeit weniger um die Frage gehen, wie unerwünschtes Verhalten *bestraft* werden kann, als darum, wie beim einzelnen die *Zustimmung zu bestimmten Werten* und Normen erreicht wird, die ihn von sich aus zu einer Verhaltensänderung bewegen.

Das ist eine andere Fragestellung, die den Blick für breitere Vorgehensweisen und Lösungen öffnet.

Es ist dann auch nicht mehr sinnvoll, bei diesen Überlegungen von ›Strafe‹ zu sprechen, denn es handelt sich, wie in anderen pädagogischen Situationen auch, um Reaktionen auf Verhaltensweisen.

2.4.3 Reaktionen auf ›unerwünschtes‹ Verhalten

Ein Mensch verhält sich nicht ohne Grund in einer bestimmten Art und Weise. Um den Sinn und Erfolg von verschiedenen Reaktionen auf das Verhalten beurteilen zu können, muß also über den Hintergrund (das Motiv) des Verhaltens und der daraus erkennbaren Einstellung nachgedacht werden. Dabei können selten eindeutige Antworten gefunden werden. Aber das Sammeln von Vermutungen kann helfen, die Vielfalt von Möglichkeiten zu sehen und das Spektrum der Reaktionen auszuweiten. Durch das Erleben und Beobachten der betreffenden Person in anderen Bereichen kann evtl. die eine oder andere Vermutung bestätigt werden.

Beispiel:
Edgar beteiligt sich an keiner der notwendigen Arbeiten im Haus: Aufräumen von Material, Vorbereiten von Programmen, Tische decken usw. Sowohl die Teilnehmer wie die Gruppenleiter versuchen, mit ihm über sein Verhalten zu sprechen. Edgars einzige Antwort ist: »Ich habe ja schließlich für die Freizeit bezahlt, also brauche ich auch nichts zu tun.«

Mögliche Hintergründe für dieses Verhalten:
- Edgar hört zu Hause ständig diesen Ausspruch. Er erlebt bei seinen Eltern, daß niemand etwas tut, ohne dafür bezahlt zu werden. Er erlebt, daß anscheinend alles mit Geld gekauft werden kann.
- Edgar wird von seinen Eltern eher ›bezahlt‹ als geliebt.
- Edgars Eltern müssen sehr sparen. Als sie ihm die Freizeit bezahlten, haben sie ihm eingeschärft, sich ja nicht ausnützen zu lassen.
- Edgar muß zu Hause immer sehr viel helfen. Jetzt möchte er einfach einmal nichts tun.
- Edgar mußte noch nie zu Hause helfen. Deshalb fühlt er sich überfordert, unsicher und hat Angst, sich zu blamieren.
- Edgar wird von der Freizeitgruppe nicht akzeptiert, er wird oft ausgelacht und traut sich nichts mehr zu oder möchte die anderen ärgern.

Mögliche Reaktionen auf das Verhalten:
- Edgar in Ruhe lassen, weil die Freizeit zu kurz ist, um solche Einstellungen zu ändern. Darauf hoffen, daß er durch das Tun der anderen seine Einstellung in Frage stellt.
- Edgar die Kostenrechnung der Freizeit vorlegen und ihm vorrechnen, was durch seinen Teilnehmerbeitrag abgedeckt wird, was aus anderen Quellen bezahlt wird und wieviel unentgeltliche Arbeit in dieser Freizeit steckt.
- Edgar dazu zwingen, daß er mithilft.
- Edgar auch nichts mehr helfen; ihn systematisch alles allein machen lassen (ihm keine Schüssel reichen, keinen Teller hinstellen usw.), um ihn die Konsequenz seines Verhaltens spüren zu lassen.
- Allen anderen Freizeitteilnehmern für ihr Helfen einen symbolischen ›Lohn‹ bezahlen, der z. B. als Einzahlung für eine Fahrt wieder in der Freizeitkasse erscheint. Edgar hat sich die Fahrt nicht verdient und muß sie extra bezahlen.
- Mit der Gruppe über ihr Verhalten Edgar gegenüber sprechen und herausbekommen, warum sie ihn so behandelt.

Edgars Gruppenleiter kommen bei ihren Überlegungen über die Hintergründe des Verhaltens zu folgender Überzeugung:

Edgar lebt in der Wertvorstellung, mit Geld alles erreichen und sich freikaufen zu können. Er kennt keine anderen Inhalte in Beziehungen zwischen Menschen. Diese Wertvorstellung muß geändert werden, wenn man Edgars Verhalten ändern will. Das kann aber nur geschehen, wenn Edgar selbst Erfahrungen macht, die in Richtung anderer Werte gehen, z. B. um seiner selbst willen akzeptiert zu werden und von anderen Hilfe und Zuwendung zu erhalten, ohne dafür bezahlen zu müssen.

Aus diesen Überlegungen heraus wird folgendes Vorgehen beschlossen:

Edgar wird die Kostenrechnung der Freizeit vorgelegt, und es wird ihm vorgerechnet, wofür sein Teilnehmerbeitrag reicht und welche Arbeit bei der Freizeit unentgeltlich geleistet wird. Das geschieht freundlich und ohne Vorwurf, es ist eine ernstgemeinte Information.

Man sagt Edgar, daß man seine Einstellung respektiere, weil er sie so gelernt habe. Er kann diese Haltung beibehalten, auch wenn sie von seiten der Gruppenleiter nicht als richtig angesehen wird.

Die Gruppenleiter haben eine andere Einstellung. Sie glauben daran, daß Menschen einander helfen und zusammenarbeiten sollen, weil es ihnen um die anderen geht und weil sie wissen, daß es nötig ist für das Zusammenleben.

Auch mit den anderen Teilnehmern wird die Situation so besprochen, und es bleibt ihnen überlassen, wie sie reagieren. Es wird sichtbar, daß die Gruppenleiter die Einstellung Edgars respektieren.

In der Folge wird versucht, Edgar immer wieder eine Möglichkeit anzubieten, neue Verhaltensweisen auszuprobieren. (Ein Gruppenleiter bittet z. B.: Holst du mir bitte ...)

Die weitere Entwicklung wird beobachtet.

Im folgenden werden einige weitere Beispiele aus einer Freizeit beschrieben. Sie sollen helfen, sich in Situationen hineinzudenken und sich auf das Handeln in der Freizeit vorzubereiten. Sie sind nicht gelöst oder abgeschlossen, sie sollen anregen zum Gespräch.

1. Situation:

Seit einigen Tagen fehlt immer wieder etwas. Einmal sind es Süßigkeiten, einmal Geld, dann Postkarten aus dem Regal usw. Schließlich wird Doris dabei ertappt, wie sie aus einem fremden Schrank etwas herausnimmt. Sie war auch schon vorher verdächtigt worden. Doris ist von der Gruppe wenig akzeptiert, sie hält sich meistens abseits.

Im nachfolgenden Gespräch mit der Gruppenleiterin ist sie verschlossen und ›verstockt‹. Sie leugnet nicht, daß sie die Sachen genommen hat, aber sie äußert sich auch nicht dazu.

Mögliche Hintergründe und Ursachen für das Verhalten:

– Weil Doris wenig Aufmerksamkeit erhält, möchte sie wenigstens ›negativ beachtet‹ werden. Sie versucht durch Bestrafung Aufmerksamkeit zu erhalten.

- Doris nimmt Dinge weg, weil sie selbst nichts bekommt. Weil sie keine Liebe und Zuwendung erfährt, verschafft sie sich eine ›Ersatzbefriedigung‹.
- Doris hat kein Taschengeld mitbekommen. Sie kann sich nichts kaufen. Sie schämt sich vor den anderen und möchte ihnen zeigen, daß sie auch etwas hat. Deshalb muß sie es erst anderen wegnehmen.
- Doris könnte eifersüchtig sein auf andere, weil sie es besser haben als sie selbst, etwa weil sie lustiger sind. Deshalb will sie ihnen schaden.
- Doris war von zwei anderen Mädchen angestachelt worden: »Du bist ein Angsthase, du traust dich ja nie, so was zu tun. Wenn du es nicht machst, darfst du nicht mehr bei uns im Zimmer schlafen!«
- Doris kennt kein Eigentum. Zu Hause gehört nichts ihr allein.

Weil wir keine Antworten auf die aufgezählten Möglichkeiten kennen, kann kein Vorgehen festgelegt werden. In jedem Fall aber scheint Doris Hilfe, Verständnis und Zuwendung zu brauchen und nicht Anklage und Härte. Sie muß wissen, daß sie akzeptiert wird, auch jetzt, nachdem sie etwas getan hat, was der Gruppenleiter nicht dulden kann.

Die Reaktion des Leiters muß ihr helfen, zu unterscheiden:
- daß ihr Verhalten abgelehnt wird – sie also nichts mehr wegnehmen darf;
- daß sie selbst aber akzeptiert wird und man mit ihr zusammen das Problem lösen möchte.

2. Situation:

Dieter macht bei keinem Spiel mit, er hält sich immer ein wenig außerhalb. Dadurch macht er sich zur Zielscheibe des Spottes bei den anderen. Eines Tages tauchen sie ihn in das mit Wasser gefüllte Waschbecken.

Mögliche Hintergründe und Ursachen für das Verhalten:

a) von Dieter:
- Er ist es nicht gewohnt, mit anderen zusammen zu spielen. Deshalb hat er Angst, sich zu blamieren. Er traut sich spielen nicht zu.
- Er hat Angst vor einigen der Mitspieler, weil er sie aus der Schule kennt.
- Er ist andere Spiele gewohnt, die bisher bei der Freizeit zu kurz kamen.
- Er hat schon versucht mitzuspielen und wurde weggeschickt.
- Er war krank und darf noch nicht wieder herumtoben.
- Er hat nicht viele Kleider dabei, und es wurde ihm zu Hause eingeschärft, aufzupassen und nichts schmutzig oder kaputtzumachen.

b) der anderen, die Dieter ins Wasser getaucht haben:
- Sie sind unsicher über das Verhalten von Dieter.

- Durch seine ›Andersartigkeit‹ fühlen sie sich angegriffen und unbewußt in Frage gestellt.
- Sie wollen ihm eine Reaktion herauslocken, sie wollen wissen oder herausfinden, wie sie zu ihm stehen (Beziehung klären).
- Einer der Spieler, vielleicht ein Anführer, hatte eine Niederlage einzustecken. Weil er das nicht verkraften kann, sucht er von sich abzulenken, um seine Rolle wiederherzustellen. Dieter wird zum ›Sündenbock‹, der dafür herhalten muß.

Eine Bestrafung der Gruppe, die Dieter ins Wasser getaucht hat, scheint nicht sinnvoll, denn das würde ihre Unsicherheit oder ihren Ärger ihm gegenüber nur erhöhen.

Vielleicht könnte in einem Gespräch sofort oder auch später der Hintergrund des Vorfalls angesprochen werden. Dann würde der bisher untergründige Konflikt offen und es könnte miteinander überlegt werden, welche Lösungen denkbar sind.

3. Situation:

Zum Ferienhaus gehört der Zugang zu einem See, der über einen Steg führt. Es wurde den Kindern verboten, auf dem Steg Quatsch zu machen, damit niemand ins Wasser fällt.
Sie machen trotzdem Blödsinn: Hans fällt in den See.

An diesem Vorfall sind nicht die Kinder, sondern die Gruppenleiter schuld. Es ist eine offensichtliche Überforderung, von Kindern zu erwarten, das ›Quatsch-machen‹ auf dem Steg zu unterlassen. Die Anweisung müßte sinnvoller heißen: nicht ohne Gruppenleiter auf den Steg gehen. Diese Situation ist für die Kinder eher überschaubar und einzuhalten.

Grund für falsche Handlungen kann also auch sein, daß nicht genügend dafür getan wurde, daß sie vermieden werden. Gruppenleiter müßten eher fähig sein, schwierige Situationen vorherzusehen, als Kinder und Jugendliche. Durch Hinweise, Gespräche und vernünftige Erklärungen können manche falschen Handlungen vermieden werden.

2.4.4 Hinweise für Leiterverhalten

Wenn Gruppenleiter etwas davon wissen, wie Verhalten entsteht und sich verändert, können sie auch in schwierigen Situationen (z. B. wenn eine Abmachung/Norm nicht eingehalten wird) hilfreich reagieren.

Eine Art, Verhalten zu lernen, wurde eben beschrieben: das Beobachtungslernen. Es gilt auch hier: Wenn Gruppenleiter sich selbst an Abmachungen halten, werden die Teilnehmer davon lernen.

Beispiel:
Von den Teilnehmern wird erwartet, daß sie ihre Zimmer einigermaßen in Ordnung halten. Im Gruppenleiterraum herrscht ständig große Unordnung.
Von den Teilnehmern wird erwartet, daß sie in der Küche mithelfen. Die Gruppenleiter lassen sich dort nie sehen – höchstens zur Kontrolle der Teilnehmer.

Eine weitere Art des Lernens von Verhalten, die in unserem Leben eine sehr große Rolle spielt, wird nun noch kurz dargestellt: das Bekräftigungslernen.

▶ Menschen *wiederholen* eher die Verhaltensweisen, die von einem positiven Effekt (Lob, Zuwendung, Verständnis, Aufmerksamkeit usw.) begleitet werden, und *unterlassen* eher solches Verhalten, auf das niemand reagiert oder das abgelehnt wird. Diese Lernvorgänge geschehen meist nicht bewußt.

Beispiel:
Ein Jugendlicher wird von Gleichaltrigen angestaunt, weil er so ›forsch‹ zu Mädchen ist...
Ein Mädchen erzählt seinen Eltern von der Jugendgruppe. Meist wird ihr nicht zugehört...

▶ Auch unerwünschtes Verhalten kann dadurch gelernt worden sein, daß es unabsichtlich verstärkt wurde.

Beispiel:
Irmgard wird immer wieder gesagt, sie solle keine frechen Bemerkungen machen und nicht so vorlaut sein. Aber immer, wenn Irmgard vorlaut ist und etwas Freches sagt, schauen sich die Eltern lächelnd an oder blinzeln sich zu, denn insgeheim sind sie stolz auf die Schlagfertigkeit ihrer Tochter. Irmgard wird immer vorlauter...

▶ Verhalten von Menschen kann *verändert* werden durch positive Verstärkung/Bekräftigung von wünschenswerten Verhaltensweisen und durch Nichtbeachten von unerwünschtem Verhalten.

Beispiel:
Carmen hat gut in die Freizeitgruppe hineingefunden. Sie ist oft freundlich und kooperativ. Nur wenn sie beim Spielen verliert oder eine von ihr gewünschte Spielrolle nicht bekommt, ist sie sofort beleidigt und zieht

sich zurück. Die anderen Kinder fordern sie dann oft auf, wieder mitzuspielen, und nach einer gewissen Zeit tut sie es auch – vor allem dann, wenn sie die gewünschte Rolle dann doch bekommt.

Die Gruppenleiter sprechen mit Carmen über ihr Verhalten. Es hat den Anschein, als ob es dadurch nur noch häufiger auftreten würde.

Deshalb versuchen sie einen anderen Weg: sie bestärken Carmen, wenn sie kooperativ ist (auf sie eingehen, mit ihr sprechen, mit ihr lachen usw.). Immer, wenn sie sich beleidigt zurückzieht, achtet niemand mehr auf sie, und sie wird auch nicht mehr gedrängt, wieder mitzuspielen.

Gruppenleiter müssen sich also überlegen,

– ob sie vielleicht unabsichtlich solche Verhaltensweisen von Kindern oder Jugendlichen bestärken, von denen sie meinen, daß sie besser abgebaut würden (dabei müssen sie sich klar darüber werden, was vom einzelnen als Verstärkung empfunden werden kann);
– wie sie gewünschtes Verhalten mehr wahrnehmen und bekräftigen können.

Dazu brauchen sie die Beobachtung und die Hilfe der anderen Gruppenleiter und das Gespräch im Team.

Eine wichtige Aufgabe für Gruppenleiter besteht auch darin, ›falsches Verhalten‹ von Kindern und Jugendlichen zu vermeiden. Dazu trägt bei:

– der gemeinsame Beschluß von Normen, so daß der einzelne auch selbst hinter den Beschlüssen steht;
– ein guter Kontakt zu allen Kindern und Jugendlichen, vor allem zu denen, die in der Freizeit nur schwer zurechtkommen;
– die Besprechung von Verhaltensweisen, die zum Zusammenleben und zum Schutz des einzelnen nötig sind;
– die Erinnerung an Absprachen und ihre Begründung;
– das Eingreifen in Situationen, die in Richtung des Übertretens von Absprachen gehen;
– das Voraussehen von Situationen, die eine Abmachung vergessen lassen; Vorbesprechung von solchen Situationen;
– das Vermeiden von Langeweile und zuviel Leerlauf;
– die Einigkeit im Team über Verhalten, das eher vermieden werden sollte; die Absprache über Reaktionen; gegenseitige Information.

2.4.5 Zusammenfassung

Unerwünschtes Verhalten kann also eher durch Verständnis, Zuwendung, Einfühlung, Miteinander-Sprechen und Phantasie geändert werden als durch Strafen.

Es ist denkbar, daß Gruppenleiter in der Freizeit vor Situationen gestellt werden, in denen alle überlegten Mittel nichts nützen und keinen Erfolg haben, z. B. wenn ein Jugendlicher sich so verhält, daß er durch sein Verhalten sich oder andere gefährdet, daß keine Einsicht in Veränderung des Verhaltens geweckt werden kann und er sich auf keine Absprache einläßt. (Drogenkonsum und Weitergabe von Drogen, Ablehnung aller Gruppenbeschlüsse, sinnlose Quälerei von Tieren, körperliche Angriffe auf Gruppenmitglieder usw.)

Wenn in einem solchen Fall mit einer Bestrafung reagiert werden muß, evtl. sogar mit dem Abbruch der Freizeit für den Betreffenden, so ist das eine Extremsituation, die diese Reaktion verlangt, weil mangelnde Ausbildung der Gruppenleiter, die Kürze der Zeit, die Verantwortung für die anderen Teilnehmer, die Unkenntnis der Ursachen und die Schwierigkeit des Verhaltens keine andere Lösung ermöglichen.

Es sind Grenzsituationen, in denen akzeptiert werden muß, im Augenblick und unter den bestehenden Bedingungen nicht anders handeln zu können.

Aber in den anderen Fällen ist es möglich, wenigstens versuchsweise verständnisvoller und phantasievoller auf Verhaltensweisen zu reagieren, deren Änderung als notwendig angesehen wird.

3. Das Leitungsteam

Was über ›Lernen am Modell‹ – bezogen auf das Verhalten der einzelnen Gruppenleiter – gesagt wurde, gewinnt an Relevanz, wenn bedacht wird, daß Freizeiten meist von mehreren Gruppenleitern zusammen, d. h. von einem ›Team‹, gestaltet werden. Denn bei fast allen Zielen der Freizeit handelt es sich um solche, die Fähigkeiten zum Zusammenleben betreffen. Diese können aber weniger im Blick auf *eine* Modellperson gelernt werden als durch die Beobachtung der Kommunikation in einem Team.

3.1 Team als Modell für soziales Verhalten

In der Beobachtung des Gruppenleiterteams der Freizeit erleben Kinder und Jugendliche das Verhalten ›Gleichgestellter‹ untereinander. Man sieht die Leiter nicht nur in ihrem Verhalten den Gruppenmitgliedern gegenüber, sondern auch, wie sie mit Gleichrangigen agieren: wie sie einander zuhören, wie sie gegenseitig auf Vorschläge eingehen, wie sie Probleme angehen und lösen, wie sie Entscheidungen treffen, wie sie Kritik üben und annehmen, wie sie miteinander arbeiten und füreinander einspringen, wie ihr Umgangston und -stil ist usw.

»Ein ... Team setzt lebendige Beispiele dafür, wie menschenwürdige Existenz heute aussehen könnte: Ton, Takt und Stil des Teams, seine Ordnung der sozialen Beziehungen, seine Erlebnisweite, seine Fähigkeiten der Daseinsbewältigung wirken auf den jungen Menschen provozierend, zwingen ihn zu Entscheidungen. Zugleich findet er im Team einen Bezugsrahmen, der ihm hilft, seine Schwierigkeiten und Probleme zu verstehen, vielleicht sogar zu lösen, er kann sich im Gegenüber zum Team ausprobieren und mit dem Team wie an einem Modell experimentieren. Dabei werden ihm Orientierungshilfen und Anreize zur Nachahmung geboten, und ihm wird eine realisierbare Zukunft eröffnet« (*H. Kentler*, in: *Müller, C. W.* u. a. S. 65).

Im Leitungsteam begegnet den Freizeitteilnehmern eine ›Gruppe‹. Jedes Teammitglied hat gleichzeitig verschiedene Rollen und Beziehungen, deren Ausgestaltung beobachtet werden kann, vergleichbar den Rollen eines Gruppenmitgliedes in der Teilnehmergruppe.

Im Miteinander und auch Gegeneinander des Teams können *unterschiedliche* Menschen beobachtet werden. Das Kind und der Jugendliche, die ja sehr auf der Suche nach Werten, Identität und Zukunft sind, können sich an mehreren Bezugspersonen orientieren. Verschiedene Meinungen, Werte und Lebensformen werden sichtbar, und das Kind oder der Jugendliche können an den einzelnen Modellpersonen unterschiedliche Dinge gut finden oder ablehnen. Die ausschließliche Nachahmung *eines* Leiters wird vermieden, dem eindeutigen Anschluß an ein ›Idol‹ vorgebeugt. Die Teilnehmer können zu mehreren Leitern Beziehungen aufbauen und ihre Sympathie teilen.

Die Mitglieder des Leitungsteams sollten sich dieser Vorgänge bewußt sein. Sie können sich den Teilnehmern als Identifikationsobjekt anbieten, weil sie deren Bedürfnisse nach Bestätigung, Wertentscheidung und Bindung kennen. Sie müssen aber vermeiden, das Anlehnungsbedürfnis der Teilnehmer für eigene Bedürfnisse auszunutzen. Denn die Bindungswünsche der Kinder und Jugendlichen befriedigen ja beim Gruppenleiter Bedürfnisse nach Anerkennung und Bestätigung, die in der Zusammenarbeit im Team oft verletzt und angegriffen werden. Deshalb werden manchmal unbewußt auf dem Rücken der Kinder Machtkämpfe ausgetragen: wer von den Gruppenleitern genießt die meiste Sympathie, wen wünschen sich die Kinder abends beim Vorlesen, mit wem wollen sie baden gehen, wem wird ein Problem anvertraut usw. Es besteht die Gefahr, daß die Kinder zum Mittel der Selbstbestätigung der Leiter werden.

Darüber müßten sich die Mitglieder des Teams unterhalten, um den Teilnehmern bewußt Identifikationswechsel zu ermöglichen und ihnen zu helfen, Beziehungen zu verschiedenen Leitern aufzubauen. Dies erfordert vom einzelnen Gruppenleiter Selbstdisziplin und Selbstvertrauen, die er nur durch offene und kooperative Kommunikation und die Anerkennung und Bestätigung im Team entwickeln kann.

Die Arbeit des Leitungsteams hat vor und während der Freizeit zwei Richtungen:

- die Arbeit *am* Team: Aufbau und Klärung der Beziehungen, Reflexion der Kommunikation;
- das Zusammenleben mit den Teilnehmern: Ermöglichen von Erfahrungen, Unterstützen von Initiativen, Kooperation und Reflexion des Zusammenlebens.

3.2 Fragen zum Leitungsteam in der Freizeit

Freizeiten unterscheiden sich in sehr vielen Punkten: Anzahl der Teilnehmer, Gegebenheiten des Ortes, Zelt- oder Hausfreizeit, Alter der Teilnehmer und des Leitungsteams, Bekanntheit der Teilnehmer untereinander, schon vorher bestehende Gruppen oder offene Ausschreibung usw. Deshalb können auch zum Team nur allgemeine Überlegungen und Angaben gemacht werden. Sie sollen vor allem der Diskussion dienen.

3.2.1 Vorteile der Teamarbeit bei der Freizeit

- Möglichkeit der Arbeitsteilung – mehr Anregung:
  Jedes Teammitglied bringt andere Fähigkeiten und Interessen in die Freizeit mit ein. Auch wenn jeder Leiter zunächst für eine spezielle Teilnehmergruppe verantwortlich ist, kann er seine Fähigkeiten für die Gesamtgruppe der Freizeit einbringen. Z. B. einer wird die sportlichen Aktivitäten anregen, ein anderer eher musikalische Initiativen geben usw.
- Konflikte und Probleme können durch das Gespräch im Team oft richtiger erkannt und angegangen werden. Einer allein ist manchmal überfordert, ein Problem zu lösen, oder ein anderer Gruppenleiter kann wegen seiner besseren Beziehung zu einem Mitglied bei der Problemlösung mithelfen.
- Die Teammitglieder können sich gegenseitig weiterhelfen durch konstruktive Kritik und Sich-Aufmerksam-Machen auf notwendige Veränderungen.
- Das Team kann der ›Raum‹ werden, in dem das einzelne Teammitglied emotionale Sicherheit gewinnt, wo eigene Probleme angesprochen werden und einander Verständnis entgegengebracht wird. Das bildet eine gute Voraussetzung dafür, sich einzelnen Teilnehmern oder einer Gruppe zuwenden zu können.

3.2.2 Hindernisse für die Teamarbeit

- Teamarbeit kann durch mangelnde Bereitschaft zu Kommunikation und Kooperation verhindert werden. Das gilt sowohl für denjenigen, der alles allein machen will und nur von sich selbst überzeugt ist, wie für den, der nichts einbringen will und sich nichts zutraut.
- Eine weitere Störung ist die Unfähigkeit, sich auf Erfahrungen einzulassen und für Umlernen offen zu sein.
- Manchmal bedeutet die Mitarbeit bei einer Freizeit für einen Gruppenleiter auch nur ein Mittel, um mit bestimmten Personen zusammensein zu können. Das Ziel ›Freizeit‹ ist gar nicht vorhanden. Das kann sehr belastend werden für die andern Teammitglieder, kann Zusammenarbeit erschweren, Emotionen hervorrufen und unüberwindliche Konflikte bringen. Diese Frage sollte vor der Freizeit ausführlich besprochen werden. Dieser Hinweis darf aber nicht mißverstanden werden: natürlich spielen immer

auch eigene Interessen mit, wenn jemand eine Freizeit mitgestaltet (z. B. Zusammensein-Wollen mit bestimmten Personen). Es ist gut, wenn solche Interessen beteiligt sind, weil die Freude an der Zusammenarbeit und die Hoffnung auf eigenen Gewinn wichtige und anregende Motive sind, die den Leitern und der Freizeit dienen. Schwierig scheint es mir aber, wenn z. B. ein Gruppenleiter ausschließlich aus Interesse für einen anderen Leiter bei der Freizeit mitmachen will und wenn er nicht bereit ist, seine eigenen Interessen mit denen der anderen in Verbindung zu bringen.

3.2.3 Zusammensetzung des Teams

- Es sollte zumindest ein ausgebildeter oder erfahrener Leiter im Team mitarbeiten, der schon bei anderen Freizeiten dabei war und einen gewissen Überblick über anstehende Probleme und Aufgaben hat.
- Bei vielen Freizeiten hat sich die Zusammenarbeit von Erwachsenen mit jugendlichen Gruppenleitern bewährt. Sie können sich gegenseitig ergänzen und anregen, und die Anwesenheit Erwachsener kann eine gewisse Gelassenheit und Sicherheit in den Freizeitablauf bringen. Es muß allerdings von beiden Seiten der Wille zur Zusammenarbeit da sein und eventuelle Vorurteile müssen bearbeitet werden. In welcher Funktion Erwachsene dabei sind, hängt von ihrer Voraussetzung ab: pädagogische Berater, technisch/organisatorische Leiter, Gruppenleiter, Leiter der Küche usw.
- Auch bei reinen Mädchen- bzw. Jungenfreizeiten ist es günstig, wenn weibliche *und* männliche Personen im Team mitarbeiten. Das bietet den Teilnehmern eine breitere Identifikationsmöglichkeit und hilft zum Aufbau vielfältiger Beziehungen. Durch die Beobachtung des Miteinander-Umgehens und der Zusammenarbeit zwischen Mädchen und Jungen bzw. zwischen Männern und Frauen können eingeengte Vorstellungen von ›Mann-Frau-Beziehungen‹ abgebaut werden, die im Elternhaus oder in den Massenmedien vermittelt werden. Aus dem gleichen Grund kann es sinnvoll sein, wenn befreundete Paare oder Ehepaare zusammenarbeiten. Durch die Art ihrer Beziehung ermöglichen sie die Beobachtung von Partnerverhalten, von Zuwendung und Zärt-

lichkeit, und es wird gleichzeitig erfahren, wie beide sich Raum geben für die Zuwendung zu anderen.

3.2.4 Organisatorische Fragen

● *Größe des Teams:*
Bei der hier beschriebenen Vorstellung von einer Freizeit sollte auf ca. fünf Teilnehmer ein Gruppenleiter kommen. Die Zahl der Gruppenleiter muß evtl. noch erhöht werden, wenn man an die nötige freie Zeit für die Leiter denkt.

● *Beginn der Vorbereitung:*
Das Team hat während der Vorbereitungsphase zwei Aufgaben zu bewältigen:
a) sich selbst auseinandersetzen mit Zielen und Inhalten der Freizeit, mit eigenen Verhaltensweisen und Problemen; Beziehungen untereinander klären;
b) Vorbereitung auf die Ziele der Freizeit bzw. auf die Teilnehmergruppe.
Eine lange Vorbereitungszeit ermöglicht es dem Team, selbst ›Gruppe‹ zu werden und sich als Gruppe zu entwickeln (vgl. Gruppenentwicklung). Das ist eine gute Voraussetzung für die Gestaltung der Freizeit. Dazu braucht es viel Zeit und regelmäßige Treffen. Gemeinsame Wochenenden zur Intensivierung der Vorbereitung können den Prozeß unterstützen. Zeitvorschlag 4–8 Monate.

● *Freie Zeit der Gruppenleiter:*
Wer bei einer Freizeit intensiv mitarbeitet, ist oft 12–15 Stunden mit den Kindern und Jugendlichen zusammen. Dazu kommt noch die Besprechungszeit im Leitungsteam. Auch wenn in der Freizeit »nur gespielt« wird, ist das eine sehr anstrengende Zeit, wenn man die vielen Probleme bedenkt, die auf einen Gruppenleiter zukommen, und die Belastung, die das ständig Angesprochen-Werden mit sich bringt.
Die Gruppenleiter brauchen also Zeiten, in denen sie nicht ansprechbar sind und sich entweder für sich selbst beschäftigen oder auch einfach ausruhen können.
Dafür kommen z. B. Mittagspausen in Frage. Mittagspause kann eine Zeit sein, in der kein allgemeines Programm angeboten wird

und die Teilnehmer sich ruhig beschäftigen. Es genügt dann, wenn nur wenige Gruppenleiter anwesend sind, um die Situation zu übersehen. In dieser Zeit haben die anderen Gruppenleiter ›frei‹. Diese Regelung kann auch den Teilnehmern verständlich gemacht werden.

Eine weitere Möglichkeit besteht darin, daß immer zwei Gruppenleiter zusammen einen halben Tag frei nehmen, an dem sie etwas für sich alleine unternehmen können, um Abstand von der Freizeit zu bekommen. Andere Gruppenleiter übernehmen in dieser Zeit ihre Gruppen, bzw. die einzelnen Teilnehmer schließen sich einem Programm an.

● *Regelmäßige Besprechung des Leitungsteams:*
Vor allem in Kinderfreizeiten bietet sich der Abend als Besprechungstermin an. Zwar sind die Gruppenleiter dort meist schon müde, aber es besteht am ehesten die Möglichkeit, daß sich alle zusammensetzen können und nicht ständig jemand weglaufen muß.

Es wird wieder auf Größe und Art der Freizeit ankommen, welche Tageszeit sich anbietet. Wichtig ist jedoch, daß eine Besprechung überhaupt stattfindet, um Probleme rechzeitig aufgreifen zu können (vgl. Raster zur Teambesprechung).

3.2.5 Modelle der Zusammenarbeit

a) Alle Mitglieder des Leitungsteams haben grundsätzlich dieselben Aufgaben: Die Leitung einer Gruppe, die Übernahme eines Spezialgebietes für die Gesamtgruppe, die Verantwortung für den gesamten Ablauf der Freizeit. Jeder Tag wird in der gemeinsamen Besprechung vor- und nachbesprochen.

b) Ein oder mehrere »Gesamtleiter« und die Gruppenleiter bilden zusammen das Leitungsteam. Alle haben Verantwortung für die ganze Freizeit, aber die einzelnen haben unterschiedliche Aufgaben. Die Aufteilung ergibt sich aus den Zielen und Inhalten der Freizeit, der Größe der Gruppe und den unterschiedlichen Voraussetzungen und Fähigkeiten, die die Teammitglieder mitbringen.

Der (die) ›Gesamtleiter‹ ist (sind) nicht für eine Freizeitgruppe zuständig. Ihre Aufgabe ist es z. B.:

— *Organisation:* Finanzierung, Kontakt mit der Küche, Vorbereitung von Fahrten usw.

– *Pädagogischer Bereich:* Beratung und Anleitung einzelner Gruppenleiter, Vorbereitung und Leitung der Teambesprechungen, Verstärkung der Kontakte unter den Teammitgliedern, Sorge um Informationsfluß, Koordination für Aktivitäten, Anlaufstelle für Informationen, Einspringen in der freien Zeit der Gruppenleiter, Übernahme spezieller Aufgaben wie z.B. Elternkontakte, Gesprächsgruppen usw.

Die Aufgaben der Gruppenleiter: Selbständige Leitung einer Freizeitgruppe, Übernahme von Aufgaben je nach Interesse und Fähigkeiten, Mitarbeit in allen Bereichen der ›Gesamtleitung‹, soweit das Zeit und Fähigkeit zulassen.

Eine solche Aufteilung hat viele Vorteile. Sie entlastet den einzelnen Gruppenleiter und auch die ›Gesamtleitung‹, weil Aufgaben und Rollen geklärt und Zuständigkeiten verteilt sind. Wenn jeder für alles verantwortlich ist, geht vieles unter, zum einen, weil jeder wenig Zeit hat, zum andern aber auch, weil emotionale Unsicherheiten den einzelnen oft daran hindern, initiativ zu werden und Aufgaben spontan und selbständig zu übernehmen.

Eine Voraussetzung für solche Arbeitsaufteilung ist allerdings ein Vertrauensverhältnis aller Teammitglieder untereinander. Die unterschiedlichen Fähigkeiten und Voraussetzungen der Teammitglieder und die verschiedenen Aufgaben dürfen nicht unterschiedlich bewertet werden, so daß sich die einen über- und die andern unterlegen fühlen.

Welche Art der Zusammenarbeit und Aufgabenverteilung letztlich gewählt wird, muß auch von den konkreten Bedingungen der Freizeit her entschieden werden.

3.3 Die Zusammenarbeit im Team

Zusammenarbeit in einem Team ist ein Lernprozeß, der den Willen, die Mitarbeit und das Engagement aller Beteiligten braucht. Die ›Gesetzmäßigkeiten‹ der Gruppenentwicklung, der Wirkung von Gruppen auf den einzelnen, die Schwierigkeiten in der Entscheidungsfindung und Konfliktlösung – das alles gilt auch für die Gruppe des Teams. Jedes Mitglied bringt persönliche Erfahrungen, Schwierigkeiten, Fähigkeiten, Hoffnungen und Wünsche in die Gruppe ein, die die Zusammenarbeit beeinflussen und der Arbeit am Thema Richtung geben. Um Zusammenarbeit einzuüben, braucht es Hilfestellungen. Eine wesentliche ist das regelmäßig praktizierte ›feedback‹ im Leitungsteam.

3.3.1 Feedback – oder die Wahrnehmung des eigenen Verhaltens durch andere

Feedback ist eine Mitteilung an eine Person, wie deren Verhalten von jemand anderem wahrgenommen, verstanden und erlebt worden ist. Wenn wir also von jemandem erfahren, welche Wirkung unsere Person und unser Verhalten auf ihn hatte, nennen wir das ›Feedback bekommen‹.

Das Feedback kann die Wirkung eines ›Kontrollinstrumentes‹ haben, mit dem ich prüfen kann, ob etwas so angekommen ist, wie ich es beabsichtigt habe.

Beispiel:
Ich möchte einem Jugendlichen Wertschätzung vermitteln, ihn zu eigener Initiative anregen und ihn möglichst wenig in bestimmte vorgegebene Richtungen lenken.
Um festzustellen, ob mein Verhalten diesen Zielvorstellungen entsprochen hat, brauche ich die Rückmeldung des betroffenen Jugendlichen oder anderer Leitungsteammitglieder, die mich in meinem Vorgehen beobachten konnten.
Vielleicht bekomme ich vom Jugendlichen mitgeteilt, er habe mich zwar freundlich empfunden, aber sich auch ziemlich verlassen gefühlt. Manchmal habe er den Eindruck gehabt, ich interessiere mich überhaupt nicht für ihn und sein Tun, er könne machen, was er wolle, das Ergebnis sei mir egal.
Durch diese Rückmeldung kann ich merken, daß ich in meinem Bemühen um möglichst wenig Lenkung in eine Haltung des »laissez-faire« geraten bin, die dem betreffenden Jugendlichen nicht viel genützt bzw. ihn eher verunsichert hat.

Beispiel:
Ein Gruppenleiter erfährt von den anderen Teammitgliedern, daß sein Verhalten ziemlich dominant und die Eigeninitiative anderer hemmend erlebt wird. Er selbst hatte sich aber als engagiert, mitreißend und Freude machend empfunden.

Am letzten Beispiel kann gezeigt werden, was durch Feedback bewußt werden kann:

a) Derjenige, der Feedback bekommt, kann feststellen, daß seine Selbstwahrnehmung anders ist als die Fremdwahrnehmung der anderen und daß die realen Auswirkungen seines Verhaltens den eigenen Verhaltenszielen nicht entsprechen.
b) Diejenigen, die Feedback geben, können erfahren, daß die Verhaltensziele des anderen anders sind als die von ihnen wahrgenommene Wirkung. Das kann ein Anlaß sein, die eigene Beobachtung zu überprüfen und festzustellen, wieweit sie mit eigenen Problemen oder Ängsten zusammenhängt.

Wenn Gruppen Feedback praktizieren, entstehen größere Offenheit und gegenseitiges Verständnis und die Fähigkeit, sich in seiner Verschiedenartigkeit zu akzeptieren. Das »Anderssein« des Partners wird weniger als Bedrohung des eigenen Selbst erfahren.

Es gibt mehrere Möglichkeiten, Feedback zu geben:

a) *Unsystematisch:* Gruppenmitglieder und Leiter versuchen, ihren Wahrnehmungen und Empfindungen Ausdruck zu geben, dann, wenn sie auftauchen.

Diese Form erfaßt zum einen nur manche Wahrnehmungen und Gefühle, weil viele Erlebnisse erst nach einer Reflexion benannt werden können, und erfordert von den Teilnehmern auch Fähigkeiten der Rückmeldung, die sich normalerweise erst durch Einübung entwickeln müssen.

b) *Systematisch:* D. h., es werden bestimmte Zeiten eingerichtet, in denen der einzelne aufgefordert wird, seine Wahrnehmungen, Gefühle, Erfahrungen mitzuteilen und dem anderen Rückmeldung über das wahrgenommene Verhalten zu geben. Das kann mit Hilfe von Fragebogen, Skalen oder einem bestimmten Ablauf der Feeback-Sitzung (Nachbesprechung) geschehen.

3.3.2 Regeln für das Feedback

Daß wir so wenig Feedback geben und empfangen, hängt sicher auch damit zusammen, daß wir negative Erfahrungen mit Verhaltensrückmeldungen haben.

Häufig erfahren wir Feedback nur in Gestalt destruktiv wirkender Kritik. Vor solchem Feedback haben wir Angst. Z. B. ›Mit dir kann man einfach nichts anfangen, wenn du irgendwo dazukommst, geht's gleich nicht mehr weiter.‹ Solche Reaktionen helfen überhaupt nicht und verstärken eher schwierige Verhaltensweisen.

Regeln für den, der Feedback gibt (Feedback-Geber):
- Beziehe dich auf konkrete Einzelheiten.
- Unterwirf deine Beobachtungen der Nachprüfung durch andere.
- Gib deine Informationen auf eine Weise, die wirklich hilft.
- Gib sie so bald als möglich.
- Vermeide moralische Bewertungen und Interpretationen.
- Biete deine Meinung an, zwinge sie nicht auf.
- Sei offen und ehrlich – gib auch zu, daß du dich möglicherweise irrst.
- Beziehe dich selbst ein, wenn du etwas sagst, und berücksichtige, daß du eine Aussage machst, die auch etwas über dich sagt (weil es sich um deine Wahrnehmung, dein Gefühl handelt).

Regeln für den, der Feedback bekommt (Feedback-Empfänger):
- Nicht argumentieren und verteidigen.
- Nur zuhören, nachfragen, klären (vgl. *K. Antons*, S. 108 f.).

Für Feedback-Geber und -Empfänger ist es wichtig zu wissen:

Das Feedback, das gegeben wird, hängt immer mit *beiden* betroffenen Personen zusammen, es ist immer eine Aussage über beide: den Geber und den Empfänger. Deshalb ist der Feedback-Geber nicht ›fertig‹, wenn er seine Wahrnehmung gesagt hat. Er kann sich auch überlegen, warum er so wahrnimmt, welche Faktoren seine Wahrnehmung beeinflussen, wie sein Gefühl entstanden ist.

D. h.: Die Aufforderung zur Selbstreflexion betrifft beide Partner. An jeden ergeht auch der Anspruch, das eigene Verhalten zu überprüfen und evtl. zu ändern.

Man sollte sich darüber klar sein, daß Feedback geben und empfangen ungewohnte und auch angstmachende Gefühle auslösen kann. Wir brauchen deshalb die Gewißheit, daß der andere uns helfen will und uns grundsätzlich akzeptiert. Erst dann sind wir fähig, uns auf diesen Lernprozeß einzulassen. Eine Hilfe für das Lernen sind Fragebogen (evtl. anonym), kleine Gruppen, Zweiergespräche usw. Einige solcher Anregungen werden im folgenden gegeben, sie können sowohl in der Gruppe des Leitungsteams wie auch in der Teilnehmergruppe angewandt werden.

3.3.3 Methoden und Anregungen zum Feedback

● *Bilderauswahl:* Jeder Teilnehmer sucht sich aus einer Menge von Bildern das aus, was seine augenblickliche Stimmung, sein Gefühl, sein Befinden am ehesten ausdrückt.

Jeder stellt sein Bild vor, die anderen hören zu. Evtl. können zusätzlich Fragen gestellt werden, um besser verstehen zu können, was der andere meint. Auf keinen Fall darf ihm sein Bild ›abgesprochen‹ werden bzw. sein Gefühl verneint werden: ›So kannst du das nicht sehen ...‹

● *Malen:* Jeder Teilnehmer versucht, Eindrücke von einem Tag oder eine Erfahrung in Farbe festzuhalten.

Diese Methode dient dazu, dem einzelnen Zugang zu seinen eigenen Empfindungen zu ermöglichen. Es geht weniger um die Mitteilung an andere. Anschließend kann über die Bilder gesprochen werden.

● *Tonen:* Jeder Teilnehmer versucht, eine Erfahrung oder einen Eindruck durch die Bearbeitung von Ton darzustellen.

● *Blitzlicht:* Das Blitzlicht ist in jeder Situation möglich. Es ist die Reihum-Mitteilung, wo der einzelne steht, was er empfindet, wie er eine gemeinsame Aktivität sieht.

Es empfiehlt sich, ein Blitzlicht zu machen, wenn z. B. eine Entscheidung getroffen werden soll und die Meinungen noch nicht geklärt sind, oder aber wenn unklar ist, wie die Teilnehmer im Augenblick zu einer Sache oder zueinander stehen.

● *Fragesraster:* Sie können einzeln oder in Kleingruppen bearbeitet werden oder auch in der Reihenfolge: Einzelarbeit, Gruppenarbeit, Plenum.

– Wie fühlst du dich im Augenblick?
– Wie hast du den heutigen Tag empfunden? Was hat dir gut gefallen, was nicht so gut? Warum?
– Was hat dir selbst heute geholfen? Was hat dir Schwierigkeiten gemacht?
– Wie hast du die anderen (einen anderen) empfunden?
usw.

● *Angefangene Sätze weiterschreiben:*

– Im Augenblick fühle ich mich ...
– Heute ist mir schwergefallen ...
– Es hat mich heute besonders gefreut als ...
usw.

● *Gespräch zu zweit:* (vgl. *Antons, K.*, S. 100)
1. Frage deinen Partner:
   - wie er sich heute fühlte
   - wie er sich heute verhalten hat
   - wie sein Gefühl und sein Verhalten zueinander paßten
   - wie er selbst glaubt, für die Gruppe noch hilfreicher sein zu können.
2. Sage ihm:
   - wie du sein Verhalten sahst
   - wie dir sein Gefühl zu sein schien
   - welchen Eindruck er auf dich machte
   - wie er deiner Meinung nach noch wirkungsvoller zur Arbeit in der Gruppe beitragen kann.
3. Frage ihn, was er zur Zeit als das Problem der Gruppe ansieht.

Fragt euch gemeinsam so lange, bis ihr sicher seid, daß ihr eure Gefühle und Meinungen richtig verstanden habt.

Dabei soll jeder beachten:

- Jeder kann nur per ›ich‹ reden: ich fühle ...
  Gegensätzliche Gefühle und Wahrnehmungen sollten einfach angehört werden.
- Jeder sollte zunächst versuchen, sich seiner Sicht bewußt zu werden.
  Dann soll sich jeder aber auch in die Sicht des anderen hineindenken.
- Nicht argumentieren und verteidigen,
  sondern hören, zuhören, klären und aufnehmen.

Es geht in erster Linie um Mitteilung von Gefühlen und Wahrnehmungen, *nicht* um Aussagen, wer sich ändern soll/muß.

3.3.4 Raster zur Strukturierung der Team-Besprechung

Zeitvorschlag für die tägliche Teambesprechung:

ca. 1–2 Stunden.
Die hier zusammengestellten Fragen können auch in offenen Besprechungen zusammen mit den Teilnehmern besprochen werden.

Spielregeln aller Besprechungen:
- Jeder kann sagen, was ihm einfällt. Alles, was einer sagt, *gilt für ihn,* jeder kann nur für sich sprechen. Es können mehrere Aussagen nebeneinander stehen, ohne daß eine falsch sein müßte.
- Konflikte sollen, wenn möglich, nicht durch Abstimmung gelöst werden, sondern durch eine gemeinsame Einigung.

– Es ist sinnvoller, die Besprechung konzentriert durchzuhalten und erst dann zum ›Blödel-Teil‹ überzugehen. (Das bedeutet nicht, daß alle immer ernst sein sollten.)
– Grundsatz der Besprechungen: Meinung und Kritik soll als Hilfe gegeben und empfangen werden.

Die folgenden Fragen können natürlich nicht in jeder Besprechung angegangen werden, es muß jeweils kurz über Prioritäten entschieden werden. Es könnte aber ein Zeichen von Flucht sein, wenn bestimmte Bereiche *nie* angesprochen werden.

A. *Ziele und Inhalte:*
– Welche Ziele hatte das Team, der einzelne heute? Wie wurden sie angegangen? Was wurde erreicht?
– Wie war der Beschluß über Ziele und Inhalte zustande gekommen?
– Wer hat Initiative ergriffen? Warum, warum nicht?
– Wie wurden die Programme vorbereitet, durchgeführt? Welche Probleme wurden deutlich?
– Tauchten Konflikte auf? Wie wurden sie gelöst? Wer hat Entscheidungen getroffen? Wie wurden sie durchgehalten?

B. *Leitungsteam:*
– Wie empfindet sich der einzelne im Team?
– Gibt es Untergruppen? Fühlen sich einzelne Mitglieder des Teams (oder der Freizeitgruppe) dadurch ausgeschlossen, blockiert?
Wie fühlen sich die Mitglieder der Untergruppe?
– Gibt es Parteien im Team? Haben sie eher sachliche oder eher persönliche Gründe? Welche Auswirkung hat die Partei-Bildung auf die Arbeit, auf einzelne Kinder und Jugendliche?
– Wie wurde heute zusammengearbeitet?
Wer hat mit wem gearbeitet? War das abgesprochen oder zufällig? Wie haben das die Betroffenen empfunden und wie die anderen?
Hat die Zusammenarbeit geklappt? Warum – warum nicht?
Wurden Aufgaben abgesprochen, gewählt, zugeteilt?
Wie hat sie der einzelne bewältigen können?
Was möchte der einzelne einmal versuchen?
Hat sich jemand im Stich gelassen, isoliert gefühlt?
– Gibt es Teammitglieder, die besonders ›gut‹ ankommen?
Weshalb? Durch welche Tätigkeiten oder Eigenarten?
Fühlen sich andere dadurch benachteiligt, ausgespielt?
Sollte dies geändert werden? Warum und wie?
Sollte dazu nichts unternommen werden? Warum?

C. *Teilnehmergruppe:*

Gesamtgruppe:
- Gibt es ein Gruppenbewußtsein aller? Wodurch ist es entstanden? Wie ist es zu beurteilen?
- Gibt es Konfrontationen zwischen bestimmten Gruppen? Weshalb? Welche Rolle spielen einzelne Teilnehmer bzw. Leiter dabei?
- Welche Rolle spielen einzelne Gruppierungen bei den Gesamtveranstaltungen (-angeboten) der Freizeit?
Welche Probleme treten auf?

Einzelgruppen: (Zimmer-, Interessen- und Altersgruppen)
- Wodurch kommen sie zustande?
- Wie ist die Führungs- und Machtverteilung in den Gruppen?
- Wie ist der Gruppenzusammenhalt?
- Gibt es Benachteiligte in den Gruppen?
Wie könnte das bewußtgemacht und bearbeitet werden?
Wodurch entstehen diese Benachteiligungen?
- Sind die einzelnen Gruppen abgeschlossen oder offen? Ändert sich die Zusammensetzung?

Einzelne Kinder und Jugendliche:
- Wer ist aufgefallen, wodurch? Ist dies ein Verhalten, das ständig zu beobachten ist?
Wo liegen evtl. die Ursachen?
Ist es nötig/sinnvoll, dies Verhalten zu ändern? Warum?
- Gibt es starke Rollenfixierungen? Wodurch kommen sie zustande?
- Gibt es bestimmte Gegner unter den Teilnehmern? Wodurch entstehen sie, was steht zwischen ihnen?
- Gibt es Vorlieben von Teilnehmern bestimmten Leitern gegenüber (und umgekehrt)? Wodurch sind sie entstanden? Sind sie ›sinnvoll‹ – oder eher hemmend für den betreffenden Teilnehmer oder Leiter?

Das Gespräch über diese Punkte muß in die Planung des nächsten Tages eingehen.

4. ▶ Betr.: Leitungsteam

Zum Thema: Gespräch
● *Bearbeitung des Falles* »Kinder-Jugendselbstmord« *auf S. 257.*

Einzelarbeit
Austausch in Gruppen

Beurteilung der einzelnen Reaktionen (kritisierend, analysierend, wertend usw. vgl. S. 258).

● *Bearbeitung der weiteren Fälle* aus diesem Abschnitt.

● *Rollenspiele:* Anspielen von Gesprächen zwischen Gruppenleitern und Teilnehmern.

● *Einander zuhören üben:*

Zwei Teilnehmer führen ein Gespräch miteinander. Thema z. B.: Ziele bei der Freizeit.

Ein Teilnehmer sagt dazu seine Meinung.

Der Partner sagt ihm, was er verstanden hat, wie er ihn verstanden hat. Erst wenn er die Bestätigung erhalten hat, daß das so gesagt und gemeint war, darf er seinerseits einen eigenen Beitrag geben.

Nun meldet ihm der erste zurück, was er verstanden hat, usw.

Das Gespräch verläuft so natürlich sehr verlangsamt. Es muß als Übung verstanden werden. Es macht deutlich, wie schwer oft das Zuhören fällt und wie sehr man mit seinen eigenen Gedanken beschäftigt ist.

Das Gespräch kann 15–30 Minuten geführt werden. Die Erfahrungen müssen anschließend ausgetauscht werden, damit die Prozesse bewußt werden.

Zum Thema: Erwartungen haben

● *Gedankensammlung:*

– Wodurch signalisieren wir positive Erwartungen?
– Wodurch signalisieren wir negative Erwartungen?

● *Erfahrungsaustausch:*

– Welche Erwartungen verschiedener Menschen an uns kennen wir? Welche Wirkung haben sie auf uns?
– Welche Erwartungen haben die Teilnehmer dieses Kreises an jeden einzelnen? Wodurch sind diese Erwartungen entstanden?
– Gibt es bestimmten Teilnehmern gegenüber schon feste Erwartungen? Was können sie bewirken?

Zum Thema: Gruppenleiterverhalten und Leitungsteam:

● *Thesendiskussion:*

Der Satz: »Ein Team setzt lebendige Beispiele dafür...« (S. 277) kann in Gruppen diskutiert werden.

Welche Verhaltensweisen von seiten der Gruppenleiter sollen angestrebt werden?

● *Fallbeispiele:*

Diskussion der Fälle zum Thema ›Strafe‹.

● *Ausarbeiten eines Rasters:*

Situation von Kindern/ Jugendlichen	Ziele in der Freizeit	Konsequenzen für Leiterverhalten

● *Impulsfragen:* (angefangene Sätze)

In unserer Zusammenarbeit im Team
- habe ich Angst, daß ...
- hoffe ich, daß ...
- wünsche ich mir ...
- möchte ich beitragen ...

● *Reflexionshilfe:* Sind wir angemessene Modelle für das Lernen sozialer Fähigkeiten in der Freizeit? (vgl. *Tausch*, S. 66/67).
– Gespräch über einzelne Punkte
– Erfahrungsaustausch: Wie erlebe ich mich?
　　　　　　　　　　　Was fällt mir schwer?
　　　　　　　　　　　Wo brauche ich die anderen?

a) *Soziales Verhalten:*

– Zeigen wir Achtung vor der Person jedes Kindes?
– Verhalten wir uns untereinander (Gruppenleiter) freundlich und akzeptierend?
– Versuchen wir Andersdenkende anzuhören und Unterlegenen gegenüber genauso freundlich zu sein?
– Können wir uns (Gruppenleitern und Teilnehmern) sagen, was uns schwerfällt im Umgang miteinander, ohne den Fehler nur in der Person des andern zu suchen?
– Kann ich mir sagen lassen, anhören, was dem anderen schwerfällt im Umgang mit mir?
– Kann ich dem andern sein Denken zugestehen, kann ich mich damit auseinandersetzen?

b) *Emotionales Verhalten:*

– Können wir unsere eigenen Gefühle wahrnehmen und sie auch äußern? Sind wir fähig, die Empfindungen anderer mitzuberücksichtigen?
– Können wir Gefühle in schwierigen Situationen kontrollieren? (z. B. ein Kind greift uns an oder lehnt uns ab, ich hätte Lust, es mit Lächerlich-

Machen zu bestrafen; ich muß einer Gruppe gegenübertreten, ich habe Angst ...)
- Sind wir fähig zu einem sicheren – aber nicht starren – Verhalten? Können wir unser Verhalten ruhig erklären, wenn es angegriffen wird? Sind wir darauf angewiesen, immer etwas vorzuspielen?

c) *Kooperatives Verhalten/Arbeitsverhalten:*
- Sind wir durchhaltefähig? Können wir uns in eine Sache, Arbeit oder Aufgabe vertiefen?
- Zeigen wir selbst Bereitschaft, Neues anzupacken und Neues zu lernen?
- Können wir Aufgaben und Arbeit planen; vorausdenken, gezielt organisieren?
- Sind wir fähig, uns zu engagieren, uns selbst einzubringen?
- Sind wir fähig, mit anderen zusammenzuarbeiten, Bereiche abzugeben, einzuspringen, wo wir gebraucht werden? Situationen zu erkennen, wo ein Einspringen nötig ist?
- Sind wir fähig, Fähigkeiten anderer und ihren möglichen Beitrag zu einer Sache zu erkennen und herauszufordern?

d) *Kreatives/produktives Verhalten:*
- Sind wir Modell für Selbstdisziplin, Selbstbeherrschung neben dem, daß wir Gefühle äußern?
- Können wir Dinge auf neue Art probieren, an etwas Gewohntes neu herangehen, in gewohnten Tätigkeiten neue Seiten entdecken?
- Lassen wir selbst uns auf Neues ein (ich kann nicht malen → ich spiele mit Farben ...; ich hab noch nie gern Sport gemacht → sollen wir es mal mit »laufen« probieren?)
- Können wir andere Meinungen ohne zuviel Angst anhören, uns für sie interessieren?
- Können wir nicht lösbare Probleme aushalten, an schwierige Aufgaben mehrmals herangehen, ein Problem auch stehenlassen und die Lösung später versuchen?
- Sind wir offen für neue Erfahrungen? Können wir uns Gedanken, Themen und Inhalten zuwenden und uns darauf einlassen – auch wenn sie noch nicht in unserem »Interesse« standen?

Literatur

Gordon, T.: vgl. Angabe und Beschreibung S. 105.
Schwäbisch/Siems: Anleitung zum sozialen Lernen für Paare, Gruppen und Erzieher.
(rororo 6846) Reinbek: Rowohlt 1974.

Hinweis: Dieses Buch ist sowohl für den einzelnen hilfreich, der durch die verständlich geschriebenen Überlegungen und Darstellungen sich selbst besser und angstfreier wahrzunehmen lernt, wie für das Gespräch im Team der Gruppenleiter. Es werden Anregungen gegeben, wie Menschen lernen können, besser miteinander zu kommunizieren.

Klein, I.: Gruppen leiten lernen.
   München: Pfeiffer 1976.
Tausch, R. und A.: Erziehungspsychologie.
   Göttingen: Verlag für Psychologie 1973[7].

Vgl. Literatur ›Gruppe‹
   (Gruppenleiter, Leiterverhalten).

Teil VII

Elternarbeit

Die Freizeit ist für die Kinder und Jugendlichen ein anderer Erlebnisraum als ihr Alltag zu Hause. Die Andersartigkeit ergibt sich zum einen aus den günstigeren Bedingungen der Freizeit (Ferien, Freiwilligkeit, Gleichaltrigengruppen usw.), zum anderen aus den eventuellen unterschiedlichen Wert- und Zielvorstellungen von Eltern und Gruppenleitern.

Da die Freizeit aber nicht Ausnahmesituation sein darf, sondern relevant werden soll für das ›normale‹ Leben der Kinder und Jugendlichen, sollten Konzeption und Ziele der Freizeit von Eltern und Gruppenleitern gemeinsam getragen und verantwortet werden. Daraus ergibt sich die Forderung nach Elternarbeit.

1. Ziele und Inhalte

a) Die Eltern sollen über Konzeption und Ziele der Freizeit *informiert* werden, um sie als gemeinsames Anliegen von sich und den Leitern verstehen zu können.

- Durch Informationen können Mißverständnisse vermieden werden:
  Beispiel: Elke kommt aus der Freizeit heim und berichtet: Wir mußten uns fast nie waschen, weil wir alles selbst bestimmen durften. Und schlafen brauchten wir auch nicht!
- Durch Informationen werden Befürchtungen auf seiten der Eltern und Gruppenleiter verringert und abgebaut:
  Beispiel: Die Eltern fürchten, daß ihre Kinder bei der Freizeit gegen sie beeinflußt werden. Sie fürchten, daß die Kinder nicht genug beaufsichtigt werden.
  Die Gruppenleiter fühlen sich den Eltern gegenüber als ›fortschrittliche Erzieher‹. Sie sind ihnen gegenüber in Verteidigungshaltung.
- Durch Informationen wird dem anderen vermittelt, daß er ernstgenommen wird. Dadurch entsteht eine emotionale Sicherheit, die die Voraussetzung ist für Zusammenarbeit.

Inhalte der Information:
- Wie sehen wir die Situation von Kindern und Jugendlichen?
- Welches sind die Ziele der Freizeit?
- Welche konkreten Schritte werden geplant? Programme, Anreize.

- Welche Grenzen/Verbote sind nötig? Warum?
  Welche Grenzen möchten wir ausweiten? Warum?
- Wie soll das Zusammenleben von Leitern und Teilnehmern gestaltet werden? Wie verstehen sich die Gruppenleiter?
- Wer gehört zum Leitungsteam? Welche Ziele setzen wir uns in der Zusammenarbeit? Wie, wofür möchten wir Modell sein?
- Welche Vorstellungen haben die Gruppenleiter über Fragen, die auch die Eltern betreffen? Z. B. Taschengeld, Elternbesuchstag.
  usw.

b) Eltern und Gruppenleiter können durch die Auseinandersetzung über Konzeption und Ziele der Freizeit *voneinander lernen*.

- Eltern werden durch das Gespräch mit anderen Eltern und den Gruppenleitern mit anderen Auffassungen von Erziehung konfrontiert und dadurch zum Nachdenken über die eigene Überzeugung angeregt.
- Die Sichtweise der Gruppenleiter, die im Blick auf die Sondersituation der Freizeit vielleicht einseitig geworden ist, kann durch die Beiträge und Anregungen der Eltern realistischer werden und Zielvorstellungen können korrigiert werden.

c) Das Kennenlernen der Eltern und ihrer Erwartungen und Wünsche befähigt die Gruppenleiter, die Kinder und Jugendlichen in ihrem Denken und Verhalten *besser verstehen* zu können.

- In den Erwartungen und Wünschen der Eltern schlägt sich ihre Erziehungsvorstellung nieder – und das ist der ›Raum‹, in dem sich die Kinder und Jugendlichen bisher aufgehalten haben und von dem sie beeinflußt sind.
- Eltern können einzelne wichtige Informationen über ein Kind oder einen Jugendlichen geben.

Beispiel:
- Ein Kind war bisher viel krank und ist es nicht gewohnt, mit Gleichaltrigen zu spielen.
- Ein Jugendlicher hat gerade große Schulschwierigkeiten und macht sich Sorgen um seine Zukunft.

- Welche Erwartungen und Wünsche haben die Eltern, was Programm, Verhalten der Gruppenleiter, Ziele und Inhalte der Freizeit angeht?
- Was wünschen sich die Eltern für ihre Kinder, was befürchten sie?
- Welche Informationen über die Kinder sind für die Gruppenleiter evtl. wichtig?

d) Rechtliche und organisatorische Fragen werden angesprochen und geklärt.

- In welcher Weise wird für Gesundheit, Essen, Schlafen usw. gesorgt?
- Welche Bedingungen bietet das Haus oder der Zeltplatz?
- Was sollen die Teilnehmer mitbringen?
- Versicherungen/Krankenkasse/Aufenthalt der Eltern während der Freizeit/Aufsichtspflicht der Gruppenleiter usw.
- Abfahrt, Heimkommen.
- Ferienadresse.

e) Es können evtl. ›Notstände‹ entdeckt werden, z. B. Eltern berichten, daß sie mit ihrem Kind nicht mehr fertig werden. Sie werden auf die Möglichkeit einer Erziehungsberatung hingewiesen.

f) Es können Elterngruppen initiiert werden, die sich regelmäßig treffen und miteinander Probleme besprechen. Dadurch kann die Isolation mancher Familien aufgebrochen werden.

Diese Möglichkeit wird bisher viel zuwenig genützt, auch dort, wo sich durch die regionale Situation (Pfarrei) die Bildung solcher Gruppen anbietet. Hier müßte eine stärkere Kooperation zwischen Verantwortlichen der Jugend- und Erwachsenenarbeit in Gang kommen.

2. Methodische Überlegungen

Bei vielen Freizeiten wird ein Treffen der Eltern nicht möglich sein, weil sie zu weit auseinander wohnen. In diesem Fall müssen die unter Ziele und Inhalte genannten Punkte in Briefe und Fragebogen eingearbeitet werden.

Beispiel:
Brief:
- Ortsbeschreibung der Freizeit, des Hauses;
- Vorstellung des Teams;
- Darstellung der Konzeption, der Ziele;
- Programmpunkte, die daraus entwickelt wurden;
- Hinweise auf Möglichkeiten, durch die die Eltern die Konzeption unterstützen können, wie: Angabe, wieviel Taschengeld sinnvoll ist.
- Angaben über das, was mitgebracht werden muß.

Fragebogen:
- Erwartungen der Eltern bezüglich der Freizeit
- Angaben über das Kind (Alter, Geschwister usw.)

- Krankheiten, die die Gruppenleiter wissen müssen; Impfscheine, Krankenkasse...
- Wo halten sich die Eltern während der Freizeit auf?
- Das Kind kann/darf schwimmen (darf nicht);
- Unterschrift der Eltern, damit die Angaben abgesichert sind.

Wo ein Elterntreffen möglich ist, kann dazu mit einem Brief eingeladen werden, der keine Angaben über die Freizeit enthält, sondern offene Fragen aufwirft. Im Anschluß an den Elternabend müssen die wichtigen Angaben über die Freizeit und evtl. auch eine Zusammenfassung der Gespräche an diesem Abend in einem Brief festgehalten und den Eltern zugeschickt werden.

Überlegungen zum Elternabend:

Ein Elternabend kann nur unter Berücksichtigung der konkreten Situation (Anzahl der Eltern, Kenntnis der Situation der Eltern, Vorerfahrungen der Gruppenleiter, räumliche Gegebenheiten usw.) vorbereitet und durchgeführt werden. Die folgenden Überlegungen sollen an einige Punkte erinnern, die zu berücksichtigen sind.

Gelingen oder Mißlingen eines Elternabends entscheidet sich nicht erst, wenn die Teammitglieder den versammelten Eltern über ihre Konzeption Rechenschaft ablegen, sondern lang vorher:

● Vielen Eltern wird es nicht leichtfallen, zu einem Elternabend zu gehen:
- Sie kennen evtl. die Räume nicht, in denen der Abend stattfindet.
- Sie sind es nicht gewohnt, mit vielen fremden Leuten zusammen zu kommen (vgl. Anfangssituation in Gruppen).
- Sie haben Angst davor, über ihre Erziehungsvorstellungen sprechen zu müssen oder mit den Gruppenleitern in Streitgespräche zu geraten.
- Sie empfinden ihre eigene Berufsposition als schwach und glauben, den anderen Eltern nicht gewachsen zu sein.

Je nach dem, um welche Eltern es sich handelt und was die Gruppenleiter von ihnen wissen, kann es also erforderlich sein, vor dem Elternabend einen Besuch zu machen. Dann kennen die Eltern schon jemanden und wagen es eher, der Einladung zum Elternabend Folge zu leisten.

● Beim Elternabend selbst sollte darauf geachtet werden, daß die Räume leicht zu finden und persönlich gestaltet sind. Eine Sitzanordnung, bei der jeder jeden sehen kann, begünstigt ein Gespräch. Alle, die kommen, sollten persönlich begrüßt werden. Manchmal stehen die Gruppenleiter, weil sie selbst unsicher sind und nicht wissen, wie sie sich verhalten sollen, in Cliquen zusammen und tun sehr beschäftigt oder lustig. Solches Verhalten kann bei anderen Abwehr und Angst hervorrufen und spätere Reaktionen beeinflussen. Der Abend muß vorher fertig vorbereitet sein – wenn die Eltern kommen, sollten die Gruppenleiter ganz für sie zur Verfügung stehen.

● Zur Überbrückung der Unsicherheit und der Zeitspanne, in der die Eltern nacheinander eintreffen, können Hilfen vorbereitet werden:

Beispiel:
- Alle Eltern schreiben ein Namensschild, damit man sich mit Namen ansprechen kann;
- Mit Hilfe von Zeitungen, Scheren und Uhu werden Namensschildchen geklebt. Weil nur einige Scheren und Uhutuben da sind, müssen die Eltern sich gegenseitig aushelfen.
- Es liegen Bilder vom Ferienort da und es ist Material von der letzten Freizeit ausgestellt (Lagerzeitung, Bilder, Bastelsachen).
- Es sind Getränke gerichtet, jeder muß sich aber selbst bedienen.
- Fragebogen können ausgefüllt werden usw.

Die Gruppenleiter erleichtern sich die Anfangssituation, wenn sie vorher überlegen, welche Anknüpfungspunkte für ein Gespräch genutzt werden können.

Beispiel:
- Welche Eltern wohnen im gleichen Stadtteil?
- Welche Kinder gehen in die gleiche Klasse?
- Welche Kinder sind zum ersten Mal dabei?

● Für den Verlauf des Abends sollten die Aufgaben unter den Gruppenleitern aufgeteilt sein. Dabei kann darauf geachtet werden, daß möglichst viele Leiter einen Teil übernehmen, damit sie sich vor den Eltern ›darstellen‹ können.

Wenn keine Aufgabenverteilung vorgenommen wird, weil ›alle alles gemeinsam tun‹, besteht die Gefahr, daß sich niemand recht verantwortlich weiß. Jeder schaut den anderen an, ob er jetzt gerade Initiative übernehmen soll. Es entsteht der Eindruck von Unsicherheit und Unvorbereitetsein. Manchmal wird dadurch erst recht einer in die Rolle gedrängt, den Abend zu leiten, weil die anderen zu zögernd reagieren.

Je ungewohnter für Gruppenleiter die Arbeit mit Eltern ist, desto genauer sollten sie den Abend vorbereiten und die Aufgaben verteilen; je weniger das Team aufeinander eingespielt ist, desto mehr Absprache und Aufteilung ist nötig.

● *Zum Kennenlernen der Eltern:* Es kann an einem ersten Treffen nicht darum gehen, daß die Eltern über sich selbst sprechen. Das Kennenlernen an diesem Abend geschieht über den gemeinsamen Bezugspunkt ›unser Kind geht zu der Freizeit‹.

Wenn viele Eltern da sind, kann die Vorstellung und das Äußern von Erwartungen auch in kleinen Kreisen geschehen, die spielerisch aufgeteilt werden (vgl. Überlegungen zur Anfangsphase in Gruppen).

Beispiel:
– Es treffen sich alle Eltern, die neun-, zehn- und elfjährige Kinder haben, und sammeln ihre Wünsche an die Freizeit.
– Nun treffen sich alle, die die gleiche Augenfarbe haben, und sammeln Erwartungen an die Gruppenleiter.
usw.

● *Zum Vorstellen der Konzeption und der Ziele:*
Zunächst kann auf die anderen Bedingungen der Freizeit hingewiesen werden, die besondere Erfahrungen ermöglichen und bestimmte Vorgehensweisen von seiten der Gruppenleiter nahelegen. Das trägt bei zur Entlastung der Eltern. Sie brauchen sich von den Überlegungen der Gruppenleiter nicht in ihrem eigenen Erziehungskonzept angegriffen zu fühlen.

Die Vorstellung von Zielen und Programmen kann mit Hilfe eines Thesenpapiers geschehen. Eine andere Form ist die kurze Darstellung durch einen Gruppenleiter; eine weitere Form sind Rollenspiele, durch die verschiedene Punkte kurz angespielt werden: Mitbestimmung, Ordnung/Disziplin, Entstehung des Programmes usw. Beim Thesenpapier und der verbalen Darstellung ist darauf zu achten, daß nicht zuviel auf einmal vorgestellt wird. Der ›Vortrag‹ kann durch eingebaute Fragen unterbrochen werden.

Eine weitere Möglichkeit, Konzeptionen und Ziele vorzustellen, ist die Vorführung von Bildern und Dias einer früheren Freizeit, an denen wichtige Punkte der geplanten Freizeit erläutert werden.

● *Zum Gespräch über das Heimkommen der Kinder/Jugendlichen:*
Mit den Teilnehmern wird die Situation des Heimkommens bei der Freizeit selbst bearbeitet. Aber die Eltern müssen schon beim Elternabend darauf vorbereitet werden. Folgende Fragen können angesprochen werden:

– Was bedeutet die Trennung von der Gleichaltrigengruppe für die Kinder und Jugendlichen?
– Welche Gefühle können entstehen? Woraus erklären sich diese? (Vgl. Phase der Ablösung S. 79.)
– Welche Reaktionen von seiten der Eltern können hilfreich sein?
Evtl. in Rollenspielen verschiedene Reaktionen anspielen und beurteilen lassen. Das kann eine tiefere Wirkung haben als verbale Hinweise.
– Wie können die Eltern helfen, die Freizeit aufzuarbeiten?

● Schon vor der Freizeit können die Eltern darauf aufmerksam gemacht werden, daß sie eine Einladung zu einem Nachtreffen erhalten, bei dem die Freizeit nachbesprochen wird.

Hier muß noch eine Überlegung eingeschoben werden. Sollen die Elternabende vor und nach der Freizeit unter Beteiligung der Kinder und Jugendlichen stattfinden oder sollen sich die Leiter allein mit den Eltern treffen? Diese Frage kann letztlich nur in Kenntnis einer konkreten Situation beantwortet werden.

Vorteile von Elternabenden mit Beteiligung der Kinder:
– Die Kinder und Jugendlichen werden mehr einbezogen, sie wissen um alles, was gesprochen wird, und fühlen sich deshalb mehr ernstgenommen.
– Durch die Art der Gestaltung dieser gemeinsamen Abende können die Eltern mit ihren Kindern ins Gespräch gebracht werden und sie können erfahren, daß sie mit den Kindern ernsthaft sprechen können.
– Kinder erleben ihre Eltern anders als zu Hause. Sie können sehen, wie sie mit anderen Erwachsenen und Kindern zusammen sprechen und spielen.

Vorteile von Elternabenden ohne Beteiligung der Kinder:
– Die Eltern können leichter über Wünsche und Erwartungen sprechen.
– Die Eltern äußern eher eigene Probleme in ihrer Beziehung zu den Kindern. Sie können sich unbefangener auf die Vorstellungen der Gruppenleiter einlassen.
– Die Eltern haben mehr Möglichkeit, sich untereinander kennenzulernen und sich auf andere Eltern einzulassen.

In der Vor- und Nacharbeit zu einer Freizeit können manchmal auch beide Formen praktiziert werden.

● *Zum Elterntreffen nach der Freizeit:*
Bisher ist der Hauptinhalt solcher Treffen das Anschauen von Bildern und Filmen von der Freizeit.

Es sind aber auch andere Gestaltungselemente denkbar, die dazu beitragen können, daß die Freizeit mehr Auswirkungen hat auf das alltägliche Leben der Freizeitteilnehmer:

- Die Eltern dürfen die Kinder und Jugendlichen über ihre Erlebnisse bei der Freizeit befragen.
- Die Kinder berichten von Erfahrungen und Problemen und wie sie gelöst wurden. Das kann evtl. in Form von Rollenspielen geschehen.
- Filme und Dias zeigen nicht nur die ›heile Welt‹ der Freizeit, sondern an ihnen wird beispielhaft aufgezeigt, was bei der Freizeit besonders wichtig war.
- Eltern und Kinder überlegen zum Schluß miteinander, wie die Freizeit bzw. die Erfahrungen der Freizeit weitergeführt werden können.
- Eltern schreiben Wunschzettel an die Kinder,
  Kinder schreiben Wunschzettel an die Eltern (anonym).

Die Vorbereitung dieses Elternabends kann mit den Teilnehmern zusammen schon bei der Freizeit geplant werden. Auf diese Weise könnte die Freizeit ein Stück weit aufgearbeitet werden – das Ende der Freizeit bedeutet dann keinen Abbruch der gemeinsamen Aktivität.

Eltern kann in diesem Zusammenhang ein weiteres Treffen angeboten werden, aus dem heraus sich vielleicht auch Elternkreise entwickeln. Die Leiter der Freizeit sind allerdings überfordert, diese Kreise weiterzuführen. Solche Überlegungen brauchen eine Gesamtkonzeption von Jugend- und Erwachsenenbildung.

In diesem Abschnitt sollte deutlich werden, daß Elternarbeit ein sehr wichtiges Anliegen ist und zur Vor- und Nachbereitung einer Freizeit gehört.

3. ▶ Betr.: Leitungsteam

● *Brief:*

In einer (mehreren) Gruppe wird ein Brief an die Eltern entworfen:
a) Einladungsbrief für den Elternabend.
b) Brief zur Mitteilung der notwendigen Einzelheiten über die Freizeit.

● *Rollenspiele:*

In kleinen Gruppen werden ›Elternbesuche‹ gespielt. Das kann in vorbereiteten oder spontanen Rollenspielen geschehen. Die Rollen sollen mehrfach gewechselt werden.

Erfahrungsaustausch:
- Wie haben die ›Gruppenleiter‹ ihre Rollen empfunden?
   Was ist ihnen besonders schwergefallen?
   Was hat ihnen den Besuch erleichtert?
   Welche Reaktionen der ›Eltern‹ haben ihnen den Besuch leicht/schwer gemacht?
- Wie haben die ›Eltern‹ ihre Rollen empfunden?

● *Planung und Vorbereitung der Elternabende*
- Brainstorming zu Gestaltungselementen für den Ablauf des Abends;
- Artikulieren eigener Ängste und Wünsche in bezug auf diesen Abend;
- Vorbereitung einzelner Schritte; Aufgabenverteilung.

Literatur zu Rechtsfragen

Seipp, P.: Rechts A – B – C für Jugendgruppenleiter.
   Darmstadt 1977[19] (überarbeitet).
Lindemann, K. (Hrsg.): Rechtsfibel für die Jugend.
   Neubearbeitet von *Rolf Schwabe.*
   Karlsruhe 1977[9].
Rechtsfragen in der Jugendarbeit.
   Limburg 1977.
   Diözesanverband der KJG, 6250 Limburg, Roßmarkt 4.
Arbeitshilfe für Gruppenleiter. Rechte, Pflichten, Zuschüsse.
   Hrsg. Dekanatsleitung der KJG, 7500 Karlsruhe, Blumenstr. 2
   1977.

Teil VIII

1. Methodenübersicht

Hier werden vor allem die Methoden alphabetisch geordnet aufgezählt, die an mehreren Stellen erwähnt, aber nur an einer erklärt sind (diese Seitenzahl ist angegeben), und solche, die auch leicht an anderen Stellen oder für andere Themen eingesetzt werden können.

	Seite
● Angefangene Sätze (Impulsfragen)	234
● A – B – C	241
● Aspekte sammeln	123
● Bild-Auswahl	136
● Bildergeschichten	243
● Bilder zuordnen	136
● Bildmeditation	137
● Bilderwand	135
● Bild-Überschriften	136
● Brainstorming	239
● Briefe schreiben und beantworten	82
● Collage	23
● Dia malen/kratzen	243
● Erfahrungsaustausch	86
● Fallbeispiele	22
● Frageraster	232
● Gedankensammlung	22
● Gruppenwechsel	56
● Hörspiel	240
● Ich-Buch schreiben	158
● ›Ich-mag-mich-Runden‹	159
● Impulsfragen (angefangene Sätze)	234
● Karten ordnen	151
● Kartoffelstempel	246
● Kasperlefiguren	248
● Kugellager	56
● Lebensprofil	152
● Malen in Gruppen	242
● Malen zu einem Thema	242

- Metapher-Meditation — 83
- Pergament-Dia — 244
- Reisebüro — 56
- Rollenspiel — 218
- Rucksack packen — 55
- Schallplatten – Dia malen — 244
- Schauen – aufnehmen — 137
- Schauen – hören – schreiben — 144
- Schichten – Paket — 55
- Schreibkommunikation — 143
- Selbstreflexion — 150
- Steckbrief — 22
- Texte meditieren — 141
- Texte selbst machen — 142
- Themenspaziergang — 144
- Thesen — 23
- Tonbild — 144
- Tonen (Arbeiten mit Ton) — 247
- Verhaltensketten — 157
- Werkstatt — 145
- Widerstandsspiel — 83
- Wortbild — 243
- Wortleiter — 241
- Zeitung machen — 174

2. Literaturverzeichnis

Achtnich/Opdenhoff: Rollenspielkarten.
Gelnhausen/Freiburg 1974.
Antons, K.: Praxis der Gruppendynamik.
Göttingen: Verlag für Psychologie 1974.
Assig, D. u. a.: Sexualität ist mehr.
Eine Unterrichtsreihe zum Thema Sexualität.
Wuppertal: Jugenddienst 1976.
Barth, F. K. u. a.: Malen, Spielen, Musik machen.
Gelnhausen/Freiburg 1974.
BDKJ München/KLJB Bayern, Hrsg.: Sexualität christlich verantwortet leben. Eine Arbeitshilfe.
München 19, Frauenplatz 13, 1977.
Betz, O.: Gruppendynamische Ansätze, das Lieben zu lernen,
in: Kat. Blätter, 2/1973.
Bernstein, S. und *L. Lowy:* Untersuchungen zur sozialen Gruppenarbeit in Theorie und Praxis.
Freiburg: Lambertus 1975[4].
Bittner/Schäfer/Strobel: Spielgruppen als soziale Lernfelder, Pädagogische und therapeutische Aspekte.
München: Juventa 1973.
Blauer Brief. Zeitschrift der KLJB Bayern.
8 München 19, Kriemhildenstr. 14.
Braun/Knopp/Niggemeyer/Walter: Religiöse Erziehung in Kinder- und Jugendgruppen, DPSG, Elemente 9.
Brocher, T.: Gruppendynamik und Erwachsenenbildung.
Braunschweig: Westermann 1967.
Brocher, T.: Psychosexuelle Grundlagen der Entwicklung,
Informationen für Lehrer und Eltern
Opladen: Leske 1971.
Buschalla, S.: Das Dorf, in dem Leben gelernt wird,
in: Sozialmagazin, Zeitschrift für Sozialarbeit und Sozialpädagogik 12/1977.
Budenz, T. und *E. J. Lutz:* Das Stegreifspiel, München: Don Bosco 1964.
Cohn, R.: Von der Psychoanalyse zur Themenzentrierten Interaktion.
Stuttgart: Klett 1976.
Cox, H.: Das Fest der Narren.
Stuttgart: Kreuz-Verlag 1972[4].

Cratty, B. J.: Aktive Spiele und soziales Lernen.
Ravensburg 1977.
Daublebski, B.: Spielen in der Schule. Vorschläge und Begründungen für ein Spielcurriculum.
Stuttgart: Klett 1973.
Eggers/Steinbacher (Hrsg.): Sexualpädagogik.
Bad Heilbrunn 1976.
Erikson, E.: Jugend und Krise.
Stuttgart: Klett 1974^2.
Evangelische Jugendbildungsstätte Hackhauser Hof (Hrsg):
Sexualität in der Evangelischen Jugendarbeit
– Beiträge zum Gespräch –
565 Solingen, 1, 1974.
Fabian, G.: diskutieren, debattieren.
München: Pfeiffer 1977^7.
Frör, H.: Spielend bei der Sache.
München: Kaiser 1972.
Frör, H.: Spiel und Wechselspiel.
München: Kaiser 1974.
Fromm, E.: Haben oder Sein. Die seelischen Grundlagen einer neuen Gesellschaft.
Stuttgart: Deutsche Verlagsanstalt 1976.
Giesecke, H.: Einführung in die Pädagogik.
München: Juventa 1974^6.
Gold, V. u. a.: Kinder spielen Konflikte.
Neuwied: Luchterhand 1973.
Gordon, T.: Familienkonferenz.
Die Lösung von Konflikten zwischen Eltern und Kind.
Hamburg: Hoffmann und Campe 1972.
Griesbeck, J.: Bausteine für die Jugendarbeit.
Aktuelle Themen und Methoden.
München: Don Bosco 1975.
Griesbeck, J.: Zusammenleben, Materialien für die Jugendarbeit.
– Erfolg im Leben, Kontakte, Gruppenleben, Familie, Erziehung, Versöhnung, Persönlichkeit, Beliebtsein, Ich und Du, Liebe, Wer bin ich?, Urlaub mit 16.
München: Don Bosco 1976.
Grom, B.: Methoden für Religionsunterricht, Jugendarbeit und Erwachsenenbildung.
Düsseldorf: Patmos 1976.
Höper, C. J. u. a.: Die spielende Gruppe.
München/Wuppertal: Pfeiffer/Jugenddienst 1974.

Jungk, R.: Der Jahrtausendmensch.
Hamburg 1976.
Klafki, W. u. a.: Erziehungswissenschaft 1.
Frankfurt: Fischer 1970.
Kentler, H.: Sexualerziehung.
Reinbek: Rowohlt 1970.
Klein, I.: Gruppen leiten lernen.
München: Pfeiffer 1976.
Knippenkötter, A.: Arbeiten mit Gruppen.
Düsseldorf 1972.
Kuhn, M. (Col-Team): Aktionsbuch für Freizeit,
Fortbildung, Therapie und Alltag.
Ravensburg 1975.
Kreiter/Klein: Fallbeispiele.
Gelnhausen/Freiburg 1975.
Landau, E.: Psychologie der Kreativität.
München/Basel: Reinhardt 1972.
Lander, H.: Tanz in der Jugendbildung.
Düsseldorf 1965.
Longart, W.: Spielbuch Religion.
Zürich/Köln: Benziger 1977².
Löscher, A.: Kleine Spiele für viele.
Berlin 1974.
Mennig H. u. a.: Verkündigung in der Jugendarbeit.
Gelnhausen/Freiburg: Burckhardthaus/Christophorus 1975.
Meyer/Seidel: Szene, Spielen und Darstellen II.
Hamburg 1975.
Morgenstern, B.: Schattenspiel.
Ravensburg: Maier 1975.
Müller, C. W. u. a.: Was ist Jugendarbeit?
Vier Versuche zu einer Theorie.
München 1964, 1972⁶.
Nachrichten aus Wethen, Laurentius-Konvent e. V.
Hausgemeinschaft Wethen
3549 Wethen, Mittelstr. 4.
Neubauer, W. F.: Selbstkonzept und Identität im Kindes- und Jugendalter.
München 1976.
Nieto, R.: Basteln mit Krimskrams.
Hamburg 1974.
Pluskwa M. u. a.: Jugend – Frei – Zeit.
Jugendpfarramt des Kirchenkreises Lübeck.
Königstr. 23, 1977.

Prim/Reckmann: Das Planspiel als Methode außerschulischer politischer Bildung. Heidelberg 1975.

Reihe 8–13, Gelnhausen/Freiburg
- *Achtnich, E.:* Glauben in der Kindergruppe 1977.
- *Hermann, U.:* Freizeiten mit Kindern 1977.
- *Nickel/Achtnich:* Geschichten und was man damit machen kann 1976.
- *Konflikte in der Kindergruppe* 1975.

Reihe Bastelvorschläge, Don Bosco Verlag München:
- Das Hinterglasbild
- Kartoffelstempel

Reihe TIP 1–11, Hrsg. Bundesstelle der KJG, Düsseldorf
 1: Themen für junge Leute
 2: Einführung in die Gruppenarbeit mit Kindern
 3: Konfrontationen und...
 4: Kindertage
 5: Zum Thema Konflikte – Gespräche mit Kindern
 6: Der Sachausschuß Jugend im Pfarrgemeinderat
 7: Tips für internationale Begegnungen
 8: Fragen an 13–16jährige
 9: Thema Religion – Modelle religiöser Arbeit
10: Gruppenstunden mit Kindern
11: Anregungen zur methodischen Arbeit mit Gruppen

Reihe: Brunnen-Hefte, Freiburg

Heft 5	Mobile
Heft 10	Kasperle
Heft 15	Stoff, Fell, Filz und Fäden
Heft 36	Gläser und Flaschen bunt bemalt
Heft 41	Ton in meiner Hand
Heft 55	Kleiner Töpferkurs
Heft 59	Spielzeug aus Astholz
Heft 85	Korkbüchlein
Heft 86	Knüpftechnik Makramee
Heft 91	Figuren aus Stein
Heft 92	Bemalte Steine
Heft 98	Batiken auf Holz und Papier
Heft 123	Wurzeln und Schwemmholz
Heft 126	Stein an Stein

Rombold, G.: in: Jugendpastoral. Aufgabe der gesamten Kirche. Freiburg 1976.

Roth, H.: Pädagogische Anthropologie. (2 Bde.)
Hannover: Schrödel 1971.
Sbandi, P.: Gruppenpsychologie. München: Pfeiffer 1975².
Schwäbisch/Siems: Anleitung für soziales Lernen für Paare, Gruppen und Erzieher.
Reinbek: Rowohlt 1974.
Schwalbacher Spielkartei; Haus Schwalbach, Wiesbaden.
Sjoelund, A.: Gruppenpsychologie für Erzieher, Lehrer und Gruppenleiter.
Heidelberg: Quelle und Meyer 1974.
Spielebuch 77 des Student für Europa, Student für Berlin e. V.,
6232 Bad Soden/Ts., Postfach 1427.
Tausch, R. u. A.: Erziehungspsychologie.
Göttingen: Verlag für Psychologie 1973⁷.
Trautwein, D.: Mut zum Fest.
München: Kaiser 1975.
Watzlawik, P. u. a.: Menschliche Kommunikation.
Bern/Stuttgart: Paul Huber 1969.
Weber, G.: Lernen in Gruppen.
München: Juventa 1967.
Weinert u. a.: Pädagogische Psychologie. Funkkolleg
Frankfurt: Fischer 1974.
Wilkening, K.: Konformität unter Gruppendruck.
Weinheim: 1978.
Wölfel, U.: Siebenundzwanzig Suppengeschichten
Düsseldorf: Hoch 1968.
Wölfel, U.: Achtundzwanzig Lachgeschichten.
Düsseldorf: Hoch 1969.
Wölfel, U.: Sechzehn Warum-Geschichten von den Menschen.
Düsseldorf: Hoch 1969.

Inhalt

Vorwort 5
Erläuterungen zum Gebrauch 7

Teil I
Menschenbild und Ziele einer Freizeit 9

1. Ausgangssituation 10
1.1 Wir haben ein Bild vom Menschen 10
1.2 Wir haben eine Wirkung auf andere 12
1.3 Wir müssen uns für Ziele einer Freizeit entscheiden 13

2. Ziele der Freizeit 14
2.1 Thesen zum Menschenbild 14
2.2 Zur Situation von Kindern und Jugendlichen in unserer Gesellschaft 16
2.3 Ziele der Freizeit 20

3. ▶ *Betr.: Leitungsteam* 22
   Literatur 25

Teil II
Zur Begründung der Freizeit als pädagogischer Raum 27

1. Bedingungen einer Freizeit 28
1.1 Ferienzeit 28
1.2 Eine neue Umgebung 29
1.3 Freiwilligkeit 29
1.4 Die Gruppe der Gleichaltrigen 29
1.5 Neue Erfahrungen 31
1.6 Begegnung mit jugendlichen Gruppenleitern und Erwachsenen 32

2. Haus und Umgebung 33

3. Gruppe als Lebensform der Freizeit 35
3.1 Wirkung von Gruppen 36
3.1.1 Das Verhalten des einzelnen und die Gruppe 37
3.1.2 Gruppen neigen zu Konformität 38

3.1.3	Die Gruppe und die Selbsteinschätzung des einzelnen	40
3.2	Begründung für die Wirkung von Gruppen	40
3.3	Zusammenfassung	41
4.	AUSNAHME- UND INSELSITUATION DER FREIZEIT	42
5.	▶ *Betr.: Leitungsteam*	44
	Literatur	45

Teil III
Gruppenpädagogische Aspekte in der Freizeit 47

1.	ZUR ENTWICKLUNG VON GRUPPEN UND DEN DARAUS FOLGENDEN ANFORDERUNGEN FÜR LEITERVERHALTEN UND PROGRAMMGESTALTUNG BEI DER FREIZEIT	49
1.1	Fremdheitsphase	51
1.1.1	Beschreibung	51
1.1.2	Programme	53
1.1.2.1	Gestaltungselemente	53
1.1.2.2	Kennlern-Spiele	56
1.1.2.3	Zimmeraufteilung	58
1.1.3	Leiterverhalten	63
1.1.4	Zusammenfassung	64
1.2	Bildung einer Gruppenstruktur- »Machtkampfphase«	66
1.2.1	Beschreibung	66
1.2.2	Programm	68
1.2.3	Die Machtkampfphase bei den Gruppenleitern	70
1.2.4	Leiterverhalten	72
1.2.5	Zusammenfassung	73
1.3	Vertrautheitsphase	73
1.3.1	Beschreibung	73
1.3.2	Programm	75
1.3.3	Leiterverhalten	77
1.3.4	Zusammenfassung	77
1.4	Differenzierungsphase	78
1.4.1	Beschreibung	78
1.4.2	Programm und Leiterverhalten	79
1.5	Phase der Trennung oder Ablösung	79
1.5.1	Beschreibung	79

1.5.2	Programm: Ablösung von der Freizeit und Heimkommen	81
1.5.3	Leiterverhalten	84
1.6	▶ *Betr.: Leitungsteam*	85
	Literatur	87
2.	KONFLIKTE UND KONFLIKTLÖSUNG IN DER FREIZEIT	87
2.1	Mit Konflikten leben	87
2.2	Konfliktursachen in der Freizeit	88
2.3	Konfliktverursachende Lebensbereiche	90
2.4	Lernziel: Konfliktfähigkeit – Gruppenprogramm und Leiterverhalten –	93
2.4.1	Konflikte wahrnehmen und aussprechen	93
2.4.2	Menschen in ihrer Verschiedenartigkeit anerkennen	96
2.4.3	Verhaltensweisen/Gesetze/Meinungen als veränderbar begreifen	97
2.4.4	Konflikte mit der »Niederlagelosen«-Methode bewältigen	98
2.5	Zusammenfassung	100
2.6	▶ *Betr.: Leitungsteam*	101
	Literatur	104

Teil IV
Aspekte von Lernerfahrungen in einer Freizeit   107

1.	LERNEN VON PARTNERSCHAFT – SEXUALERZIEHUNG –	109
1.1	Thesen zum heutigen Verständnis von Sexualität	109
1.2	Sexualität ist mehr	111
1.3	Sexualerziehung als Einübung in Partnerschaft	112
1.3.1	Ziele und Ansätze in der Freizeit	113
1.3.2	Vorschläge für Programme	114
1.3.2.1	Kommunikationsspiele und Spiele zum Nachdenken	114
1.3.2.2	Themen – Gespräche – Methoden	118
1.3.2.3	Rollenfremde (ungewohnte) Tätigkeiten	120
1.4	Leiterverhalten	121
1.5	▶ *Betr.: Leitungsteam*	123
	Literatur	125
2.	GLAUBEN LERNEN – RELIGIÖSE ERZIEHUNG –	125
2.1	Überlegungen zu Religion und Glauben	126

2.2	Religiöse Erziehung in der Freizeit – zwei Ansätze –	127
2.2.1	Entfaltung der Liebesfähigkeit	129
2.2.1.1	Förderung der Erlebnisfähigkeit	129
2.2.1.2	Zugang zu sich selbst finden	130
2.2.1.3	In Beziehung treten zu anderen	131
2.2.1.4	Fragen nach dem Sinn	131
2.2.2	Inhalte und Formen des Glaubens	132
2.3	Gestaltungselemente für beide Ansätze	134
2.3.1	Meditationen mit Bildern – sehen –	135
2.3.2	Meditationen mit Worten und Texten – hören –	141
2.3.3	Texte – Bilder – Musik	144
2.3.4	Spiele zu Vertrauen	145
2.3.5	Feste feiern	146
2.4	Zusammenfassung	150
2.5	▶ *Betr.: Leitungsteam*	150
	Literatur	152
3.	LERNEN VON SELBST- UND MITBESTIMMUNG – POLITISCHE ERZIEHUNG –	153
3.1	Politisch leben	153
3.2	Hindernisse für politisches Lernen	154
3.3	Ansatzpunkte für politische Erziehung bei der Freizeit	155
3.4	Ansätze und Programme	156
3.4.1	Sich selbst als Verursacher erleben	156
3.4.1.1	Möglichkeiten eines ›Selbstverursacher-Trainings‹	157
3.4.1.2	Tagesgedanken	162
3.4.2	Mitbestimmung	164
3.4.2.1	Vorschläge und Formen für Mitbestimmung	165
3.4.2.2	Die Nachbesprechung	168
3.4.2.3	Die Rolle der Gruppenleiter	169
3.4.3	Interessengruppen	170
3.4.3.1	Kurze Interessengruppen	170
3.4.3.2	Längerdauernde Interessengruppen	171
3.4.4	Mitverantwortung für Aufgaben	173
3.4.5	Eine Zeitung herausgeben	174

3.4.6	Die Umgebung kennenlernen	176
3.4.7	Alternative Lebensformen kennenlernen	178
3.4.8	Ein Spiel zu Armut und Reichtum	180
3.4.9	Vor- und Nachtreffen, Nacharbeit	182
3.5	Zusammenfassung	184
3.6	▶ *Betr.: Leitungsteam*	185
	Literatur	185

Teil V
Spiel und Kreativität 187

1.	SPIELEN	188
1.1	Die Wirkung von Spielen	188
1.1.1	Spiele haben eine Wirkung auf alle Beteiligten	188
1.1.2	Das gleiche Spiel hat nicht immer dieselbe Wirkung	190
1.1.3	Spiele haben Auswirkungen auf das Lebensgefühl und Selbstverständnis	192
1.1.4	Zusammenfassung: Die Chance des Spiels	192
1.2	Spielsammlung und Reflexion ihrer Ziele	194
1.2.1	Wahrnehmungs- und Beobachtungsfähigkeit, Aufmerksamkeit und Konzentration	195
1.2.2	Übung von Denkprozessen, Entscheidungen treffen, Strategien entwickeln	196
1.2.3	Kombinationsfähigkeit und Phantasie	199
1.2.4	Sprache und Erzählen	202
1.2.5	Kommunikationsfähigkeit	203
1.2.6	Kooperationsfähigkeit	211
1.2.7	Spiele für besondere Gelegenheiten	213
1.2.7.1	Spiele im Freien – sportliche Spiele	213
1.2.7.2	Spiele für unterwegs	214
1.2.7.3	Die Spielparty	215
1.2.8	Zusammenfassung	217
1.3	Überlegungen zur Auswertung von Spielen – Grenzen und Gefahren –	217
1.4	Verschiedene Formen szenischen Spiels	218
1.4.1	Das Rollenspiel	218
1.4.1.1	Beschreibung	218
1.4.1.2	Das Rollenspiel in der Freizeit	221

1.4.1.3	Fragen zum Aufbau und zur Auswertung eines Rollenspiels	224
1.4.2	Pantomime und Scharade – pantomimische Spiele –	224
1.4.3	Das Menschenschattenspiel	228
1.5	Schwierigkeiten beim Spielen – Spielhemmungen	229
1.6	Hinweise und Vorschläge für Spielleiterverhalten	230
1.7	Planung und Reflexion von Spielstunden	232
1.8	▶ *Betr.: Leitungsteam*	234
	Literatur	236
2.	KREATIVITÄT	237
2.1	Kreativität in der Freizeit	237
2.2	Programme und Anregungen	239
2.2.1	Spielen mit Worten und Gedanken	239
2.2.2	Spielen mit Farben	241
2.2.3	Spielen mit Formen	247
2.2.4	Spielen mit Ton – Musik – Licht	248
	Literatur	250

Teil VI
Leiterverhalten und Leitungsteam 253

1.	BEOBACHTUNGSLERNEN ODER LERNEN AM MODELL	255
2.	KONKRETE ASPEKTE DES LEITERVERHALTENS	256
2.1	Miteinander sprechen – Gespräche führen	257
2.2	Erwartungen haben – die sich selbst erfüllende Prophezeiung –	262
2.3	Zum Leitungsstil	264
2.4	Strafe – Umgang mit normabweichendem Verhalten –	267
2.4.1	Ziel von Strafe	267
2.4.2	Wirkung von Strafe	268
2.4.3	Reaktionen auf ›unerwünschtes‹ Verhalten	269
2.4.4	Hinweise für Leiterverhalten	273
2.4.5	Zusammenfassung	275
3.	DAS LEITUNGSTEAM	276
3.1	Team als Modell für soziales Verhalten	277
3.2	Fragen zum Leitungsteam in der Freizeit	278

3.2.1	Vorteile der Teamarbeit bei der Freizeit	279
3.2.2	Hindernisse für die Teamarbeit	279
3.2.3	Zusammensetzung des Teams	280
3.2.4	Organisatorische Fragen	281
3.2.5	Modelle der Zusammenarbeit	282
3.3	Die Zusammenarbeit im Team	283
3.3.1	Feedback – oder die Wahrnehmung des eigenen Verhaltens durch andere	284
3.3.2	Regeln für das Feedback	285
3.3.3	Methoden und Anregungen zum Feedback	287
3.3.4	Raster zur Strukturierung der Team-Besprechung	288
4.	▶ *Betr.: Leitungsteam*	290
	Literatur	293

Teil VII
Elternarbeit 295

1.	ZIELE UND INHALTE	296
2.	METHODISCHE ÜBERLEGUNGEN	298
	Elterntreffen vor der Freizeit	299
	Elterntreffen nach der Freizeit	302
3.	▶ *Betr.: Leitungsteam*	303
	Literatur zu Rechtsfragen	304

Teil VIII 305

1. METHODEN-ÜBERSICHT	306
2. LITERATURVERZEICHNIS	308

Hans-Willi Hück
Gruppe mit Programm
85 Vorschläge

Das Buch stellt eine Reihe »erprobter« Programmarten und -mittel vor, die dazu dienen sollen, den mit Gruppen verantwortlich Tätigen neue Anregungen bzw. Alternativen für ihre erzieherische Praxis zu vermitteln.

»Sie werden mit Ihrem Manuskript Erfolg haben, es steckt unheimlich viel und gute Arbeit drin«, urteilte Professor Cornelius F. Wieringa.

256 Seiten, Paperback

C.-J. Höper / U. Kutzleb / A. Stobbe / B. Weber
Die spielende Gruppe:
115 Vorschläge für soziales Lernen

Das Buch enthält Spiele zu folgenden Themen: Vorstellung und Kennenlernen, Kommunikation und Gruppenbildung, Beobachtung und Wahrnehmung, Identifikation und Einfühlung, Aggression und Durchsetzung. Es sind Spiele, die helfen sollen, eigenes Verhalten und dessen Wirkung auf andere kennenzulernen, Emotionen zu äußern, mit Konflikten und Entscheidungen konfrontiert zu werden, Führung und Autorität zu erleben und abzubauen.

160 Seiten, Paperback

Laura P. Broad / Nancy T. Butterworth
Das Spielgruppenhandbuch
Für alle Monate des Jahres
Was Kinder alles machen können – drinnen und draußen
Herausgegeben und eingeleitet von Ruth Dirx

Kinder wollen aktiv ihre Welt kennenlernen, ausprobieren und betasten. Diese Erfahrungen werden am besten in kleinen Gruppen gesammelt. Erzieher, die für Kinder ab 3 Jahren die Betreuung übernehmen, werden dankbar sein für die illustrierten Vorschläge für alle Jahreszeiten. 320 Seiten, illustriert, Efalinband

---

Verlag J. Pfeiffer · München